Muy estimado [...] [...] de
Mil gra[cias] [...] libro
Tu inteligente y com[pleto]
sobre la novela hispanoamericana
moderna, que me he leído de un
Tirón (y con tanto provecho!).
Aquí te va, en más que modesta
retribución, este último Trabajo
mío. Coincido contigo en algunos
planteamientos generales; pero (¡ay!)
eso de las "generaciones" (¡Todavía!)
ni Tú ni Schulman me lo van
a perdonar...
        Toda la amistad y la ad-
miración de
                José Olivio

                        VI - 10 - 86

Teléfono en NY.
(212) 873-5133

Poesía Hiperión, 83

*ANTOLOGIA CRITICA
DE LA POESIA
MODERNISTA
HISPANOAMERICANA*

ANTOLOGIA CRITICA
DE LA
POESIA MODERNISTA
HISPANOAMERICANA

Selección, introducción, notas y bibliografías de

José Olivio Jiménez

Hiperión

poesía Hiperión
Colección dirigida por Jesús Munárriz
Diseño gráfico: Equipo 109

DEDICATORIAS Y RECONOCIMIENTO

Esta antología es, a la larga, el resultado del trabajo de clases. Y debiera alguna vez el profesor devolver, a quienes fueron sus alumnos, el estímulo y la compañía que de ellos recibiera un día. Por eso quiero escribir en esta página inicial, y con ese propósito, los nombres de varios antiguos estudiantes —y hoy todos buenos amigos o colegas— que a través de los años vivieron conmigo, y siempre en las aulas de *The City University of New York (Hunter College y Graduate Center),* la experiencia de esta misma poesía que aquí se recoge. Son ellos: Angela Aguirre, Silvia Barros, Dionisio Cañas, Vilma Díaz y Zarate, Jesse Fernández, Clara Fortún, Ofelia García, Graciela García Marruz, Dolores Koch, Elizabeth Lipton, María Núñez, Roberto Palóu, Flora Schiminovich, Stuart Siegelman, Snezana Stiefel, Octavio de la Suarée... Aboliendo el tiempo, los tiempos, es como un pase de lista desde el recuerdo y el afecto.

Comparto igualmente este libro con dos queridos amigos españoles, Aurora de Albornoz y Luis Antonio de Villena, a quienes sé muy interesados en la época, el arte y la poesía del modernismo.

Agradezco asimismo a *The José Martí Foundation,* de la Universidad de la Florida (Gainesville), la ayuda que me permitió la preparación y conclusión de este trabajo. También a mi colega y muy generoso amigo, el profesor Ivan A. Schulman, sus buenos auspicios para la consecución de esa ayuda. Y a Evelyn Picon Garfield, por su siempre cálida y acogedora camaradería.

J.O.J.

INTRODUCCION A LA POESIA MODERNISTA HISPANOAMERICANA

Advertencias preliminares

Como es normal en esta índole de libros, el presente volumen no se dirige al especialista o estudioso. Intenta llegar, más bien, a un público general: al lector sencillamente interesado; o al estudiante deseoso de explorar una poesía que, en su conjunto, es por lo común de difícil acceso. Por ello no debe esperarse, en estas páginas de introducción, una puesta al día, rigurosa y original, de todos los numerosos temas y problemas del modernismo que, suscitados en las a veces apasionadas discusiones y polémicas de estos últimos años, han puesto de relieve su vigencia y renovado interés. Sólo se pretende ofrecer un prontuario resumido, y por fuerza parcial, de algunas de las cuestiones fundamentales, historiográficas y críticas, que puedan ayudar al mejor entendimiento de esta poesía.

Conviene aclarar además que, aunque nos contraemos aquí a la producción en verso surgida en el ámbito americano de la lengua castellana, para una comprensión total del modernismo hispánico se hace indispensable, de entrada, comenzar atendiendo a dos fenómenos intrínsecamente paralelos. Uno es el de la prosa que, en Hispanoamérica, incluso se adelanta en sus concreciones formales a la poesía, y donde se define ya el talante lírico y experimental de la expresión modernista. Otro es el del floreciente modernismo catalán, plástico y literario, estrictamente coetáneo desde sus inicios, al américo-hispano. En sus orígenes, la renovación modernista fue, de hecho, una experiencia periférica a la zona geográficamente central de la Península. No pudo menos de ocurrir así en una España «amurallada de tradición, cercada y erizada de españolismo», tal como la describe Rubén Darío en 1896 («Los colores del estandarte»). Después, con los naturales avances preliminares (todos, en general, poetas menores), vendrá, en la propia España (aunque muchas de sus figuras procedan de puntos excéntricos a Castilla), la importante pléyade de modernistas de lengua castellana, algunos acogidos bajo el marchamo empobrecedor (y limitador) de *generación del 98*. Sus nombres son tan conocidos que no se necesita recordarlos ahora; aunque se impone destacar, ya que en este terreno andamos, al máximo lírico español de aquel tiempo, el andaluz Juan Ramón Jiménez, puesto que en su evolución se concentra no sólo la poesía modernista y simbolista, sino la raíz de la más estricta poesía moderna.

Unicamente contemplando a la vez todas estas variadas áreas, podrá hacerse bueno el positivo —y justo— reconocimiento que al total modernismo hispano concede Rafael Gutiérrez Girardot en su libro *Modernismo*[1]. Tal reconocimiento se cierra de este modo: «Con el modernismo, esta mentalidad [la hispánica] se había abierto al mundo, había asimilado el pensamiento y la literatura europeos del siglo XIX, se había puesto, en ocasiones, a su altura, y había perfilado su especificidad. Los países de lengua española ya no deberían considerarse zonas marginales de la literatura mundial». En efecto: las letras hispanas recobraban ahora la universalidad de que habían gozado en la gran época barroca, tan mermada en los siglos posteriores.

---

[1] Para no recargar esta *Introducción* con excesiva documentación bibliográfica, advertimos desde ahora que, según los casos, todos los trabajos críticos (libros y estudios) que aquí se mencionen, aparecen detallados, bien en la *Bibliografía general*, bien en las bibliografías especiales de los poetas. Y a estas relaciones debe remitirse quien desee completar la información. Todos esos trabajos se encuentran referidos allí; y cuando no sea ésta la situación, se los consigna en nota a lo largo de la *Introducción*.

Significación del 1882 en la génesis del modernismo (y breve noticia histórica de la poesía modernista hispanoamericana)

La más atenta crítica estilística de los últimos treinta años ha podido demostrar cómo, ya desde el bienio de 1875-1877, habían comenzado a cuajar, en la prosa, los que habrían de ser rasgos más caracterizadores del lenguaje modernista. Pero el 1882 es año epónimo en la génesis del modernismo como movimiento y como época[2]. Fue, ante todo, la fecha de publicación, por el cubano José Martí y en Nueva York, de su primer libro poético: *Ismaelillo,* donde, según la autorizada opinión de Pedro Henríquez Ureña, se echaban ya las bases de lo que será en el verso la labor de flexibilización y renovación modernista en la lengua literaria. También es el año central en la redacción de los *Versos libres* del propio Martí, indiscutible brote primero de esa poesía de temple agónico y existencial que nuestro siglo frecuentará tan intensamente. (Y en la nota de presentación de este poeta se presta una más detenida atención a lo que significaron esas dos colecciones suyas). Años más tarde, y en su fundamental ensayo «Nuestra América» (de 1891), y contando ya con la perspectiva necesaria para contemplar cómo estaba en marcha la nueva literatura hispanoamericana, el

---

[2] No hacemos diferencia radical respecto al modernismo, en estas consideraciones, entre movimiento y época: todo período *que se mueve,* aunque no lo sea de modo normativo en la coincidencia común de sus integrantes (y tal ocurrió en la época modernista), acaba por integrar un movimiento. ¿Hacia dónde, en el caso del modernismo? Así lo define Juan Ramón Jiménez, en forma certera y resumidora: «un movimiento de entusiasmo y de libertad hacia la belleza». Claro que no se trata del típico «movimiento» dirigido y programado de muchos de los *ismos* de la vanguardia (a veces casi abortados en su misma eclosión a pesar de su carácter supuestamente orgánico y sistemático). Y no será necesario insistir en lo que hoy sabemos ya que ciertamente no fue el modernismo: una «escuela», con un guía o maestro y unas rígidas maneras a seguir. El mismo Darío, a quien por tanto tiempo se le reputó como el tal maestro de tal escuela, fue quien más ardorosamente defendió la índole acrática de su ideología estética.

mismo Martí comenta con orgullo: «La poesía se corta la melena y cuelga del árbol glorioso el chaleco colorado». Pues bien: *Ismaelillo* había representado ya, en 1882, un primer y definitivo corte de la «melenuda» tradición, que no era sino un modo de significar la ampulosidad connatural al romanticismo hispano (y no, como se dirá, las esencias del verdadero romanticismo).

Pero hay más. En ese ensayo citado («Nuestra América»), su autor añade a continuación: «La prosa, centelleante y cernida, va cargada de ideas». Y aquí, en la prosa, la importancia del 1882 es igualmente decisiva, pues en ese año (y en algunos de sus ensayos y crónicas capitales) fragua ya la «centelleante» y lujosa y nerviosa prosa martiana —y con ella, la prosa toda del modernismo. Prosa lujosa, sí, y en su caso, al servicio de un enérgico ideario ético y trascendente. Muy poco antes, en 1881, el gran cubano se había adelantado a los reparos de quienes, con deje de censura, comenzaban a motejar de «esmerado y pulcro» su estilo; y les replica así: «La frase tiene sus lujos... Pues, ¿cuándo empezó a ser mala condición el esmero?». Lujo y esmero: así literalmente enunciados y definidos. Si el modernismo representó, en una de sus más resistentes voliciones, una rigurosa potenciación artística del lenguaje, en esta actitud de Martí asoma, ya entera, la imagen más cabal del escritor modernista.

De 1882 también es su «Prólogo al *Poema del Niágara*», del venezolano Juan Antonio Pérez Bonalde, cuyo interés fundacional no cede al que, en el verso, corresponde a *Ismaelillo*. Primera toma de conciencia del mundo moderno entre los que hablamos español, la riqueza de nociones, previsiones y avisos de que ese «Prólogo» se adensa, hace que esta pieza de Martí se erija en una verdadera diagnosis existencial, cultural y artística de la época que entonces se abría, y que aún nos alcanza en sus fondos espirituales últimos. Una época signada por la oquedad axiológica, y por el acuciante sentimiento del vacío y la finitud (que obró igualmente en el llamado decadentismo finisecular), y por su lógica secuela poética y emocional: la angustia. En una verdadera alborada del moderno pensamiento existencial, escribe allí Martí:

Nadie tiene hoy su fe segura. Los mismos que lo creen, se engañan. Los mismos que escriben fe se muerden, acosados de hermosas fieras interiores, los puños con que escriben. No hay pintor que acierte a colorear con la novedad y transparencia de otros tiempos la aureola luminosa de las vírgenes, ni cantor religioso o predicador que ponga unción y voz segura en sus estrofas y anatemas. Todos son soldados del ejército en marcha. A todos besó la misma maga. En todos está hirviendo la sangre nueva. Aunque se despedacen las entrañas, en su rincón más callado, están, airadas y hambrientas, la Intranquilidad, la Inseguridad, la Vaga Esperanza, la Visión Secreta. ¡Un inmenso hombre pálido, de rostro enjuto, ojos llorosos y boca seca, vestido de negro, anda con pasos graves, sin reposar ni dormir, por toda la tierra, —y se ha sentado en todos los hogares, y ha puesto su mano trémula en todas las cabeceras! ¡Qué golpeo en el cerebro! ¡Qué susto en el pecho! ¡Qué demandar lo que no viene! ¡Qué no saber lo que se desea! ¡Qué sentir a la par deleite y náusea en el espíritu, náusea del día que muere, deleite del alba!

Es un pasaje de alta intensidad visionaria y expresiva, que mucho impresionó a César Vallejo (quien lo cita enteramente en su tesis universitaria, *El romanticismo en la poesía castellana*). En un idóneo acoplamiento de idea y expresión, Martí habla aquí de las *fieras interiores* —las fuerzas acosadoras de la angustia—, pero las describe como *hermosas* —es decir vitales, es decir positivas. Y aquí está cifrada, en clave poética, toda la larga teorética moderna (y dentro de ella cargada de positividad) de la angustia existencial. Y esta angustia nace, por modo directo, de ese sentimiento de vacío e incertidumbre —*Nadie tiene hoy su fe segura...*— que suele dominar en las épocas de aguda crisis espiritual (y el fin de siglo lo fue, a nivel universal, como pocas). Todo intento de articular el modernismo en el más amplio concepto de la modernidad —posición no sólo correcta, sino la *única* correcta— ha de partir de esta asunción, formulada proféticamente en el «Prólogo» martiano. Los estudios que sobre esta problemática tienen ya publicados Ivan A. Schulman y Evelyn Picon Garfield, se anuncian con un título que apunta derechamente a esa intuición matriz: «Las entrañas del Vacío: Ensayos en torno a la modernidad hispanoamericana».

Ciertamente, no todo el modernismo está —no pudo estar— en el Martí de 1882, pero sí algunos de sus esguinces más permanentes. Entre éstos, la apertura —literaria y cultural— que vino a agrietar saludablemente el acartonado provincianismo de la mentalidad hispánica decimonónica. En otra crónica de ese mismo año («Oscar Wilde») avanza aquél esta oportuna indicación: «Conocer diversas literaturas es el medio mejor de liberarse de la tiranía de algunas de ellas». Y esta idea, surgida de la vocación de cosmopolitismo y universalidad que es inherente a la dimensión cultural del americano, encontrará un eco posterior, y más explícito, en un trabajo de Manuel Gutiérrez Nájera («El cruzamiento de la literatura»), de 1894. Hablándoles directamente aquí a los escritores peninsulares, les dice Nájera: «Mientras más prosa y poesía alemana, francesa, inglesa, italiana, rusa, norte y sudamericana, etc., importe la literatura española, más producirá y de más ricos y más cuantiosos productos será su exportación».

Esta mención incidental de Gutiérrez Nájera implica un recuerdo igualmente justo de este otro gran iniciador del modernismo, asociado también al 1882. Pues a lo largo de este año dará a la luz aquél, en publicaciones periódicas de México, una buena parte de los relatos que al siguiente recogerá en un volumen de título sugeridoramente modernista: *Cuentos frágiles* (1883), punto de partida reconocido de la narración modernista (como lo fue, en el campo específico de la novela, *Amistad funesta* de Martí, aparecida en 1885). En esos cuentos de Gu-

14

tiérrez Nájera, como en sus crónicas ágiles y amenas (la contraparte de la crónica grave y cargada de eticismo de Martí) está ya, y plena, esa sutil aleación de precisión parnasista y sugerencias simbolistas, de figuraciones impresionistas y visiones expresionistas —aleación que fue, mínimamente, en el nivel del estilo, el signo más distintivo del sincrético lenguaje de la época.

Las anteriores referencias a la prosa de esos años primeros del modernismo han resultado indispensables para pergeñar, siquiera rápidamente, los orígenes literarios en América de aquel movimiento. Pero podemos continuar ahora, más acotadamente, con lo que fue la trayectoria histórica del verso.

A lo largo del decenio en que por ahora estamos —el de 1880— se dieron a conocer los primeros libros, o sólo los primeros poemas (pues en algunos casos la publicación de éstos en volumen fue relativamente tardía, y aun póstuma respecto a sus autores), además de los de los dos hasta aquí mentados (Martí y Gutiérrez Nájera), de otros procedentes de los que a continuación se nombrarán: el peruano Manuel González Prada (1848-1918), precursor *en silencio* del modernismo (ya que sus primeros libros de poesía no aparecieron hasta entrado el siglo XX); los mexicanos Salvador Díaz Mirón (1853-1928) y Manuel José Othon (1858-1906); el cubano Julián del Casal; el colombiano José Asunción Silva. Y ya, hacia el final de la década, el *Azul...* (versos y prosas) de Rubén Darío; que al recibir, desde España, el espaldarazo de Juan Valera, en sus *Cartas americanas,* dará al movimiento su partida de integración y su centro de irradiación en el mundo hispánico.

Sólo le faltaba el nombre, la denominación; y ello vendrá, en 1890, del propio Darío. En ese año, y en su «Fotograbado» de Ricardo Palma, aquél aludirá al «espíritu nuevo que hoy anima a un pequeño pero triunfante y soberbio grupo de escritores y poetas de la América española: el modernismo». Y aun ensayará, en ese mismo texto, su descripción: «la libertad y el vuelo, y el triunfo de lo bello sobre lo preceptivo, en la prosa;

y la novedad en la poesía: dar color y vida y aire y flexibilidad al antiguo verso, que sufría anquilosis, apretado entre tomados moldes de hierro».[3]

Al margen de las precisiones de Darío (y desde luego sin negarlas), lo que esos libros y poemas iban definiendo —primero con un carácter aproximativo, después con cada vez mayor nitidez y conciencia— era una reacción, no contra la sensibilidad romántica (aquellos iniciadores del modernismo no eran sino unos románticos sutilizados), pero sí dirigida a superar la tópica y mostrenca expresividad a que el romanticismo había quedado reducido en general dentro de la lengua española, y en busca de una mayor individualización y concreción de la experiencia poética personal. Y por lo hondo, se trataba de un rescate del espíritu, que comportaba el aupar la función del arte y el ejercicio de la palabra artística por encima de las teorías rebajadoras del realismo, el naturalismo y el positivismo (vistas por Gutiérrez Nájera como «desconsoladoras» y «repugnantes»).

Sin embargo, y respecto particularmente a esto último, les faltaba perspectiva para darse cuenta de que el espíritu crítico que les animaba, y aun su afán de perfección formal (aunque de hecho apuntaban hacia metas rebasadoras del craso nivel temático y léxico impuesto por la literatura realista y naturalista), reconocían un origen, y no lejano, en los principios de libre examen y de rigor que el positivismo auspiciara. Esto sí fue visto (pero ya en 1899, y en su famoso ensayo sobre el Darío de *Prosas profanas*) por el pensador uruguayo José Enrique Rodó cuando, al afirmar que él también era un *modernista,* aclara: «yo pertenezco con toda mi alma a la gran reacción que da carácter y sentido a la evolución del pensamiento en las postrimerías de este siglo; a la reacción que, partiendo del naturalis-

---

[3] Para una sumaria revisión histórica de los matices implicados en la noción y el término de *modernismo*, desde sus orígenes hasta los tiempos hispánicos del fin de siglo, véase de Alfredo A. Roggiano su estudio: «Modernismo: origen de la palabra y evolución de un concepto».

mo literario y del positivismo filosófico, los conduce, sin desvirtuarlos en lo que tienen de fecundos, a disolverse en concepciones más altas».

Todos los nombres arriba mencionados, incluso el de Darío, integran la primera generación modernista. Pero muertos hacia 1896 las otras cuatro figuras mayores (Martí, Gutiérrez Nájera, Casal y Silva), pudo Rubén, en aquel año, proclamarse «iniciador» del «actual movimiento literario americano» («Los colores del estandarte»). A la luz de esta auto-declaración, la crítica mecánica y ciega dio equivocadamente en llamar precursores o premodernistas —y esto hasta fechas relativamente cercanas— a quienes fueron los verdaderos *iniciadores* (es decir, a los que se acaba de citar en el anterior paréntesis). Lo que en realidad ocurrió es que Darío, quien a pesar de su ya indudable maestría artística y de su fama, no había escrito todavía lo más sustancial de su obra, quedará entonces como puente hacia la segunda generación modernista, a la cual igualmente habrá de pertenecer.

Todo el continente se incorpora ahora al movimiento. Miembros de esa promoción segunda son, desde México, Luis G. Urbina (1864-1934), José Juan Tablada (1871-1945), Amado Nervo y Enrique González Martínez, hasta los poetas del Río de la Plata —el argentino Leopoldo Lugones, el uruguayo Julio Herrera y Reissig, el boliviano Ricardo Jaimes Freyre, quien por esos años vivía en Buenos Aires— pasando por el colombiano Guillermo Valencia, y los peruanos José María Eguren y José Santos Chocano. En esta generación segunda se marcará la plenitud del modernismo y, como más adelante se habrá de decir, se darán también, por algunos de sus integrantes, los primeros rumbos hacia la crítica y disolución de aquella misma estética.

Y aún hubo tiempo, antes de la irrupción de las vanguardias, para el surgimiento de una tercera hornada de poetas que nacen al calor del espíritu modernista y todavía caben en su órbita general. Menos artistas los más de ellos o, mejor, menos urgidos o apremiados por la sobreconciencia artística que asistía a sus maestros inmediatos, y acaso cegados por el brillo de éstos, conformarán el período que Federico de Onís, en su clásica *Antología de la poesía española e hispanoamericana (1882-1932),* de 1934, habría de llamar *posmodernismo,* y del cual daremos algunos nombres de mayor interés. Ante todo, las mujeres, de quienes proceden los acentos más intensos y la nota más original de dicho período: Delmira Agustini (1886-1914), Gabriela Mistral (1889-1957), Alfonsina Storni (1892-1938) y Juana de Ibarbourou (1895-1979). Pero también algunos poetas, y entre los de mayor significación en la dinámica de la poesía americana habrá de destacarse al mexicano Ramón López Velarde (1888-1921). Otros: Regino E. Boti (Cuba, 1878-1958); Luis Lloréns Torres (Puerto Rico, 1878-1944); Luis Carlos López (Colombia, 1883-1950); Evaristo Carriego (Argentina, 1883-1912); Baldomero Fernández Moreno (Argentina, 1866-1950); Carlos Sabat Ercasty (Uruguay, 1887-1982); Alfonso Reyes (México, 1889-1959).

La denominación de posmodernistas, que les fue dada por Onís y seguida después por críticos y antólogos (como el que ahora compila este libro), ha sido discutida por vaga, modesta e imprecisa. Lo es quizás, como al cabo lo son todas las denominaciones (de modo especial, aquéllas que semánticamente descansan en alguna noción temporal). Algo de utilidad conserva, sin embargo, pues se la sigue empleando. Viene a designar, más o menos, a aquellos poetas —de ubicación histórica difícil, dado el desigual ritmo cronológico en la evolución poética de los diferentes países hispanoamericanos— que, incapaces de emular el magisterio insuperable de sus mayores, toman como reacción brechas estéticas supuestamente más humildes: la introspección (que antes no faltaba pero la cual favorecerá ahora la exploración y expresión de la más cálida intimidad sentimental), la cotidianidad, la atención al modesto contorno inmediato (desde el hogar o la familia hasta el barrio y la provincia), la ironía, el prosaísmo, la dicción coloquial —brechas que, varias de ellas, habían sido abiertas por algunos miembros de la promoción anterior, como más adelante quedará dicho. Pero en general estos nuevos poetas mantienen intactos todos los respetos formales aprendidos: a los esquemas métrico-rítmicos de sus maestros, a sus rigurosos moldes estróficos, incluso a la rima. Es decir: que aún no se arriesgan a los experimentos de ruptura radical que impulsaría la vanguardia. Modernistas, sí, pero que se atreven a ensayar, sobre todo en el lenguaje, un cierto modernismo refrenado. Y hasta a practicar —y aquí habrían de mencionarse particularmente a López Velarde y a Luis Carlos López—, por el tratamiento paródico de las realidades poéticas consagradas (en el camino que ya habían iniciado Lugones y Herrera y Reissig), ese modernismo *al revés* que fue necesario, indispensable, para preparar el advenimiento de lo que vendría —la vanguardia. Les cupo en suerte, en la evolución de la poesía, una situación —una misión— nada fácil ni gratificante, pero la sirvieron con una oportunidad histórica ejemplar cuyo reconocimiento no debe serles regateado.

El modernismo: estilo y época

Sin salirnos de los confines estrictamente artísticos, esto es, sin trasvasarnos del todo a consideraciones ampliamente culturales (que son las más argüidas por quienes postulan una prolongada vigencia para esta época en sí), la expresión modernista puede contemplarse como la suma heteróclita de estilos a través de cuya integración se manifiesta el espíritu vario, confuso y aun contradictorio de toda una época: la del fin de siglo (de «este fin de siglo angustioso», según literalmente la califica ya José Asunción Silva en su novela *De sobremesa*, de 1895).

Federico de Onís advertía, en su citada *Antología*, cómo tendencias estilísticas que en Europa habían sido sucesivas e irreductibles, se armonizaban —dramáticamente— en el sincretismo hispánico del modernismo, dando por resultado un producto único y diferenciado en cuanto a tal unicidad. Debido a ello los modernistas no abjuraron totalmente de nada, y aún menos del romanticismo (pues el modernismo es nuestro verdadero romanticismo, como ha precisado Octavio Paz); pero ni siquiera, como productos que también afloran ocasionalmente en aquella época heterogénea, del realismo y el naturalismo, contra cuyo espíritu —o ausencia de espíritu— blandían sin embargo sus más acres censuras. Desde luego que lo más significativamente nuevo, lo más original y caracterizador fue su incorporación libre a la lengua castellana de las técnicas que se habían abierto paso, de modo más señalado en Francia pero también (con diferentes matizaciones y rotulaciones) en las demás literaturas de Occidente, a lo largo de la segunda mitad del siglo XIX.

Con tales incorporaciones cristalizó un *estilo*, si bien proteico y dinámico (sobre lo que nos extenderemos en su lugar), cuyo sustrato estético, al menos en su zona central y de plenitud, quedaba sustanciado desde una serie de actitudes, que son modos diferentes de nombrar una y sostenida voluntad: el respeto a la belleza; la búsqueda de una palabra armoniosa y pura, que reflejara la armonía secreta de la Creación tan añorada por el artista de la época; la pulcritud y el esmero estilístico máximos; la confianza en el poder salvador y por ello sagrado del arte, sentido y vivido como eficaz refugio —y como protesta— ante las oprobiosas condiciones histórico-sociales, que marginaban al escritor (o cuando más lo reducían a la función de productor de otro objeto de consumo), tanto como frente a los implacables enigmas existenciales y ontológicos del hombre.

Todas esas actitudes, como arriba sugeríamos, pueden resumirse en un concepto señero: fe en la palabra artística, conciencia de arte. Y ese concepto prevaleció desde los inicios de la época, hacia 1875, y aunque ya comenzaba a cuestionarse por los mismos modernistas segundos y últimos, saltará hecho añicos cuando, alrededor de los años 20 de este siglo, se produzca la explosión de las escuelas de vanguardia. Estas vendrían a resultar determinadas, en conjunto, por todo lo contrario a lo que siguió la poética modernista: la más desenfrenada irrespetuosidad estética, la desrealización más audaz, la ruptura extremosa de la forma, y el total irracionalismo lingüístico (por el que el lenguaje quedaba liberado completamente a sí mismo). Y no fueron éstos los fundamentos de la dicción modernista en sí. De ese modo, en el terreno expresivo, y teóricamente hablando, todo intento de asimilar la escritura modernista y la de las vanguardias, resulta impracticable o engendrador de insolubles confusiones.

Estas serían las fronteras cronológicas donde *época* y *estilo* coinciden en ese hecho literario —insístase: nada estático— que llamamos *modernismo*. No equivale esto a negar su virtualidad fecundante, por la que aquél se proyectará hacia la literatura posterior, pero ya transformado (bajo términos rigurosos de estilo) en *otra cosa*. Esa otra cosa, y dicho de modo simplista, será la modernidad ya plena al nivel incluso de la palabra (y en el campo de la letra andamos), y de la cual, y esto sin contradicción, su primera fase fue el modernismo. Pero éste cumplió esa función, mayormente, en el ámbito del espíritu, y por la razón capital de haber defendido y practicado el arte como actividad autónoma (ya desasido de ese «eterno canto a Junín» en que para Darío había consistido toda la poesía hispanoamericana anterior). Importa destacar, por ahora, cómo el modernismo sirvió tal función —es decir, cómo prepara la modernidad— en el dominio de los valores del espíritu, lo que equivale a incidir en el rápido bosquejo interior de la época. (Del estilo, en cuanto tal, se hablará después).

La mayoría de los escritores del período, salvo Martí y Rodó, parecieron vivir (pero aún a flor de piel: en forma nerviosa o incluso neurótica en algunos) lo que el creador contenporáneo, con el ejemplo aquí supremo del *Altazor* de Vicente Huidobro, se atreverá después a hacer frente con toda la lucidez del espíritu y el consecuente desgarrón de la palabra: la experiencia del vacío. Tal experiencia era todavía vivida por los modernistas desde el mundo de los *nervios*, palabra que no sin razón se repite entre ellos: corresponde a esa *intensificación de la vida de los nervios* con que Georg Simmel describiera en 1903 el vivir en la gran ciudad (y que fue el tipo de existencia que, en conjunto, estrenaban los líricos hispanoamericanos de la época)[4]. Por su parte, Octavio Paz —en el ensayo sobre Rubén Darío titulado «El caracol y la sirena», incluido en su libro *Cuadrivio*— ha resumido con precisión el matiz diferenciador con que tal experiencia del vacío, por la que el modernismo prefigura espiritualmente la modernidad, era practicada por los hombres de aquellos tiempos: «Sólo que se trata de un nihilismo [el del modernismo] más vivido que asumido, más padecido por la sensibilidad que afrontado por el espíritu». Supone ello sugerir que no realizaron todavía esa experiencia profundamente turbadora de un modo congruente radical en el nivel del lenguaje, como Huidobro, el Vallejo de *Trilce*, o el Neruda de las *Residencias*. Vale decir, como en las vanguardias.

Y la razón de ese vacío, de ese nihilismo, es tan históricamente conocida que apenas se necesitará recordarla. Habían muerto todos los dioses, toda forma de entidad trascendente que diese apoyo a la debilidad humana y que explicase el sentido de la vida y el mundo. Había muerto el Dios de cualquier ortodoxia religiosa confesional; pero también el *dios* sustitutivo de la ciencia, proclamado por el positivismo, y que poco había ayudado a resolver o paliar aquella orfandad esencial del hombre. Y éste quedaría abandonado así a su propia merced; solo ante el misterio, vacío del mundo y, al cabo, vacío de sí.

Martí intuyó tempranamente tal problemática, y le dio una solución ética positiva: «Hay que reconocer lo inescrutable del misterio, y obrar bien...», escribió. Pero hay que reconocer que el segundo término de su postulación —*y obrar bien...*—, que invitaba a la acción constructiva y ejemplar (la que él mismo siguiera en su vida) no fue la más común en el modernismo. Y sin embargo, Martí no fue menos «artista» (y sus medios

---

[4] Cfr., Georg Simmel, *Las grandes ciudades y la vida anímica* (citado por Rafael Gutiérrez Girardot, *Modernismo*, p. 126).

expresivos no fueron, en lo sustancial, distintos) que el «decadente» más extremoso de la época. No fue, por ello, menos modernista. Y parece como si sugiriéramos una dicotomía irresoluble y difícil de explicar: Martí (pero también otros: Guillermo Valencia, Enrique González Martínez, Ricardo Jaimes Freyre...) de un lado; en el opuesto, el evasivo, los demás. Pero no lo es; quiere decir: puede explicársela, dirigiéndonos a su raíz u origen común, en busca de la unidad espiritual que subyace bajo las contradicciones, no menos evidentes, del período.

El artista de fin de siglo se balanceaba patéticamente entre dos polos igualmente negativos. En lo exterior: la chatura cultural de una sociedad que, bajo las incitaciones prácticas del positivismo, se enriquecía en progreso, técnicas y bienes materiales, en la misma medida en que espiritual y estéticamente se empobrecía. Esa sociedad, en nombre de aquellos valores pragmáticos, y como se apuntó, marginaba o mecanizaba al creador de arte (llevando a muchos poetas modernistas —desde Martí, Nájera y Casal hasta Darío, Nervo, Urbina y tantos otros— al cultivo de la crónica periodística como medio expeditivo de sobrevivencia). En lo más íntimo, y también como quedó constatado, la quiebra total de un mundo axiológico caduco y huero, y el subsiguiente peso opresivo de un vacío existencial que le privaba de cualquier sostén trascendente y valedero. Todo ello, al cabo, le aherrojaba a los fondos sombríos de la incertidumbre y el nihilismo (¡y cuántos poemas modernistas llevaron como título esta última palabra!).

Sus respuestas a una y otra de tales negatividades (el rechazo de la sociedad, la ausencia de valores existenciales firmes) tomaron rumbos naturalmente diversos. Pero esos rumbos nacían de una misma conciencia de oquedad y de crisis.

Negaron unos, tal vez los más (o al menos en algunas zonas resaltantes de sus obras) —y de aquí esa consideración, que sólo es errónea si se la esgrime como única, del modernismo como estética de escapismo y exterioridades—, negaron, comenzábamos a decir, la eficacia de la acción directa sobre un mundo social que les era hostil, y frente a una realidad última que, por secreta, les era incognoscible por las vías y explicaciones del pensamiento religioso tradicional. Se aventuraron entonces por los ámbitos de lo que no tenían: el lujo y el placer, siempre asociados en el decadente al dolor y la muerte. O se evadieron a realidades igualmente lejanas: al brillo cosmopolita de París o al refinamiento de la Francia del siglo XVIII, al repertorio rutilante y prestigioso de las mitologías (clásica y nórdica), a países exóticos como la China y el Japón. Todo lo revistieron de un lenguaje deslumbrante y de un derroche de cultura; pero esteticismo, culturalismo y evasión eran en ellos menos ejercicios de complacencia narcisista que fórmulas obligadas, las únicas con que además contaban, de rebeldía o protesta contra lo inmediato y vulgar. Intentaron incluso la provocación, por la palabra pero aun algunas veces en la propia vida, de los más «raros» estados de espíritu, y solazáronse así en solipsistas o anormales experiencias (neurosis, neurastenia, histeria...), donde vislumbraban una suerte de reducto seguro frente a aquella doble menesterosidad, social y ontológica, que padecían. Si la sociedad vulgar que les rodeaba se preciaba de «sana», con la rareza de tales estados pretendían agredir aquella «sanidad». Repitieron, de ese modo, siguiendo unas maneras que tenían algo de «aprendidas», pero que de ningún modo resultaban inauténticas en los modernistas, los análogos y conocidos breviarios de la decadencia europea. Y hasta aceptaron algunos, orgullosos y desafiantes, el mote de «decadentes» con que, y bajo intención peyorativa, la burguesa sociedad «normal» les quería descalificar.

Pero hubo con el tiempo otros (o los mismos) que aceptaron la decisión ética de Martí: *y obrar bien*... Intelectuales como eran, pero «más artistas que pensadores» (como de los mismos modernistas dijera Horacio Quiroga en 1899), su modo de bien actuar se resolvió en una cálida meditación poética sobre la problemática mayor de la existencia, incluso en sus aristas históricas. Iniciaría esta dirección el todo Martí, pero a la larga no estuvo solo. Reaparece en la dolida interrogación existencial que, desde el más abismal terror de ser, formula Darío en sus *Cantos de vida y esperanza,* tanto como en su poesía histórica y en su preocupación por el destino de la cultura hispánica («A Roosevelt», «Los cisnes»). Está muy presente en el canto cívico de Lugones en sus *Odas seculares,* y en la vuelta a la naturaleza y las gentes de su tierra argentina que acoge su poesía última. Dicta poemas de intención política como el «Anarkos» de Guillermo Valencia, y sostiene la tensión moral de toda su obra. Preside la larga meditación interiorizante que es la poesía de Enrique González Martínez. Y por muy retóricos que fuesen los resultados, da pie a ese *cantor de América, autóctono y salvaje* que quiso ser José Santos Chocano (hasta culminar en esa total apropiación poética de la intimidad y de la realidad inmediata que ya dominará en los posmodernistas).

Esa actitud del bien obrar —en su caso, del pensar hondo en el verso— les llevó, pues, al confrontamiento directo de las debilidades sociales y políticas del entorno cultural e histórico a que pertenecían, seriamente amenazado por la agresión imperialista de los Estados Unidos al anexarse, en 1898, Cuba y Puerto Rico. (Y esa amenaza había quedado ya lúcidamente prevista, desde el centro mismo de la época modernista, por Martí, en su ensayo «Nuestra América», de 1891: primer intento de definición y concreción de la cultura latinoamericana como entidad necesariamente vigilante ante la otra América, la anglosajona del Norte, «el vecino poderoso»). De ese confrontamiento nació, y no es posible extenderse en ello ahora, un libro de excepcional importancia en la toma de conciencia de las raíces y el sello latino de la cultura de aquellos países: *Ariel,* de Rodó (1900). Al cabo, y al mismo tiempo que adelantan el moderno pensamiento existencial, se reintegra profundamente la unidad hispánica, rota desde las guerras de Independencia. A lo largo de la época modernista, Hispanoamérica y España se reencuentran; y el impacto de Darío sobre la lírica peninsular es de tal magnitud que hace que ésta lo cuente siempre como propio. En suelo español encontraron factual acogida las voces, y también los ecos, de la poesía del otro lado del Atlántico: Unamuno admira a Martí y a Silva (y aun prologa la primera edición de este último, y escribe con singular penetración del primero); Juan Ramón Jiménez a Darío; y en España viven, ya como artistas reconocidos en el cenit de su maestría —o de su efímera gloria— Darío, Nervo, Chocano. Y adviértase que algunos de estos señalamientos apuntan sólo a datos exteriores respecto a lo que fue, en su hondura, la entrañable unidad del mundo hispánico que el modernismo vino a consolidar.

En resumen: posición decadente frente a la vida y preciosismo en el arte, y junto a ello, constructiva tesitura existencial (individual e histórica) en el verso, no son sino dos formas naturales de reaccionar, por el escritor y el artista, frente a la común asunción del vacío y las limitadoras circunstancias sociales de la época, que de modo tan crítico, una y otras, se hicieron patentes en el fin de siglo americano. Dos formas distintas de reacción a unos iguales estímulos, y es en éstos donde habrá de encontrarse la articulación raigal y espiritual del modernismo. Pero ni unos escritores ni otros (a veces los mismos) descuidaron lo que aquél fue esencialmente como estética, como empresa de arte: la consecución de un lenguaje depurado, fulgurante y resistente en sí. No son de inferiores calidades modernistas (y volvemos a lo insinuado líneas atrás) la prosa luminosa y magisterial de Martí, y la elegancia parnasiana del austero Rodó, si se las ponen al lado del más «frívolo» ejercicio de decadentismo de aquellos años. La piedra de toque y la unidad última —habrá de repetirse: en el arte de la palabra nos movemos— las dio en el modernismo, como en cualquier hecho literario, el lenguaje. Toda una época se expresó a través de ese lenguaje; pero desplazar totalmente la atención hacia las motivaciones culturales y espirituales de aquella época, con la paralela preterición también total de los correspondientes valores estéticos y lingüísticos, podría provocar mayores y más perturbadores descarríos que lo que tales exégesis socio-culturales

26

—cuyo idóneo campo de acción sería el de una historia ge de la cultura— podría clarificar. Como siempre: la verdad, ra una valoración *literaria* justa, estará en la no desequilibri da atención a los dos factores implicados: las urgencias de una *época* que se hicieron sensibles, legibles, a través de un *estilo*.

El lenguaje modernista

Sin embargo, nunca serán pocas las precauciones al referirse al estilo modernista, pues se corre el riesgo de entender que se lo presenta, en tanto que tal estilo, como un conjunto de rasgos compacto y férreamente igual a sí mismo a través de toda la época. Pero si son válidas estas precauciones, no menos verdadero es que el modernismo llegó a conformar un modo de lenguaje, una expresividad, que incluso nos permite datar cualquier producto literario, en verso y prosa, como anterior o posterior a esa modalidad. Y su mecanismo característico y definitorio será, como se ha tenido que adelantar, el *sincretismo*: la incorporación simultánea —en un mismo libro, aun en una misma pieza— de tendencias estilísticas que en sus literaturas de origen (la francesa especialmente) habían sido sucesivas, contrarias y de difícil reducción. Esos *ismos* fueron asimilados mediante un proceso consciente de influencias e imitación; pero arrancan, todos ellos, desde el corazón mismo de la época y sus necesidades espirituales, y sólo a partir de esas necesidades encuentran su justificación final. Este es el momento de proceder a la enumeración y somera descripción de aquellos ingredientes estético-lingüísticos, y de ensayar tal justificación.

Si el modernismo fue un afianzamiento de la individualidad y la personalidad creadora, ahí estaba la enseñanza vital y cercana de quienes tal afianzamiento habían iniciado, desbrozando la ruptura de los moldes imitativos de la tradición greco-latina mantenida hasta el neoclasicismo, y que es la ruptura donde germina ya la modernidad. Ahí estaba, pues, la lección de los románticos, del romanticismo. Ricardo Gullón ha señalado, con especificidad, el «legado romántico» que está en la base del modernismo, y que se hace particularmente sensible en los primeros escritores del período —que son los que tiene a la vista Rubén cuando proclama y pregunta *¿Quién que es, no es romántico?* [5] Ese legado no lo fue sólo de una cierta sentimentalidad, sino también de la expresividad que aquélla condicionaba: de un léxico, si bien cada vez más despojado de la ya notada ganga retórica del romanticismo hispánico (con su lastre aún vivo de la elocuencia neoclásica) y, sobre todo, de un determinado temple emocional que caldea con pasión aquél léxico. La transición, en nuestra poesía, del romanticismo histórico al modernismo pleno, fue necesariamente gradual; y ello ha permitido a algunos historiadores y antólogos agrupar bajo tal rubro, el de *transición,* a algunos de los poetas que abren los caminos del modernismo.

Mas sobre ese fondo romántico vino pronto a superponerse lo que sí es ya la primera clave de la dicción característicamente modernista: el *preciosismo.* Es hacia esta voluntad preciosista adonde han venido a dirigirse los ataques y dicterios más frecuentes (y aún constantes) que el modernismo ha recibido desde esa tenaz suerte de crítica positivista que, bajo etiquetas más «modernas», parece no desaparecer totalmente de las letras americanas. El preciosismo se ha visto como la máscara expresiva del escapismo y la frivolidad; y no se ha reparado —como advierte José Lezama Lima en su libro *Tratados en La Habana*— que «lo contrario de lo precioso no es lo grande y lo humano, sino lo vil y deleznable». Entendida aquí la noción de preciosismo de un modo genérico es fácil reconocer las tres fuentes principales de donde aquél se nutrió a través del período modernista.

Ante todo, el *parnasismo.* Menos que la estética del distanciamiento objetivo y la impasibilidad del artista con que en Fran-

---

    [5] Gullón, «Juan Ramón Jiménez y el modernismo», prólogo a J.R.J., *El modernismo. Notas de un curso* (1953), p. 17.

cia había surgido como reacción a los excesos del sentimentalismo romántico, del parnasismo interesó más en América lo que la nueva tendencia comportaba de amor a la rigurosa perfección formal (el soneto, en variedad de esquemas métricos, fue cultivado por casi todos los modernistas) y su gusto por la plasticidad o visualidad extremadas: ia claridad lineal de las formas, la rotundidad del color brillante y prestigioso, el empleo decorativo de los materiales nobles y suntuarios (el oro, la plata, los mármoles, la seda, las pedrerías...). Paralelamente se hizo sentir el *prerrafaelismo,* con su interés por la miniatura y por el trazo delicado, pulcro y minucioso, y esa calidad lilial y fresca (no importa todo lo convencional que últimamente fuese) con que los ingleses lo habían practicado en su poesía y su pintura. Después, y en particular desde las *Prosas profanas* de Darío, la traducción verbal del código plástico del *Art Nouveau*: arte del lujo, la metáfora, la gratuidad y la proliferación, el Art Nouveau venía a fortalecer, desde su auge europeo en el mismo fin de siglo, esa intensidad barroca, ese horror al vacío, que laten en el modernismo [6]. Todas estas corrientes alimentan aquella volición general de preciosismo y plasticidad, por la que cierta línea del modernismo se acerca tanto a la pintura.

Como reacción matizadora de la visualidad exteriorizante del parnasismo, estos poetas sintieron la necesidad de incorporarse también el *simbolismo,* con su vista —sus oídos, mejor— vuel-

---

[6] En el artículo-coloquio «Nuestro Rubén Darío», publicado en *Mundo Nuevo,* y celebrado y firmado por Severo Sarduy, Tomás Segovia y Emir Rodríguez Monegal, se llega a proponer, principalmente por Sarduy, una lectura de Darío a partir de la descodificación de ese código plástico de la realidad que es el Art Nouveau (por donde Darío ve y explora el mundo según el citado escritor). La propuesta es sugestiva; pero sólo arrojaría resultados positivos para aquella línea de Darío —y del modernismo— sostenida específicamente sobre tales presupuestos (que no son los de *todo* Darío *y todo* el modernismo). Refiriéndose a esa propuesta, ya Tomás Segovia, en el mismo coloquio, apuntaba: «Admito que ese enfoque es obvio, sí, pero yo no lo vería [a Darío] exclusivamente por ese lado».

tos entonces a la vaguedad impregnadora de la música. Porque, en su fondo, lo que el modernismo esencial encarnaba era una negación de las concepciones positivas y las explicaciones mecanicistas del mundo, y ello imponía un retorno a lo que el idealismo puede tener de permanente y salvador, a una neo-espiritualización de los dominios del hombre, con las exploraciones entonces indispensables en el misterio que le rodea y subyace bajo la realidad. Todo fenómeno sensible apunta a su significación suprasensible, *todo es símbolo:* así lo había formulado Goethe y lo había cifrado poéticamente Baudelaire en su famoso soneto «Correspondances». De ese modo lo sintieron también los simbolistas franceses y los modernistas hispanoamericanos, aunque con una decisión de hermetismo menor en éstos, que más bien practicaron un simbolismo abierto, sensorial y comunicado. Y el simbolismo implicaba la apertura a nuevas (o antiguas) formas de religiosidad, cuya orientación heterodoxa (con la atención puesta sobre todo hacia las doctrinas ocultistas que solían reconocer un origen último en el Oriente) permea tantas de las creaciones modernistas. Si el parnasismo significó un volver la mirada al mundo de afuera, el simbolismo es un *ver hacia dentro,* como postula Amado Nervo en su ensayo «El modernismo» (1907), que es una valoración de este movimiento en términos rigurosamente simbolistas. Porque los que así lo hacen, los que ven hacia adentro, escribe el mexicano, «se asoman al alma íntima, arcana, misteriosa de las cosas mismas». Para Nervo, en esa fecha, como para Darío desde algunos años antes, el modernismo era, ya, simbolismo. Huelga decir que éste proveyó a los modernistas de su potencial estético más alto, el de más asegurado interés y permanencia. Pero nada infrecuente —más bien, fue lo común durante un largo tramo del modernismo— resulta encontrar, en un mismo poema, un pasaje de estricta visualidad parnasista al lado de unos versos donde eran la música y la sugerencia simbolistas quienes más se hacían sentir.

Asociado al simbolismo anduvo en Francia el *decadentis-*

mo, y en la América española se lo conoció y practicó también con significativa intensidad. De un lado, el decadentismo se puede vincular —por su amor al lujo, lo refinado y elegante— al preciosismo, y en tal sentido son a veces indiscernibles. Del otro lado, puede apuntar también, no sólo a lo raro o extravagante y a lo mórbido —ese deseo apasionado del placer y la muerte, que es tan definitorio del decadentismo— sino incluso, en algunos momentos, a lo violento y sórdido. En esta dirección parecía casi ser, aunque no lo sea, un naturalismo *sin tesis;* y no es de estrañar si se recuerdan sus orígenes franceses: Joris Karl Huysmans, el gran decadente de *A rebours* y de *Là-bas,* se había iniciado como escritor naturalista. Muchos modernistas americanos (Casal: ejemplo máximo), que fueron también románticos y parnasistas y en cierto modo avanzaron al simbolismo, fatigaron en su lenguaje los tópicos sémicos y el léxico del decadentismo (léase de aquél, su poema «En el campo»); y aun antes de que la denominación de *modernismo* se impusiese, se les llamaba sencillamente *decadentes.*

Vienen ahora (pero sólo por el orden lineal a que toda exposición obliga) dos fórmulas estilísticas que, pero nada más que teóricamente, son fáciles de deslindar. Primero, el *impresionismo.* Porque si había que mirar la realidad exterior, la profunda subjetividad del modernista le impedía reproducirla en su apariencia verista, realista. Había que dar cuenta de ella, del estímulo de la realidad exterior que se quería expresar, sólo como a los intransferibles y personales sentidos de cada quien, y en los diferentes momentos, aquel estímulo hablase (con lo que esto supone de captación del matiz, de lo impreciso y cambiante). Necesidad, pues, de describir la realidad según las técnicas más vívidas del impresionismo (puestas tantas veces, como es lógico, al servicio del simbolismo).

Y también a su servicio, genéricamente hablando, pudo estar la otra modalidad antitética anunciada: el *expresionismo.* Extremando su idealismo, el artista sólo concibe como verdadera, como válida, la imagen que, al calor de sus emociones y en el ejercicio máximo de su imaginación, puede desde su interior crear. La imagen expresionista no se limita a traducir, a partir de la reacción de los sentidos, un dato de la realidad, como en el impresionismo (aunque en la lectura tal distinción no se hace tan nítida: para una sensibilidad altamente imaginativa, todo puede parecer impresionismo; para un lector poco imaginativo, en cambio, casi todo es expresionismo). Pero lo que la imagen expresionista hace más vigorosamente, al configurar un cuerpo verbal —y visual— de aún distorsionados y violentos perfiles, es comunicar la emoción que domina al espíritu cuando contempla una determinada realidad —exterior o interior, pero principalmente interior—. He aquí como Martí, y en aquel momento auroral del modernismo que fue el año de 1882 (pues la cita procede otra vez de su «Prólogo al *Poema del Niágara*»), visualiza su emoción dolorosa frente al poeta moderno: «...no hay ahora mendrugo más denteado que un alma de poeta: si se ve con los ojos del alma, sus puños mondados y los huecos de sus alas arrancadas manan sangre». Un claro ejemplo de imagen expresionista, pero también una definición. Porque el expresionismo es eso: mirar *con los ojos del alma,* que son los del espíritu y los de la más absoluta libertad imaginativa (donde cabrán, en una versión más avanzada de la misma actitud, hasta la deformación caricaturesca y el humor negro).

Con el paso de los años, a través aún del modernismo (y de acuerdo con la evolución que interiormente les animó, y lo cual trataremos a continuación), aquella inicial volición de puro preciosismo fue lentamente derrumbada —y el parnasismo es, entre sus vetas estilísticas, la que más lejos ha venido a quedar. El simbolismo, en cambio, conservó toda su potencialidad estética y, en forma intermitente pero tenaz, atraviesa toda la lírica del siglo XX, con a veces inesperadas resurrecciones. Y el expresionismo, que sin embargo estaba desde los comienzos de la época en su modalidad menos violenta, acabó por hacerse dominante e indispensable al poeta de los finales del modernis-

mo, quien desde los posos más irreductibles de su interioridad
quería darnos una visión inédita, y casi anuladora, de la realidad y del mundo. De una realidad en cuya armonía y salud comenzaba a descreer [7].

Evolución interior de la poesía modernista
(De la analogía a la ironía)

Las consideraciones que siguen parecerían, a primera vista,
borrar lo que antecede. No lo hacen, sin embargo, porque ya
se hizo notar que el modernismo no puede entenderse, y ni siquiera en cuanto a estilo, como un cuerpo verbal fijo, cerrado
e idéntico siempre a unos inflexibles principios rectores. Y es
que la gestión modernista se cumple en manos de unos escritores, de unos artistas, rebeldes a la esclerosis (Darío impugnaba
seriamente el clisé verbal porque refleja anquilosis mental), y
por ello vocados a la experimentación, a la ruptura de todo molde estético y unívoco —aun de los que pudieron ellos mismos
crear como rechazo de todo lo anterior. Y fieles a aquella estética acrática que ya vimos defendida por Darío en las «Palabras liminares» de *Prosas profanas,* se irán volviendo incluso
contra los propios clisés que el modernismo, como toda retóri-

---

[7] En términos semejantes a los aquí sugeridos, pero con más recia argu-
mentación teórica, ya Carlos Bousoño, en su discurso de ingreso a la Real
Academia Española, *Sentido de la evolución de la poesía contemporánea en
Juan Ramón Jiménez* (Madrid, 1982), ha descrito esa trayectoria —desde el
romanticismo y el parnasismo hasta el simbolismo, la poesía pura y el
superrealismo— como un proceso creciente de interiorización e irrealidad. En
un trabajo posterior y aún inédito, «Dos procesos culturales» (destinado al
Homenaje a René Wellek, que se prepara en los Estados Unidos), el propio
Bousoño se vale del concepto y término de *expresionismo* para señalar el estadio
último de la trayectoria aquí propuesta, con lo cual nuestra gradacción interior de la poesía modernista anterior al irrealismo de las vanguardias, viene
a coincidir totalmente con sus precisos lineamientos.

ca triunfante, acabó por engendrar. Fueron así estos escritores los que instalan en la literatura de la América hispana, y la noción ha sido enunciada por Angel Rama, «el principio de reacción como generador de movimientos artísticos»— principio que por ellos «quedará incorporado a la dinámica de las letras hispanoamericanas, acentuando la idea de mutación brusca[8]».

Y así esa mutación, si bien no con la extremosa disposición con que la ejecutarán las vanguardias, fue ya desbrozada por los mismos modernistas, quienes son (aun dentro de los límites más estrechos a que se quisiera reducir el movimiento) los que comienzan a minar o barrenar el armonioso y pleno lenguaje cenital del modernismo, y aun a poner en cuestión los supuestos estéticos de ese lenguaje. Fue ocasionalmente el Darío maduro de *El canto errante;* lo fueron, ya con más voluntaria audacia, el Leopoldo Lugones de *Lunario sentimental* (1909) y Julio Herrera y Reissig en lo más personal y característico de toda su obra; y algo después, ya en la generación siguiente y de modo más señalado, el colombiano Luis Carlos López y el mexicano Ramón López Velarde. Son ellos —y claro está, muchos más— quienes, por los caminos de la ironía y la distancia crítica, prepararán al cabo esa negación del modernismo que en su momento habrían de practicar con la más enérgica decisión las diversas tendencias o escuelas de la vanguardia (lo cual, de algún modo, había quedado dicho).

Esta evolución interior de la poesía modernista puede contemplarse desde la tensión dialéctica que arman entre sí la ley universal de la analogía y el imperativo de la ironía: esas dos tensiones que, nacidas en el romanticismo, marcan los avatares de toda la poesía moderna. El tema ha conocido, entre nosotros, un notable esclarecimiento y una pulcra reactualización por Octavio Paz en su libro *Los hijos del limo* (1974). Nota allí su autor cómo fue en los tiempos del modernismo hispánico,

---

[8] Rama, «La dialéctica de la modernidad en José Martí», en *Estudios martianos* (Universidad de Puerto Rico, Editorial Universitaria, 1978).

más propiamente que en los del romanticismo, cuando se define en la poesía de lengua española «ese elemento dual y que no hay más remedio que llamar demoníaco: la visión analógica del universo y la visión irónica del hombre». Y se vuelve precisamente a uno de los iniciadores del modernismo, a Martí, y a unos expresivísimos versos suyos —*El Universo / Habla mejor que el hombre*— para arriesgar que esta frase, colocada en el exacto centro de la pieza («Dos patrias», de *Flores del destierro*), es «como un corazón que fuese el corazón de la poesía de la época»; y que en ella está condensado todo cuanto él, Paz, pudiera decir de la analogía. Y a sus reflexiones nos atenemos, libre y ceñidamente, en el tratamiento aquí de estas cuestiones.

La analogía lee el universo como un vasto lenguaje de ritmos y correspondencias, donde no tienen asiento el azar y los caprichos de la historia, y a esta luz la poesía o el poema habrán de entenderse como un microcosmos, como otra lectura o reinterpretación, de aquel rítmico lenguaje universal[9]. «La analogía —escribe Paz— concibe al mundo como un ritmo: todo se acuerda porque todo ritma y rima». Darío creía leer en *las constelaciones pitagóricas* del mismo modo en que *en las constelaciones Pitágoras leía* («En las constelaciones»); y de ese ritmo sustentante del cosmos derivaba incluso una ética: *Ama tu ritmo y ritma tus acciones* («Ama tu ritmo»). Y ya antes Martí se autocontemplaba, en tanto que poeta y al calor del sentimiento armonizador de la analogía, como el descifrador de la unidad cósmica: *Yo percibo los hilos, la juntura, / La flor del Universo* («Siempre que hundo la mente en libros graves...»). Son sólo unas ilustraciones incidentales ; y más sobre este punto po-

---

[9] Cathy L. Jrade, en un ensayo de gran interés para este tema («Trópicos románticos como contexto del modernismo») resume así el mecanismo interior de este principio de la analogía: «En la creencia de que el mundo es una criatura viviente impregnada en su totalidad por un alma única, todos los elementos de la creación son análogos». Y precisa que «este enfoque es fundamental para la tradición esotérica», añadiendo además abundante bibliografía en torno a su impacto sobre el romanticismo y el simbolismo.

drá encontrar el lector en las viñetas de presentación de estos dos poetas.

Pero el espíritu, y por la experiencia azarosa del diario acaecer, de la vida factual, acaba por descubrir algo que habrá de carcomer aquel ensueño analógico, desde el cual todo se le presentaba como compacto, unitario, cíclico, cabal. Descubre, al cabo, la unicidad irrepetible de los actos del hombre, de cada hombre, a través de los cuales, y de su fatal finitud, asoman los rostros —varios y el mismo en suma— del tiempo lineal, la historia, la nada y la muerte. Y ese descubrimiento, que es producto de la conciencia soberana, tiene un nombre desde Novalis y Schlegel: la ironía, «que no es otra cosa —afirma aquél— que la reflexión, la verdadera presencia del espíritu». Y al destruir el sueño de unidad y de armonía universal —y esto, para el poeta, tiene un nombre: Belleza—, la ironía hace entronizar en el corazón de ese poeta la intuición de lo raro, lo irrepetible, lo bizarro: entroniza la duda y, lo que es de más visibles efectos, la disonancia.

Las consecuencias, a nivel expresivo, de ambas tensiones irreductibles —la analogía y la ironía— se hicieron sentir palpablemente en el lenguaje modernista. Y nos ayudan a explicar, por lo hondo, la evolución de ese lenguaje.

Bajo la acción de la analogía, el poema no puede recoger la aspereza del habla común, ni el exabrupto que cabe en el coloquio. Sólo le es dable reproducir, verbalmente, la armonía y la belleza originales de la Creación. Y el poeta es así, además de un visionario o un veedor, el sacralizador por la palabra de la realidad, y quien habrá de reinstaurar el orden natural —la perfección— de lo creado. *Torres de Dios,* llama Darío a los poetas; y les conmina a poner, frente al mal (que es la historia), *una soberbia insinuación de brisa / y una tranquilidad de mar y cielo (¡Torres de Dios! ¡Poetas!).* Es decir: les conmina a la vuelta a la Naturaleza, que vale tanto como la reconquista de la serenidad.

Desde luego que no está ausente la ironía, pues no pudo estarlo, en los primeros modernistas. Y ya Silva, en su «Día de difuntos», hace interrumpir bruscamente la música tristísima y vaga de las campanas funerales con la presencia *escéptica y burlona* de la otra campana —la del reloj, la de la vida— que *tiene en su timbre seco sutiles ironías.* Y cuando es ésta la que se escucha, el poeta se permite incluso rimas «feas» o extrañas (como *arsénico* con *ácido fénico*), y dar al conjunto poemático, que se había iniciado *modo simbolista,* una nota paródica y desgarrada (por donde se cuela, implacable, ese aguafiestas que es la ironía). Es sólo una instancia, podrían traerse más (y otros poetas y otros poemas). Pero lo cierto es que, en la primera generación modernista, y durante lo que entendemos como plenitud o ápice del movimiento, la expresión poética parecía dictada de una manera dominante desde los supuestos estéticos que la analogía propiciaba.

Y enumeramos algunos de sus efectos en ese preciso terreno de la expresión: amor a la palabra hermosa, por eufónica, al fraseo cadencioso y a la más impecable fluidez rítmica; rescate —o intensificación— de la versificación acentual, que subraya marcadamente el ritmo; sujeción a la rima, que refuerza la circularidad del tiempo y parece anularlo en su secuencia lineal; incluso el cultivo de las rimas interiores, que todavía acortan con mayor celeridad el espacio temporal, y de las aliteraciones, que son otra forma de reiteración aproximativa; pasión por las sinestesias, que asocian sensaciones dispares y las resuelven en una unidad superior o integradora; y práctica intensa de la metáfora (atrayente pero no agresiva, sugerente pero no chocante) que también descubre y establece correspondencias secretas entre objetos distantes de la realidad. Desde todos los flancos estilísticos: abolición de los tiempos y las distancias, de la dispersión, y acentuación de la unidad, que es consecución de la belleza. A la plenitud del universo, donde no puede haber quiebras ni fracturas, corresponde así la plenitud de un lenguaje armonioso y musical, que lograse sacar el alma de lo fortuito de la historia y el azar, y devolverla al abrazo envolvente de la perdida unidad.

Mas la situación cambia a partir de un momento, y se define así el inicio de esa evolución interna de la poesía modernista que vamos delineando. La ironía, sutilmente, va imponiéndose: de un modo que diríase excepcional en Darío (en poemas como «Agenda» y la «Epístola a la Señora de Lugones»); pero ya con casi programado afán en Lugones, Herrera y Reissig, López Velarde —y tanto más cuanto más nos acercamos a la vanguardia. Y al imponerse, introducirá la descreencia en la sacralidad del mundo, en los poderes descifradores y unitivos del poeta, en el respeto sagrado al arte. Bajo la ironía, «la palabra poética termina en aullido o silencio» (Paz). Estos modernistas segundos no concluirán todavía en el aullido que es el canto final de *Altazor,* y ni siquiera invocarán explícitamente esa fe en el silencio que sostiene a tantos poetas modernos. Pero ensayarán algo que es de extrema significatividad para que, al fin, la poesía moderna, en todas sus últimas implicaciones, se instale en las letras de América: la desmitificación de aquella retórica de la belleza que había terminado por instaurar, en su mecanización, la ley de la analogía.

Aún plenos y elocuentes —Lugones, en su *Lunario,* y Herrera en «Tertulia lunática», no son menos «verbosos» que quienes les preceden—, usarán sin embargo el lenguaje como un ya acerado instrumento de esa actitud irónica que les sostiene. Y de aquí los resultados expresivos esperables: el humor, el socavamiento paródico, la burla, y hasta la caricatura de aquellas entidades supremas de belleza que sus antecesores profesaban como artículo de fe. Darán también entrada, congruentemente, al coloquialismo y aun al prosaísmo en el verso; practicarán la adjetivación metafórica sorprendente, por insólita; colocarán, en el sitio de honor de la rima, la palabra irrisoria y chocante, que desde tal sitio quedará hiriendo más apuradamente nuestra sensibilidad; conciliarán en la metáfora realidades sólo asimilables desde la conciencia traviesa o descreída (o particularmente capaz de detectar las «rarezas» o «anormalidades» de lo real). En suma: buscarán, bajo todas las formas, la sorpresa.

Y accedamos a unos pocos ejemplos. Lugones, en «Emoción aldeana», hará del *humilde barbero de campaña,* y de su *brocha,* los protagonistas del poema. Y en *Lunario sentimental* echará mano, de modo desenfrenado, al léxico más extravagante; y en «Divagación lunar», concretamente, hablará de la *sensación extraña / de jarabe hidroclórico* que le inspira la luna; a quien de paso calificará de *amarilla y flacucha,* haciendo rimar ese breve verso con este otro: *como una trucha.* Herrera y Reissig, por su parte, será aún más atrevido en las imágenes; y en su soneto «Julio» (y las hay en él más audaces), el vaho de la campaña *será una jaqueca sudorosa y fría,* donde las ranas, en su coro, celebran *una función de ventriloquia extraña.* Y en «Desolación absurda» armará un fantasmagórico tinglado, presidido de nuevo por una nada respetable (ni respetada) luna, que *hace una rígida mueca / con su mandíbula oscura.* No queda ya ni el más leve vestigio de aquella sentimentalidad romántica que exhibían aún los primeros modernistas; pues éstos de ahora no invocarán la armonía del cosmos y la realidad, sino sus desquiciamientos. Lugones cantará, enamorado de ella, «A Histeria»; y la neurastenia se paseará, insistente, en los versos del uruguayo. ¿Restos del decadentismo, avances hacia la vanguardia? Ahí está la cuestión: la encrucijada que en ellos se define. Por sus posibilidades móviles espirituales, parece una caricatura del decadentismo; pero precisamente por este designio de caricatura, y sus efectos en el lenguaje, se diría un anticipo nada tímido de las irrespetuosidades de la vanguardia. (Otra vez: mayores precisiones sobre estos temas, en los dos poetas aquí mencionados, se desplazan lógicamente a sus notas respectivas).

Por las vías de lo lúdico y del humor, manifiestan su presencia, en estas y otras figuras del modernismo y el posmodernismo, lo imprevisible, lo excepcional, el accidente, lo único y raro —o sea, lo contrario a la unidad trascendente en que todo quedaba englobado y resuelto en virtud de la analogía. Triunfo, pues, de la ironía: victoria de la disonancia [10]. Ha hecho ex-

---

[10] No puede significar esto que la analogía, como principio último de poe-

plosión con ellos aquella armónica plenitud de belleza que regía el lenguaje modernista anterior, aunque los útiles estilísticos sean cercanos a los de aquél (si bien, y confluimos aquí en algo ya dicho, con el descrédito de la impoluta dicción preciosista y la natural intensificación de la imagen expresionista y deformante). No intentaron del todo —son aún poetas del modernismo— saltarse la totalidad de las imposiciones exteriores de aquel lenguaje poético; pues las formas tradicionales y las rimas conservan su vigencia en las obras de ambos (como en las de L.C. López y López Velarde). Pero con su actitud desacralizadora, desmitificadora, abonan los caminos hacia la vanguardia. Y a la vez que impulsan la evolución interior de la poesía modernista, salvan así los hilos inflexibles de la natural continuidad dialéctica, que nunca procede por saltos tan abruptos como a veces pretenden demostrar las historias de la literatura.

Muy al principio de estas notas se señaló, como elemento básico para el diagnóstico de la modernidad que ya se anuncia en el modernismo, la actitud espiritual que éste supuso como respuesta a la conciencia del vacío que marcó a toda aquella época, y a la que con ella se abre. Ahora habrá de añadirse, con igual propósito para el mismo diagnóstico, este *principio de reacción* (según la valoración de Angel Rama) que los escritores del período pusieron en marcha, antes de que el devenir histórico nos lo alejase —y que, de modo sucinto, acabamos de ver en su funcionamiento—. Porque el modernismo impli-

---

sía, desaparezca para el futuro. En cuatro nombres mayores de la lírica hispánica, para sólo citar unos pocos —desde Juan Ramón Jiménez y Vicente Aleixandre hasta Octavio Paz y Gonzalo Rojas—, es la visión analógica del mundo el motor dominante. Aun en un poeta tan sostenido sobre una concepción apocalíptica y fragmentaria del ser y la realidad, y consecuentemente del lenguaje, como el chileno Huberto Díaz Casanueva, se descubren (y en fecha reciente: en su poema *El Pájaro Dunga*, de 1982) estos versos que le revelan, como poeta, en tanto que lector o descifrador de las secretas armonías y analogías de la Creación: ¡*Leo / En el áureo texto del magnánimo / Equilibrio universal*!

caba y condicionaba, como otro elemento definidor de su propia naturaleza dialéctica y crítica —y la crítica es el rasgo último de la modernidad—, la reacción y trascendencia de sí mismo. No hay contradicción, ni mucho menos oposición, en mantener reservas frente al uso del término identificador, *modernismo*, más allá de lo que sea factible en cuanto a la estricta relación entre ideología y módulos expresivos, y reconocer ahora, y a la vez, su calidad de apertura hacia el futuro, por la que la época modernista, en toda su amplitud, pero también dentro de sus justos perfiles estéticos no innecesariamente traspuestos, irrumpe como el primer compás o acorde de la modernidad [11].

Tres vías generales de aproximación al modernismo (Algunas indicaciones bibliográficas)

No es ésta aún ninguna de las tres vías anunciadas en el título de este apartado, pero como estamos en el campo de la poesía, es indispensable recordar que el modernismo significó, en lo formal, una profunda labor de renovación y enriquecimiento del verso castellano, y que una atención a estos aspectos resulta fundamental. Para el tema es muy útil todavía, si bien como introducción general, el capítulo primero («Ojeada de conjunto») de la *Breve historia del modernismo* de Max Henríquez

---

[11] Desde esta perspectiva se comprenderá nuestro asentimiento con lo expresado por Octavio Paz en una publicación suya reciente. Comentando de modo incidental ciertas ideas de Juan Ramón Jiménez, emitidas en su libro *El modernismo. Notas de un curso (1953)*, señala Paz cómo aquél «afirmó que las distintas escuelas que sucedieron al *modernismo* no fueron sino variaciones de este último», y cómo este punto de vista ha sido compartido por varios críticos. Y puntualiza: «Es una exageración decir que el movimiento poético moderno, en toda su contradictoria diversidad, es una mera consecuencia del *modernismo*; no lo es afirmar que éste es un momento, el inicial, de la modernidad». (Paz, «*Laurel* y la poesía moderna», *Vuelta*, México, No. 70, 1982, p. 7).

Ureña. Allí pasa el autor revista a las que fueron en sí innovaciones modernistas, y también a los remozamientos o resurrecciones de formas métricas o estróficas de la tradición (muchas de ellas en desuso y arrinconadas por los siglos). Hay en esas páginas un mínimo pero ilustrativo acopio de precisiones y ejemplos que ponen en relieve la magnitud del trabajo, en tal sentido, de los modernistas. Y una atención a la importancia de la versificación acentual, en el modernismo, ha sido concedida también por Octavio Paz en sus libros *El arco y la lira* y *Los hijos del limo.*

Y pasamos ahora al primer modo de acercamiento crítico que queremos destacar, cultivado de modo satisfactorio en estos últimos treinta años, y el cual podemos enunciar someramente como *poético-existencial*: la consideración del modernismo como la expresión vivencial de una época, sellada por el espíritu de crisis y la derivada situación vital de angustia e incertidumbre. Es el que, en cierto modo, hemos favorecido en esta *Introducción*; y en gracias sobre todo a la brevedad, apenas sí se necesitará añadir ahora algunas orientaciones bibliográficas oportunas. Además de los estudios, en esta dirección pioneros, de Federico de Onís, recogidos en *España en América,* son muy sustanciosos el libro *Direcciones del modernismo,* de Ricardo Gullón, y el artículo «Reflexiones en torno a la definición del modernismo», de Ivan A. Schulman (incluido por Homero Castillo en su edición de *Estudios críticos sobre el modernismo*). En un reciente ensayo del mismo profesor Schulman, escrito en colaboración con Evelyn Picon Garfield («Modernismo / Modernidad: Apostillas a la teoría de la edad moderna»), y el cual fue un adelanto del anunciado libro de ambos «Las entrañas del Vacío: Ensayos en torno a la modernidad hispanoamericana» (al que ya se aludió), aciertan sus autores a resumir así esa relación condicionada entre los rasgos espirituales y culturales de la época y su plasmación en la palabra literaria: «El consiguiente vacío cultural e ideológico da origen a una literatura de ambigüedad, angustia y enajenación. Y ésta, a su vez, con frecuencia produce una expresión lingüística de tonos y matices extraños, discordantes, insólitos, nacidos de una crisis colectiva y subjetiva en que el artista asume el papel de historiador de su experiencia como individuo y escritor por un lado, y, por otro, el de agente de su aventura creadora».

De fecha muy reciente (1983), y que podemos acercar a este enfoque, es el libro *Modernismo,* de Rafael Gutiérrez Girardot, del que también en algo nos hemos valido muy al comienzo. El pivote de interpretación de este crítico (quien con éxito intenta situar el modernismo hispánico dentro de las coordenadas espirituales y estéticas del fin de siglo europeo) es el examen del largo proceso de *secularización* que discurre, en todos los órdenes de la vida, a lo largo de la centuria pasada. Glosando las reflexiones del autor, ese proceso no significó literalmente la «muerte de Dios», en el sentido de su «asesinato», sino su «ausencia» para el hombre, esa trascendencia vacía que paradójicamente, al dejar a aquél, el hombre, sin un centro de gravedad o soporte, comportaba igualmente la «pérdida del mundo». Pero la secularización, puntualiza Gutiérrez Girardot, «que para la sociología es un hecho definible y sin *pathos,* fue para el artista y el poeta un acontecimiento apocalíptico»; es decir, que representó un «acontecimiento» trágico, el cual «tuvo el carácter de ''crisis religiosa'', de pérdida de la fe, de duda religiosa, de temor del ateísmo». Y acaba por impulsarle, a ese artista y poeta, a la búsqueda de otros «saberes» de salvación que pensaba encontrar en las «teosofías» de la época, que el expositor llama genéricamente «sustitutos de religión». Pero por aquí sus consideraciones desembocan, obligada y certeramente, en el segundo de los asedios valorativos del modernismo, al que deseamos hacer rápida referencia.

Se trata ahora de una interpretración que, de nuevo aproximadamente, llamaríamos *espiritualista.* El mismo Gutiérrez Girardot abría el capítulo central de su libro, dedicado a estos temas, recordando la observación de Durtal, el protagonista de *Là-bas* (1891), la famosa novela de Huysmans: «Qué época más extraña... Justamente en el momento en que el positivismo respira a todo pulmón, se despierta el misticismo y comienzan las locuras de lo oculto. Pero siempre ha sido así; los fines de siglo se parecen. Todos vacilan y están perturbados. Cuando reina el materialismo, se levanta la magia». Las *locuras de lo oculto* inquietaron a todos los modernistas; y además de ser una fuente estética para sus creaciones, en ellas se interesaron o incluso frecuentaron esas formas heterodoxas de religión —espiritismo, teosofía, masonería— escritores como Martí, Darío, Nervo, Lugones, Herrera y Reissig. Su huella en la literatura modernista es evidente, pero sólo en los últimos años ha comenzado a estudiársela con sistematicidad y rigor. En 1965, y otra vez en su ensayo «El caracol y la sirena (Rubén Darío)», se lamentaba así Octavio Paz: «La crítica universitaria generalmente ha preferido cerrar los ojos ante la corriente de ocultismo que atraviesa la obra de Darío. Este silencio daña la comprensión de su poesía». Y daña también la de todo el modernismo.

Oportunamente, las respuestas al aviso de Paz no se hicieron esperar, o estaban ya en camino. En 1967, Enrique Anderson Imbert dedica uno de los más enjundiosos capítulos de su libro *La originalidad de Rubén Darío* a examinar el «sincretismo religioso» del poeta nicaragüense. En ese mismo año, y con más vasto alcance, Ricardo Gullón publica, en la revista *Mundo Nuevo,* un texto crítico de sumo interés: «Pitagorismo y modernismo»; y sobre el tema vuelve, de nuevo con mayor amplitud, en su ensayo «Ideologías del modernismo» (*Insula,* 1971). Aquí ofrece un apretado resumen de la presencia de la tradición ocultista y esotérica en la literatura del período: «A través del modernismo literario fluye una corriente esotérica, integrada por la acumulación un tanto caótica de doctrinas procedentes de religiones orientales, hindúes sobre todo, del pitagorismo y los textos gnósticos, de la Cábala hebrea y de la teosofía, con sus casi inevitables arrastres de vulgarización y charlatanería». Y aclara: «Que las doctrinas esotéricas atrajeron a los modernistas por cuanto tienen de aproximación al misterio es cosa

44

que me parece segura; las entendieron como impulsos órficos de penetración en la sombra, y desentendiéndose de otras particularidades buscaron en ellas la clave perdida de los enigmas radicales de la existencia: de la vida y de la muerte y del más allá».

No ha de sorprender. La idea de la analogía universal, que antes consideramos, quedó artísticamente potenciada por los primeros románticos, quienes a través de simbolistas y modernistas la dejaron como herencia indeclinable a la poesía moderna. Pero es en sí una intuición germinal, una visión espiritual del mundo, muy antigua, que está latente en el fondo de religiones y de místicas, especialmente aquéllas marcadas por una fuerte impronta espiritualista, desde el pitagorismo y el platonismo y sus correspondientes renovaciones y amplificaciones (neopitagorismo, neoplatonismo). Y esa idea o intuición atraviesa, como una corriente oculta e intermitente, la Edad Media, el Renacimiento, el siglo XVIII (siempre como un mentís desde las sombras a los racionalismos imperantes en el normativo pensamiento filosófico «oficial» de Occidente) hasta rebrotar, con inusitada intensidad, en las heterodoxias religiosas del XIX. Son entonces los célebres «profetas del día» que, medio-poseídos, medio-charlatanes, tratan de revestirla de un aire seudocientífico: Eliphas Lévi, Allan Kardec, Helena P. Blavatsky (la fundadora en 1875 de la Sociedad Teosófica), Annie Bessant, Gerard Encausse (Papus), Sâr Peladan. Que los modernistas los conocían, está probado. Darío, en un artículo que reproduce Anderson Imbert en su libro citado, incluso los enumera y apunta sus peculiaridades; pero aún más, señala la común raíz de esas «escuelas», y declara allí: «El ocultismo o ciencia oculta... posee un método especial: la analogía». Y Martí escribe, entusiasmado, una página sobre «Annie Bessant, la oradora humanitaria», que «ha subido —precisa el escritor cubano— a estas teosofías de ahora, que buscan la ley del universo en los hechos del alma recónditos y ocultos». Y se comprenderá que no podamos ampliar aquí la documentación sobre estos puntos.

Finalmente, desde la crítica universitaria (como pedía Paz), y dentro de esta misma orientación, proceden dos importantes libros últimos sobre Darío: el de Cathy L. Jrade, *Rubén Darío and the Romantic Search for Unity: The Modernist Recourse to Esoteric Tradition* (1983); y el de Raymond Skyrme, *Rubén Darío and the Pythagorean Tradition* (1975) [12].

Pero el modernismo, como toda modalidad artística de cierta duración y entidad, estuvo históricamente condicionado por una serie de factores sociales, políticos y económicos con los cuales ciertamente se acuerda: la expansión del capitalismo en los incipientes países desarrollados de América, y el triunfo de los principios del liberalismo y el individualismo competitivo que están en la base del florecimiento de la sociedad burguesa. Por ello no han faltado, en estos años más próximos, trabajos críticos que arman un tercer modo de valoración, *socio-económica,* del modernismo. Entre varios otros: los libros de Angel Rama (*Rubén Darío y el modernismo,* especialmente su capítulo «Los poetas modernistas en el mercado económico») y de Françoise Perus (*Literatura y sociedad en América Latina: el modernismo*); y los ensayos de Roberto Fernández Retamar («Modernismo, noveintaiocho, subdesarrollo») y de Carlos Blanco Aguinaga («Del modernismo al mercado interno»).

Estos trabajos aportan siempre consideraciones de interés,

---

[12] Concluida esta *Introducción*, llega a nuestro conocimiento —por el artículo-reseña que le dedica Guillermo Carnero en *El País* (Madrid), el 28 de agosto de este año de 1983— la existencia de un nuevo estudio de Giovanni Allegra: su libro *Il regno interiore. Premesse e sembiante del modernismo in Spagna*. Si bien referido al modernismo en la Península (aunque con la inclusión en él, ya establecida y aceptada, de Rubén Darío), el libro del profesor Allegra ha de aportar sin duda valoraciones de interés sobre el fenómeno modernista en general. El volumen parte, siempre según Carnero, de la consideración del modernismo como «una de las consecuencias de *la crisis de la conciencia europea de la época*» tanto como de la atención a las corrientes ocultistas y esotéricas que permean aquella época. Por ello puede participar de estas dos primeras aproximaciones valorativas del modernismo que hasta aquí hemos resumido.

y como es esperable de modo particular en lo tocante a esclarecer los condicionamientos exteriores que ciñeron a la creación modernista. Sin embargo, sólo cuando se parte de un absoluto respeto por el importante hecho *estético* que en sí fue el modernismo y por sus significativas repercusiones en la literatura posterior (como sí lo hace Rama en su excelente libro), muchos de estos estudios, y otros de menos interés, no han podido soslayar el grave riesgo a que están abocados cuando se procede de una manera simplista y dogmática: el convertir tales condicionamientos en la sustancia del arte de la época (para Françoise Perus, por ejemplo, esos condicionamientos son la «otra cosa» profunda del modernismo), y el elevar criterios ético-políticos al rango de patrones excluyentes para la valoración literaria, como en la penosa y empobrecedora lectura de Darío que propone Blanco Aguinaga.

El método de acercamiento socio-político, o socio-económico, a la literatura, y aun la más rigurosa crítica del marxismo revisionista (¡con cuánto provecho se lee, para sólo citar un caso, a Theodor Adorno!) no suponen, en sí, tales descarríos; pero lamentablemente éstos no han escaseado en lo que respecta a las letras de Hispanoamérica. Y hasta algunos trabajos (como el de Joan-Lluis Marffany, «Algunas consideraciones sobre el Modernismo hispanoamericano») pretenden resolver, desde parámetros similares y desde luego sin mayor fortuna, las innúmeras contradicciones de la época modernista. Como si la contradicción, individual o histórica, no pudiese ser un estado de conciencia perentorio, una situación vital creativamente fecunda, y hasta un método de conocimiento. Instalados en una suerte de «sabiduría» resolutaria y simplificadora —la propia del dogma—, lo que se escucha en el fondo de las postulaciones emitidas por algunos de estos críticos (aunque no en las de Rama y de Fernández Retamar) es algo como un deje acusatorio o, al menos, un nada velado reproche de que el modernismo haya sido *así*.

Indice ordenativo (y valorativo) de los poetas agrupados en este libro

Se ha seguido, en la ordenación de los poetas en este volumen, el criterio usualmente cronológico, que los hace suceder según sus fechas de nacimiento. Sin embargo, para la mejor comprensión de la trayectoria interna de la poesía modernista hispanoamericana, no es ése, al menos exactamente, el esquema más adecuado con vistas a la lectura y valoración. Sugerimos aquí el que nos parece, a tales efectos, más apropiado.

Debe comenzarse, y en este tramo sin desplazamientos, por los cuatro fundadores: Martí, Gutiérrez Nájera, Casal y Silva. Ello permitirá apreciar la evolución matizada desde el romanticismo esencial de los dos primeros hasta el sincretismo ya pleno del Casal maduro y el lirismo simbolista de los poemas más intensos de Silva. Después, y central: Darío, cima y suma del modernismo en sus dos vertientes más claramente discernibles, la preciosista y la interiorizante o preocupada. A continuación, dos poetas que a aquél acompañan en la plenitud del modernismo y el avance creciente de la actitud simbolista: Ricardo Jaimes Freyre y Guillermo Valencia. Entonces, dentro de esa misma plenitud pero delimitando un nivel más bien estacionario, otros dos poetas que apuntan a los consabidos rumbos dispares pero sin alcanzar en ellos una mayor excelencia. Hacia la interiorización lírica: Amado Nervo; hacia el mundo exterior y, además, representativo de la expresión enfática que la sonoridad y la elocuencia modernista pudieron también propiciar: José Santos Chocano.

Aparte, y antes de los que en seguida se mencionarán a pesar de haber sido de nacimiento más tardío: Delmira Agustini. Esta poetisa uruguaya encarna el erotismo más intensamente asumido entre los aquí incluidos, salvo acaso Darío (y nótese que todos ellos fueron hombres), y anuncia la abundante poesía escrita por mujeres americanas en el siglo XX.

Y por fin, los que, de una manera u otra van preparando,

aunque desde dentro del modernismo, su disolución: el lirismo introspectivo o meditativo de Enrique González Martínez, donde hace ya crisis el preciosismo exteriorizante que marcó una veta del auge modernista; el ápice del simbolismo tanto como la palabra esbelta, ceñida y artística de José María Eguren, que de algún modo adelanta la poesía pura de los años 20 (y al cabo viene con ella a coincidir); y culminando la serie, los atrevimientos y dislocaciones de sesgo expresionista de Lugones (particularmente en *Lunario sentimental*) y de Herrera y Reissig en su poesía más distintiva y personal. El camino nos habrá conducido a las puertas de la vanguardia, que sin embargo no han quedado completamente abiertas.

De este modo, habremos ido desde el hondo armonismo que rige la tensión poética de Martí, pasando por la actitud en tal sentido coincidente de Darío, hasta el regodeo en lo lúdico, el capricho y lo desconcertante de Herrera. En otras palabras: habremos cerrado el arco, descrito páginas atrás, que va del triunfo de la analogía al imperativo de la ironía. No otra cosa narra, en su dinámica histórica, la poesía modernista hispanoamericana.

Nuestra edición

Por acuerdo editorial, la selección de poetas en esta antología ha procedido sobre la base de destacar las indiscutibles figuras mayores del modernismo y las que mayor repercusión han conocido, y de ofrecer de ellas una muestra suficiente que permita dar una idea de la evolución de sus respectivas obras. Este criterio explica ciertas ausencias que el conocedor inmediatamente advertirá, y entre las más resaltantes las que a continuación se enumeran. En la primera generación, o en tránsito hacia ella, Manuel González Prada y Salvador Díaz Mirón; en la segunda, Luis G. Urbina y José Juan Tablada; después, Ramón López Velarde y Gabriela Mistral.

Estas obligadas exclusiones merecen alguna rápida justificación. González Prada y Díaz Mirón son poetas muy cercanos, en las motivaciones y aun (en el segundo) en el tono, al romanticismo que la expresión modernista iba depurando y transcendiendo (aunque no puedan desconocerse las innovaciones que, en el verso y la estrofa, aporta el gran escritor peruano). Urbina, poeta de muy delicados matices, es a pesar de ello un nombre menor en el conjunto del modernismo hispanoamericano. De otra parte, Tablada y López Velarde avanzan tanto hacia la estética nueva que a ella prácticamente pertenecen, y en ese avance radicó su mayor significación. Por esto, con esos dos poetas se abre mi *Antología de la poesía hispanoamericana contemporánea, 1914-1970,* 6.ª ed. (Madrid, Alianza Editorial, 1981). Y Gabriela Mistral modula una voz grave y personal, al margen relativamente de las tendencias coetáneas, y esa independencia nos permite ubicarla también en la poesía moderna (por lo que aparece igualmente en la antología recién citada).

En algunos casos (Martí, Darío, Lugones) se han reproducido, íntegra o parcialmente, los prólogos o notas introductorias que escribieron para algunas de sus colecciones. Son, en todos los casos, textos de gran importancia para el entendimiento de las razones últimas que asistieron a la creación modernista en las varias fases de su desarrollo.

Como será fácil comprobar, a las viñetas de presentación de los poetas se les ha dado una extensión mayor de la que es. usual en este tipo de libros. La intención es clara: ofrecer, siempre dentro de los límites naturales, un más completo material tanto informativo como crítico sobre esos poetas. Para lo primero (y salvo en Martí y Darío, cuyas trayectorias vitales son más conocidas) se ha tratado, en los primeros párrafos de la nota respectiva, de diseñar una rápida semblanza personal o biográfica de los mismos. Respecto a lo segundo, se ha procurado tener en cuenta las aportaciones últimas de la crítica. (Y de nuevo la documentación bibliográfica de los autores citados en esas notas, puede ser completada por el lector o estudiante remitiéndose a las bibliografías que les siguen).

Deseo hacer constar que la iniciativa hacia esta antología se debe a mi buen amigo Guillerno Carnero, y me complace aquí agradecérsela. De igual reconocimiento soy deudor a Jesús Munárriz, de la editorial Hiperión, que desde el primer momento acogió esa iniciativa con el mayor entusiasmo.

Madrid, agosto de 1983

BIBLIOGRAFIA GENERAL*

Allegra, Giovanni: «Modernismo y espíritu 'fin de siècle'», *Arbor*, 422 (1981).

Allegra, Giovanni: Las ideas estéticas prerrafaelistas y su presencia en lo imaginario modernista», *Anales de Literatura Española* (Universidad de Alicante), 1 (1982).

Allegra, Giovanni: *Il regno interiore. Premesse e sembiante del modernismo in Spagna*, Milán, Jaca Books, 1982.

Anderson, Robert Roland: *Spanish American Modernism: A Selected Bibliography*, Tucson, University of Arizona Press, 1970.

Arrieta, Rafael Alberto: *Introducción al modernismo literario*, Buenos Aires, Editorial Columba, 1956.

Blanco Aquinaga, Carlos: «Del modernismo al mercado interno», *Cultura y dependencia*, Jalisco (México), Departamento de Bellas Artes, 1976.

Blanco Fombona, Rufino: *El modernismo y los poetas modernistas*, Madrid, Editorial Mundo Latino, 1929.

---

* Esta relación debe entenderse como muy selectiva, y referida sólo a la poesía modernista hispanoamericana y al modernismo en general. Por ello, y salvo escasas excepciones, no se incluyen estudios específicos sobre la prosa ni sobre el modernismo catalán.

Castagnino, Raúl H.: *Imágenes modernistas*, Buenos Aires, Ed. Noa, 1967.

Castillo Homero, ed.: *Estudios críticos sobre el modernismo*, Madrid, Gredos, 1968.

Davison, Ned: *El concepto del modernismo en la crítica hispánica*, Buenos Aires, Nova, 1971.

Díaz Plaja, Guillermo: *Modernismo frente a Noventa y ocho*, Madrid Espasa-Calpe, 1951.

Faurie, Marie-Joseph: *Le Modernisme hispano-américain et ses sources françaises*, París, Centre de Reserches de l'Institut Hispanique, 1966.

Fernández Retamar, Roberto: «Modernismo, noventiocho, sub-desarrollo», *Para una teoría de la literatura hispanoamericana*, México Editorial Nuestro Tiempo, 1977.

Ferreres, Rafael: *Los límites del modernismo y del 98*, Madrid, Taurus, 1964.

Florit, Eugenio y José Olivio Jiménez, eds.: *La poesía hispanoamericana desde el modernismo*, New York, Appleton-Century-Crofts, 1968.

Fogelquist, Donald F.: *Españoles de América y americanos de España*, Madrid, Gredos, 1968.

Gicovate, Bernardo: *Conceptos fundamentales de literatura comparada. Iniciación de la poesía modernista*, San Juan de Puerto Rico, Ediciones Asomante, 1962.

Gómez Carrillo, Enrique: *El modernismo*, Madrid, Librería Española y Extranjera de Francisco Beltrán, 1914.

González, Manuel Pedro: *Notas en torno al modernismo*, México, Facultad de Filosofía y Letras, Universidad Nacional Autónoma de México, 1958.

Grass, Roland and William R. Risley, eds.: *Waiting for Pegasus. Studies of the Presence of Symbolism and Decadence in Hispanic Letters,* Macomb, Illinois, Western Illinois University, 1979.

Gullón, Ricardo: *Direcciones del modernismo*, Madrid, Gredos, 1964.

Gullón, Ricardo: «Ideologías del modernismo», *Insula*, 291 (1971).

Gullón, Ricardo: *El modernismo visto por los modernistas,* Barcelona, Guadarrama, 1980.

Gutiérrez Girardot, Rafael: *Modernismo,* Barcelona, Montesinos, 1983.

Henríquez Ureña, Max: *Breve historia del modernismo*, México, Fondo de Cultura Económica, 1962.

Henríquez Ureña, Max: *El retorno de los galeones,* México, Andrea, 1963.

Jrade, Cathy L.: «Tópicos románticos como contexto del modernismo», *Cuadernos Americanos*, 233 (Nov. — Dic. 1980).

Jiménez, José Olivio, ed.: *El simbolismo*, Madrid, Taurus, 1979.

Jiménez, José Olivio, ed.: *Estudios críticos sobre la prosa modernista hispanoamericana*, New York, Eliseo Torres & Sons, 1975.

Jiménez, José Olivio y Antonio R. de la Campa: *Antología crítica de la prosa modernista hispanoamericana*, New York, Eliseo Torres & Sons, 1976.

Jiménez, Juan Ramón: *El modernismo. Notas en torno de un curso. (1953).* Edición, prólogo y notas de Ricardo Gullón y Eugenio Fernández Méndez, México, Aguilar, 1962.

Jitrik, Noé: *Las contradicciones del modernismo,* México, El Colegio de México, 1978.

Litvak, Lily, ed.: *El modernismo*, Madrid, Taurus, 1975.

Litvak, Lily: *Erotismo fin de siglo,* Barcelona, Antoni Bosch, editor, 1979.

Marfany, Joan-Lluis: «Algunas consideraciones sobre el Modernismo hispanoamericano», *Cuadernos Hispanoamericanos*, 382 (1982).

Olivares, Jorge: «La recepción del decadentismo en Hispanoamérica» *Hispanic Review*, 48 (1980).

Onís, Federico de: *Antología de la poesía española e hispanoamericana (1882-1932)*, 1934; reimpresión: New York, Las Américas, 1961.

Onís, Federico de: *España en América*, Ediciones de la Universidad de Puerto Rico, 1955.

Pacheco, José Emilio: *Antología del modernismo, 1884-1921*, México, Universidad Nacional Autónoma de México, 1970.

Paz, Octavio: *Los hijos del limo*, Barcelona, Seix Barral, 1974.

Pérez Petit, Víctor: *Los modernistas*, Montevideo, Editorial Nacional, 1903.

Perus, Françoise: *Literatura y sociedad en América Latina: el modernismo*, México, Siglo Veintiuno, 1978.

Perus, Françoise: «El modernismo en relación con los cambios estructurales en las formaciones sociales latinoamericanas hacia 1886...», *Actas del Simposio de Estudios Hispánicos de Budapest* (Agosto de 1976), Budapest, Akademiai Kiadó, 1978.

Phillips, Allen W.: *Temas del modernismo hispánico y otros estudios,* Madrid, Gredos, 1974.

Picon Garfield, Evelyn e Ivan A. Schulman: «*Las entrañas del vacío», ensayos sobre la modernidad hispanoamericana,* México, Ediciones Cuadernos Americanos, 1984.

Porrata, Francisco y Angel Santana, eds.: *Antología comentada del modernismo*, California State University, Explicación de Textos Literarios, 1974.

Rama, Angel: «Los poetas modernistas en el mercado económico», *Rubén Darío y el modernismo*, Caracas, Universidad Central de Venezuela, 1970.

Rodríguez Fernández, Mario: *El modernismo en Chile y en Hispanoamérica*, Santiago de Chile, Instituto de Literatura Chilena, 1967.

Roggiano, Alfredo A.: «Modernismo: Origen de la palabra y evolución de un concepto», *In honor of Boyd G. Carter,* ed. Catherine Vera y George R. McMurray, The University of Wyoming (U.S.A.), 1981.

Sánchez, Luis Alberto: *Balance y liquidación del novecientos*, Lima, Editorial Universo, 1973.

Sánchez, Luis Alberto: *Escritores representativos de América,*

1.ª serie (3 vols.), 2.ª serie (3 vols.), Madrid, Gredos (Colección «Campo Abierto»), 1963-1964.

Schulman, Ivan A.: *Génesis del modernismo*, México, Colegio de México, 1966.

Schulman, Ivan A.: *El modernismo hispanoamericano*, Buenos Aires, Centro Editor de América Latina, 1969.

Schulman, Ivan A. y Evelyn Picon Garfield: «Modernismo / Modernidad: Apostillas a la teoría de la edad moderna, *In honor of Boyd. G. Carter* (véase arriba: Roggiano, Alfredo A.)

Silva Castro, Raúl: *Antología crítica del modernismo*, Nueva York, Las Américas Publishing Company, 1963.

Sucre, Guillermo: *La máscara, la transparencia*, Caracas, Monte Avila, 1975.

Vela, Arqueles: *El modernismo. Su filosofía, su estética, su técnica*, México, Porrúa, 1972.

Yurkievich, Saúl: *Celebración del modernismo,* Barcelona, Tusquets, 1976.

ANTOLOGIA

JOSÉ MARTÍ

(Cuba, 1853-1895). La vida de Martí estuvo marcada centralmente por su dedicación a la causa de la independencia de su país, que le llevó a la muerte en el campo de batalla, y por su ardorosa prédica político-revolucionaria, de extraordinaria vigencia aún en nuestros días, a favor de la que él llamara *Nuestra América* (la América Hispana, latina) y de un mundo más justo. Al lado de ello es, a la vez, un vigoroso pensador, en los muy varios intereses de su tiempo, y un artista insuperable. Y en este último aspecto fue dejando de modo fragmentario, pero continuado, un impresionante cuerpo doctrinal o teórico sobre el arte de la palabra, de paralela importancia a su ideario político-social. Quien desee orientarse, de un modo ordenado y sintético, por el poderoso y rico pensamiento martiano, en todas sus facetas, puede manejar con provecho el libro *José Martí, Esquema ideológico* (México, Cultura, 1961), compilado por los profesores Manuel Pedro González e Ivan A. Schulman.

La significación mayor de Martí, como escritor, descansa en su ingente obra en prosa: ensayos, de temas filosóficos y estéticos principalmente; crónicas de un estilo personalísimo (y en las muchas que desde Nueva York enviaba a varios periódicos hispanoamericanos está toda la vida de los Estados Unidos en la década del 1880); discursos y artículos políticos; un epistolario abundantísimo y de altas calidades literarias; literatura infantil: los cuentos de su revista *La edad de oro* (1889); algo de teatro, de menor interés; y hasta una novela, *Amistad fu-*

nesta (1885), donde un crítico actual —Ricardo Gullón— ve el primer brote de la *novela lírica* que nace en el modernismo. En ese campo, el de la prosa, a la que dota de un lenguaje insólitamente plástico y musical, así como de gran aliento imaginativo y brillantez expresiva, está la contribución mayor de Martí a la renovación modernista, y tal contribución lo acredita como uno de los prosistas mayores de la lengua y como el iniciador indiscutible de la época que con él, y con Manuel Gutiérrez Nájera, se abre. Pero esencialmente lírico, aun en la más ocasional página en prosa que escribiese, tiene en su haber una importante labor poética que progresivamente ha ido siendo valorada con la mayor justicia que merece. Pues la modernidad de toda su obra —sostenía Federico de Onís desde 1934— «apuntaba más lejos que la de los modernistas, y hoy es más válida y patente que entonces».

Profundo conocedor de las literaturas francesa y norteamericana de sus años, Martí supo adecuar las enseñanzas que de ellas recibiera a lo más raigal y valedero de la tradición española, señalándose así, y de aquí otra singularidad suya, como el más hispano-universal entre los escritores del *fin de siglo* americano. Su poesía aparece sostenida, en su nervadura más íntima, por un sólido pulso ético y una no menos firme volición de apertura al misterio y lo trascendente. Y en lo expresivo, por una extremada capacidad para transmutar sus pensares y sentires en símbolos y visiones de gran plasticidad y novedad («Necesito ver antes lo que escribo», formuló alguna vez; y también: «Hay algo plástico en el lenguaje, y tiene él su forma escultórica y su color que sólo se perciben viendo en él mucho»), aspecto este último que, al decir de Angel Rama, le convierte en el primer gran poeta visionario del idioma.

Esa calidad visionaria de la palabra poética de Martí se anuncia, ya plena, en su primer libro, *Ismaelillo*: quince epifanías dedicadas al hijo ausente. Es un libro que aún asombra, y sin necesidad de acudir a razones de historia literaria, por la agilidad rítmica de sus metros breves y saltarines y por el aparente despojamiento verbal que encubre una riqueza tropológica audaz y velocísima, con frecuencia incluso de índole expresionista y onírica. En esos versos el autor cuenta el viaje («Musa traviesa») por los mundos del sueño, a que le impulsaba la persecución arrebatada de sus visiones. Y dándole peso, a pesar de la naturaleza íntima —lírica— del mensaje, está en *Ismaelillo,* desde su dedicatoria misma, la hondura, gravedad y universalidad que distinguen al recio pensamiento moral de Martí.

Esa misma disposición visionaria, pero ahora con mayor dramatismo y un temple agónico más acerado, asoma en los coetáneos y afiebrados *Versos libres* —donde literalmente pone en práctica otro *dictum* suyo: «La poesía ha de tener raíz en la tierra, y base de hecho real»— y en las piezas de la siguiente colección, *Flores del destierro,* que continúan esta línea. Aquí habría de buscarse el primer brote, en la lírica hispánica, de esa poesía de talante existencial que, desde Unamuno y Vallejo, practicará nuestro siglo, y de ahí su rigurosa actualidad (al margen de los *ismos* escolásticos de la época). Todas las tensiones que, como individuo y como hombre, le aguijaron en su vivir difícil y precario, se dan cita en los *endecasílabos hirsutos* (así los calificaba) de estos poemas: desde la notarización de su circunstancia inmediata, el destierro y la nostalgia de la patria (la biografía de Martí transcurre prácticamente en el exilio), hasta su apetencia del amor y el dolor, su inquebrantable sentido moral de la libertad, la justicia y el deber; su intuición de la existencia como lucha y como proceso continuo de autoconstrucción y rehacimiento; y el ascenso, lo que en él implicaba un designio igualmente moral, desde su situación inmediata y limitada a la contemplación del espectáculo armonioso y magno de la naturaleza. La imagen del hombre que se alza en los *Versos libres* es la de un luchador o combatiente —la de un «gladiador en la arena», como ha sugerido Schulman— cumpliendo afanosamente, angustiosamente, sus fidelidades con la vida. Y en paso final pero inextricable, la volcadura señera de toda esta nerviosidad existencial hacia esa esfera última de lo sobrenatural y trascendente —de ese «altar impalpable e invisible de lo maravilloso», donde «la razón depone sus armas». (Para la comprensión de este itinerario vertical o ascendiente del espíritu a través de esos tres estadios sucesivos —circunstancia, naturaleza, trascendencia— resulta ejemplar la lectura del poema «Hierro»). Y ni faltará la preocupación, que hoy se considera tan moderna, por la poesía misma, por el examen de las posibilidades y la declaración de las preferencias del autor frente a éstas (y que en él siempre suponían un rechazo del artificio y la defensa de una poética de lo natural, léase «Poética»), tema que ocupa textos enteros y muchos pasajes de todas sus colecciones.

Enamorado contumaz de «la arrobadora armonía universal», como todos los románticos auténticos, Martí, en tanto que poeta, se sentía, como aquéllos, descifrador o descubridor de esas secretas suturas por las que el mundo se hace uno y resistente: *Yo percibo los hilos, la juntura/ La flor del Universo...,* dice en un poema de *Flores del destierro* («Siempre que hundo la mente en libros graves»). Y también, como los románticos, y como sus herederos los simbolistas, pudo unir, en un mismo acorde, la lección armoniosa del Universo, el sentimiento del amor que de esa lección se desprende, y su traducción humana en términos de música y poesía. Cifra única de esa síntesis es la estrofilla final del poema XVII de los *Versos sencillos: ¡Arpa soy, salterio soy/ Donde vibra el Universo:/ Vengo del sol, y al sol voy:/ ¡Soy el amor, soy el verso!* Y precisamente en ese libro, *Versos sencillos,* el último de los suyos, llegó el poeta, en la dicción y en la forma, a la cima más alta adonde le dirigía ese tenaz impulso de la armonía. Acogidos a los patrones más populares de la tradición española —octosílabos, redondillas, cuartetas— estos versos delimitan la zona más calma y serena de su obra, también la de mayor perfección (y misterio) de toda ella. Una crónica lírica fragmentaria de su vida —de la vivida en el acto, pero también de la creada por el pensamiento y la imaginación— es lo que se resume en los *Versos sencillos,* cristalinos y a la vez enigmáticos y oscuros en sus instantes de mayor profundidad. En ellos resuena, martilleante, un *yo* continuo que no es, aclara Fina García Marruz, el yo personal del romántico ni el yo anónimo del canto popular, sino su conciliación original: un *yo* que «se llama todos... por un asumir en sí al universo». Crónica, sí, pero sin el riesgo del seco recuento anecdótico, sino caldeado todo, aun lo más cercanamente biográfico, por la emoción, y por ella transfundida a genuino temblor poético. Porque, y así lo rubricó, «sin emoción se puede ser escultor en verso, o pintor en verso, pero no poeta».

Martí postula y practica, desde los inicios del modernismo, una estética de la sinceridad y la fuerza, que reaparecerá en el Darío de *Cantos de vida y esperanza* (incluso defendiéndola allí en su poema inicial); y esa estética habría de resistir —y trascender— las delicuescencias que no escasearon en la era modernista. Y de aquí la universalidad y la permanencia de este poeta y de este pensador de la poesía, Martí, cuyo objetivo señero fue, en sus palabras, «desembarazar del lenguaje inútil la poesía: hacerla duradera, haciéndola sincera, haciéndola vigorosa, haciéndola sobria; no dejando más hojas que las necesarias...». Y desde otra perspectiva, su obra poética es un acordado canto coral donde se escuchan, sin disonancias aunque sí en grave contrapunto, la voz dolorida pero entrañable del hombre deshaciéndose y haciéndose a sí mismo en la precariedad de su vivir, la otra voz ya más a pulmón pleno emitida por la naturaleza o el universo, y aun una recóndita voz que desde la trascendencia quiere asegurarse un lugar firme entre las certezas humanas.

Por esta universalidad de su pensamiento poético, que igualmente sostiene su labor en prosa, han de verse ya como inoperantes las sucesivas querellas que ha suscitado Martí respecto a su personalidad literaria *total*. Si la únicamente exacta de las valoraciones que puedan cubrirlo nos lo presenta todavía como un «romántico»; o ya como un «modernista» cabal; o aun, según vimos apuntado por Onís, como un sobrepasador de esta última modulación artística y casi un contemporáneo nuestro. A Martí poeta se le siente en posesión de una visión prístinamente romántica de la realidad, de un «espíritu» romántico. Pero es a la vez, por su tratamiento fulgurante y nervioso de la palabra, un iniciador de la expresión modernista. Y también, y más que ningún otro de sus coetáneos, se revela como una mente audaz y avizoramente abierta hacia el futuro, como un escrutador sensible del signo conflictivo de los tiempos modernos que en sus años se va gestando. Y todo ello armoniosamente —la armonía fue la ley de su espíritu—, lo que equivale a decir, sin contradicciones. O en todo caso, con las contradicciones que hoy se ven como legítimamente caracterizadoras de aquella misma gran época cultural, la modernista, por la que el mundo hispánico accede a la modernidad. Es asombroso el cúmulo de intuiciones y vislumbres que Martí dejó instalados; y las cuales después, y aun sin conocerle, reaparecerán en tantos espíritus de nuestro siglo. Y en este valor anticipatorio de su pensamiento, al que no se acerca ningún otro modernista, ha de verse la marca auténtica de su genialidad.

BIBLIOGRAFIA

OBRA POÉTICA

Ismaelillo (1882). *Versos libres* (1882). *Flores del destierro* (1882-1891?). *Versos sencillos* (1891). *Obras de Martí,* ed. Gonzalo de Quesada y Miranda (La Habana, Trópico, 1936-1953, vols. 41-43). *Obras completas* (La Habana, Editora Nacional, 1963-1973, vols. 16-17). *Versos,* ed. Eugenio Florit (New York, Las Américas Publishing Co., 1962). *Versos libres,* ed. I.A. Schulman (Barcelona, Labor, 1970). *Ismaelillo. Versos libres. Versos sencillos,* ed. I. A. Schulman (Madrid, Cátedra, 1982).

Augier, Angel: «Martí poeta y su influencia innovadora en la poesía de América», *Vida y pensamiento de Martí,* II, La Habana, Municipio de La Habana, 1942.

Díaz Plaja, Guillermo: «Lenguaje, verso y poesía en J.M.», *Cuadernos Hispanoamericanos,* 39 (1953).

Estudios martianos, Río Piedras, Editorial Universitaria, 1974.

Fernández de la Vega, Oscar: *Proyección de Martí,* La Habana, Selecta, 1953.

Florit, Eugenio: «José Martí: Vida y obra, Versos», *Revista Hispánica Moderna,* XVIII (1952).

Ghiano, Juan Carlos: «Martí, poeta» en *Poesía* (de J.M.), Buenos Aires, Raigal, 1952.

González, Manuel Pedro, ed.: *Antología crítica de José Martí,* México, Cultura, 1960.

González, Manuel Pedro: *Indagaciones martianas,* Cuba, Universidad Central de las Villas, 1961.

Insula (número monográfico), 428-429 (1982). (Sobre la poesía de J.M., artículos de J.O. Jiménez, Evelyn Picon Garfield, Angel Rama e Ivan A. Schulman).

Jiménez, José Olivio: «Un ensayo de ordenación trascendente en los *Versos libres* de J.M.,» *Revista Hispánica Moderna,* XXIV (1968).

Jiménez, José Olivio: *José Martí: Poesía y existencia,* México, Oasis, 1983.

Marinello, Juan: «Martí: Poesía», *Anuario Martiano,* I (1969).

Memoria del Congreso de Escritores Martianos, La Habana, 1952.

Mistral, Gabriela: «La lengua de Martí», La Habana, Secretaria de Educación, 1943.

Onís, Federico de: «Valoración» y «Martí y el Modernismo», *España en América* (véase Bibliografía General).

Phillips, Allen: «Naturaleza y metáfora en algunos poemas de J.M.», *Temas del modernismo hispánico y otros estudios,* (véase Bibliografía General).

Picon Garfiel, Evelyn e Ivan A. Schulman: «J. M.: el *Ismaelillo* y las prefiguraciones vanguardistas del modernismo», *«Las entrañas del vacío». Ensayos sobre la modernidad hispanoamericana.* (Véase Bibliografía General.)

Rama, Angel: «Indagación de la ideología en la poesía (Los dípticos seriados de *Versos sencillos*)», *Revista Iberoamericana,* 112-113 (1980).

Ripoll, Carlos: *Indice universal de la obra de J. M.*, New York, Eliseo Torres & Sons, 1971.

Ripoll, Carlos: *Archivo J. M. Repertorio crítico; Medio siglo de estudios martianos,* New York, Eliseo Torres & Sons, 1971.

Roggiano, Alfredo A.: «Poética y estilo de J.M.», *Humanitas,* I, Argentina, 1953.

Santí, Enrico Mario: «*Ismaelillo,* Martí y el modernismo», *Mariel* (New York), II, 8 (1985).

Schulman, Ivan A.: *Génesis del modernismo; Martí, Nájera, Silva, Casal,* México, El Colegio de México, 1966 y 1968.

Schulman, Ivan A. : *Símbolo y color en la obra de José Martí,* Madrid, Gredos, 1960 y 1970.

Schulman, Ivan A.: «Introducción» a J.M., *Ismaelillo. Versos libres. Versos sencillos,* Madrid, Cátedra, 1982.

Schulman, Ivan A. y Manuel Pedro González: *Martí, Darío y el modernismo,* Madrid, Gredos, 1969.

Schultz de Mantovani, Frida: *Genio y figura de Martí,* Buenos Aires, Editorial Universitaria, 1970.

Vitier, Cintio y Fina García Marruz: *Temas martianos,* La Habana, Biblioteca Nacional José Martí, 1969.

De *Ismaelillo*

Dedicatoria

Hijo:

Espantado de todo, me refugio en ti.
Tengo fe en el mejoramiento humano, en la vida futura, en la utilidad de la virtud, y en ti.
Si alguien te dice que estas páginas se parecen a otras páginas, diles que te amo demasiado para profanarte así. Tal como aquí te pinto, tal te han visto mis ojos. Con esos arreos de gala te me has aparecido. Cuando he cesado de verte en una forma, he cesado de pintarte. Estos riachuelos han pasado por mi corazón.
¡Lleguen al tuyo!

Príncipe enano

Para un príncipe enano
Se hace esta fiesta.
Tiene guedejas rubias,
Blandas guedejas;
Por sobre el hombro blanco
Luengas le cuelgan.
Sus dos ojos parecen
Estrellas negras:

¡Vuelan, brillan, palpitan,
Relampaguean!
El para mí es corona,
Almohada, espuela.
Mi mano, que así embrida
Potros y hienas,
Va, mansa y obediente,
Donde él la lleva.

Si el ceño frunce, temo;
Si se me queja,—
Cual de mujer, mi rostro
Nieve se trueca:
Su sangre, pues, anima
Mis flacas venas:
¡Con su gozo mi sangre
Se hincha, o se seca!
Para un príncipe enano
Se hace esta fiesta.

¡Venga mi caballero
Por esta senda!
¡Entrese mi tirano
Por esta cueva!
Tal es, cuando a mis ojos
Su imagen llega,
Cual si en lóbrego antro
Pálida estrella
Con fulgores de ópalo
Todo vistiera.
A su paso la sombra
Matices muestra,
Como al sol que las hiere

Las nubes negras.
¡Heme ya, puesto en armas,
En la pelea!
Quiere el príncipe enano
Que a luchar vuelva:
¡El para mí es corona,
Almohada, espuela!
Y como el sol, quebrando
Las nubes negras,
En banda de colores
La sombra trueca,—
El, al tocarla, borda
En la onda espesa,
Mi banda de batalla
Roja y violeta.
¿Con que mi dueño quiere
Que a vivir vuelva?
¡Venga mi caballero
Por esta senda!
¡Entrese mi tirano
Por esta cueva!
¡Déjeme que la vida
A él, a él ofrezca!
Para un príncipe enano
Se hace esta fiesta.

Musa traviesa

Mi musa? Es un diablillo
Con alas de ángel.
¡Ah, musilla traviesa,
Qué vuelo trae!

Yo suelo, caballero
En sueños graves,
Cabalgar horas luengas
Sobre los aires.

Me entro en nubes rosadas,
Bajo a hondos mares,
Y en los senos eternos
Hago viajes.
Allí asisto a la inmensa
Boda inefable,
Y en los talleres huelgo
De la luz madre:
Y con ella es la oscura

Vida, radiante,
Y a mis ojos los antros
Son nidos de ángeles!
Al viajero del cielo
¿Qué el mundo frágil?
Pues ¿no saben los hombres
Qué encargo traen?
¡Rasgarse el bravo pecho,
Vaciar su sangre,
Y andar, andar heridos
Muy largo valle,
Roto el cuerpo en harapos,
Los pies en carne,
Hasta dar sonriendo
—¡No en tierra!— exánimes!
Y entonces sus talleres
La luz les abre,
Y ven lo que yo veo:
¿Qué el mundo frágil?
Seres hay de montaña,
Seres de valle,
Y seres de pantanos
Y lodazales.

De mis sueños desciendo,
Volando vanse,
Y en papel amarillo
Cuento el viaje.
Contándolo, me inunda
Un gozo grave:—
Y cual si el monte alegre,
Queriendo holgarse
Al alba enamorando
Con voces ágiles,
Sus hilillos sonoros
Desanudase,
Y salpicando riscos,
Labrando esmaltes,

Refrescando sedientas
Cálidas cauces,
Echáralos risueños
Por falda y valle,—
Así, al alba del alma
Regocijándose,
Mi espíritu encendido
Me echa a raudales
Por las mejillas secas
Lágrimas suaves.
Me siento, cual si en magno
Templo oficiase:
Cual si mi alma por mirra
Virtiese al aire;
Cual si en mi hombro surgieran
Fuerzas de Atlante;
Cual si el sol en mi seno
La luz fraguase:—
¡Y estallo, hiervo, vibro,
Alas me nacen!

Suavemente la puerta
Del cuarto se abre,
Y éntranse a él gozosos
Luz, risas, aire.
Al par da el sol en mi alma
Y en los cristales:
¡Por la puerta se ha entrado
Mi diablo ángel!
¿Qué fue de aquellos sueños,
De mi viaje,
Del papel amarillo,
Del llanto suave?
Cual si de mariposas
Tras gran combate
Volaran alas de oro
Por tierra y aire,
Así vuelan las hojas

69

Do cuento el trance.
Hala acá el travesuelo
Mi paño árabe;
Allá monta en el lomo
De un incunable;
Un carcax con mis plumas
Fabrica y átase;
Un sílex persiguiendo
Vuelca un estante,
Y ¡allá ruedan por tierra
Versillos frágiles,
Brumosos pensadores,
Lópeos galanes!
De águilas diminutas
Puéblase el aire:
¡Son las ideas, que ascienden,
Rotas sus cárceles!

Del muro arranca, y cíñese,
Indio plumaje:
Aquella que me dieron
De oro brillante,
Pluma, a marcar nacida
Frentes infames,
De su caja de seda
Saca, y la blande:
Del sol a los requiebros
Brilla el plumaje,
Que baña en áureas tintas
Su audaz semblante.
De ambos lados el rubio
Cabello al aire,
A mí súbito viénese
A que lo abrace.
De beso en beso escala
Mi mesa frágil;
¡Oh, Jacob, mariposa,
Ismaëlillo, árabe!

¿Qué ha de haber que me guste
Como mirarle
De entre polvo de libros
Surgir radiante,
Y, en vez de acero, verle
De pluma armarse,
Y buscar en mis brazos
Tregua al combate?
Venga, venga, Ismaelillo:
La mesa asalte,
Y por los anchos pliegues
Del paño árabe
En rota vergonzosa
Mis libros lance,
Y siéntese magnífico
Sobre el desastre,
Y muéstreme riendo,
Roto el encaje—
—¡Qué encaje no se rompe
En el combate!—
Su cuello, en que la risa
Gruesa onda hace!
Venga, y por cauce nuevo
Mi vida lance,
Y a mis manos la vieja
Péñola arranque,
Y del vaso manchado
La tinta vacíe!
¡Vaso puro de nácar:
Dame a que harte
Esta sed de pureza:
Los labios cánsame!
¿Son éstas que lo envuelven
Carnes, o nácares?
La risa, como en taza
De ónice árabe,
En su incólume seno
Bulle triunfante:

¡Hete aquí, hueso pálido,
Vivo y durable!
Hijo soy de mi hijo!
El me rehace!

Pudiera yo, hijo mío,
Quebrando el arte
Universal, muriendo
Mis años dándote,
Envejecerte súbito,
La vida ahorrarte!—
Mas no: que no verías
En horas graves

Entrar el sol al alma
Y a los cristales!
Hierva en tu seno puro
Risa sonante:
Rueden pliegues abajo
Libros exangües:
Sube, Jacob alegre,
La escala suave:
Ven, y de beso en beso
Mi mesa asaltes:—
¡Pues ésa es mi musilla,
Mi diablo ángel!
¡Ah, musilla traviesa,
Qué vuelo trae!

Penachos vívidos

Como taza en que hierve
De transparente vino
En doradas burbujas
El generoso espíritu;

Como inquieto mar joven
Del cauce nuevo henchido
Rebosa, y por las playas
Bulle y muere tranquilo;

Como manada alegre
De bellos potros vivos
Que en la mañana clara
Muestran su regocijo,

Ora en carreras locas,
O en sonoros relinchos,
O sacudiendo el aire
El crinaje magnífico;—

Así mis pensamientos
Rebosan en mí vívidos,
Y en crespa espuma de oro
Besan tus pies sumisos,
O en fúlgidos penachos
De varios tintes ricos,
Se mecen y se inclinan
Cuando tú pasas —hijo!

Valle lozano

Dígame mi labriego
¿Cómo es que ha andado

En esta noche lóbrega
Este hondo campo?

Dígame de qué flores
Untó el arado,
Que la tierra olorosa
Trasciende a nardos?
Dígame de qué ríos
Regó ese prado,
Que era un valle muy negro
Y ora es lozano?

Otros, con dagas grandes
Mi pecho araron:
Pues ¿qué hierro es el tuyo
Que no hace daño?
Y esto dije —y el niño
Riendo me trajo
En sus dos manos blancas
Un beso casto.

De **Versos libres**

Mis versos

Estos son mis versos. Son como son. A nadie los pedí prestados.
Mientras no pude encerrar íntegras mis visiones en una forma adecuada a ellas, dejé volar mis visiones: oh, cuánto áureo amigo, que
ya nunca ha vuelto! Pero la poesía tiene su honradez, y yo he querido
siempre ser honrado. Recortar versos, también sé, pero no quiero. Así
como cada hombre trae su fisonomía, cada inspiración trae su lenguaje. Amo las sonoridades difíciles, el verso escultórico, vibrante como la porcelana, volador como un ave, ardiente y arrollador como
una lengua de lava. El verso ha de ser como una espada reluciente,
que deja a los espectadores la memoria de un guerrero que va camino
del cielo, y al envainarla en el sol, se rompe en alas.

Tajos son éstos de mis propias entrañas —mis guerreros—. Ninguno me ha salido recalentado, artificioso, recompuesto, de la mente; sino como las lágrimas salen de los ojos y la sangre sale a borbotones de la herida.

No zurcí de éste y aquél, sino sajé en mí mismo. Van escritos, no
en tinta de academia, sino en mi propia sangre. Lo que aquí doy a
ver lo he visto antes (yo lo he visto, yo), y he visto mucho más, que
huyó sin darme tiempo a que copiara sus rasgos. —De la extrañeza,
singularidad, prisa, amontonamiento, arrebato de mis visiones, yo mismo tuve la culpa, que las he hecho surgir ante mí como las copio. De
la copia yo soy el responsable. Hallé quebrados los vestidos, y otros
no usados. Amo las sonoridades difíciles y la sinceridad, aunque pueda parecer brutal.

Todo lo que han de decir, ya lo sé, y me lo tengo contestado. He querido ser leal, y si pequé, no me avergüenzo de haber pecado.

Hierro

Ganado tengo el pan: hágase el verso,—
Y en su comercio dulce se ejercite
La mano, que cual prófugo perdido
Entre oscuras malezas, o quien lleva
A rastra enorme peso, andaba ha poco
Sumas hilando y revolviendo cifras.
Bardo ¿consejo quieres? Pues descuelga
de la pálida espalda ensangrentada
El arpa dívea, acalla los sollozos
Que a tu garganta como mar en furia
Se agolparán, y en la madera rica
Taja plumillas de escritorio y echa
Las cuerdas rotas al movible viento.

¡Oh alma!, ¡oh, alma buena! ¡mal oficio
Tienes!: ¡póstrate, calla, cede, lame
Manos de potentado, ensalza, excusa
Defectos, tenlos —que es mejor manera
De excusarlos, y mansa y temerosa
Vicios celebra, encumbra vanidades:
Verás entonces, alma, cuál se trueca
En plato de oro rico tu desnudo
Plato de pobre!
                    Pero guarda ¡oh alma!
¡Que usan los hombres hoy oro empañado!
Ni de eso cures, que fabrican de oro
Sus joyas el bribón y el barbilindo:
Las armas no, —las armas son de hierro!

Mi mal es rudo: la ciudad lo encona:
Lo alivia el campo inmenso: ¡otro más vasto
Lo aliviará mejor! —Y las oscuras

73

Tardes me traen, cual si mi patria fuera
La dilatada sombra.
                              Era yo niño—
Y con filial amor miraba al cielo,
¡Cuán pobre a mi avaricia el descuidado
Cariño del hogar! ¡Cuán tristemente
Bañado el rostro ansioso en llanto largo
Con mis ávidos ojos perseguía
La madre austera, el padre pensativo
Sin que jamás los labios ardorosos
Del corazón voraz la sed saciasen.
                              ¡Oh verso amigo,
Muero de soledad, de amor me muero!
No de vulgar amor; estos amores
Envenenan y ofuscan: no es hermosa
La fruta en la mujer, sino la estrella,
La tierra ha de ser luz, y todo vivo
Debe en torno de sí dar lumbre de astro.
¡Oh, estas damas de muestra! ¡oh, estas copas
De carne! ¡oh, estas siervas, ante el dueño
Que las enjoya y que las nutre echadas!
¡Te digo, oh verso, que los dientes duelen
De comer de esta carne!
                              Es de inefable
Amor del que yo muero, —del muy dulce
Menester de llevar, como se lleva
Un niño tierno en las cuidosas manos,
Cuanto de bello y triste ven mis ojos.

Del sueño, que las fuerzas no repara
Sino de los dichosos, y a los tristes
El duro humor y la fatiga aumenta,
Salto, al sol, como un ebrio. Con las manos
Mi frente oprimo, y de los turbios ojos
Brota raudal de lágrimas. ¡Y miro
El Sol tan bello y mi desierta alcoba,
Y mi virtud inútil, y las fuerzas
Que cual tropel famélico de hirsutas

Fieras saltan de mí buscando empleo;
Y el aire hueco palpo, y en el muro
Frío y desnudo el cuerpo vacilante
Apoyo, y en el cráneo estremecido
En agonía flota el pensamiento,
Cual leño de bajel despedazado
Que el mar en furia a playa ardiente arroja!

¡Y echo a andar, como un muerto que camina,
Loco de amor, de soledad, de espanto!
¡Amar, agobia! ¡Es tósigo el exceso
De amor! Y la prestada casa oscila
Cual barco en tempestad: ¡en el destierro
Naúfrago es todo hombre, y toda casa
Inseguro bajel, al mar vendido!

¡Sólo las flores del paterno prado
Tienen olor! ¡Sólo las seibas patrias
Del sol amparan! Como en vaga nube
Por suelo extraño se anda; las miradas
Injurias nos parecen, y el sol mismo,
¡Más que en grato calor, enciende en ira!
¡No de voces queridas puebla el eco
Los aires de otras tierras: y no vuelan
Del arbolar espeso entre las ramas
Los pálidos espíritus amados!
De carne viva y profanadas frutas
Viven los hombres, —¡ay! mas el proscripto
¡De sus entrañas propias se alimenta!
¡Tiranos: desterrad a los que alcanzan
El honor de vuestro odio: ya son muertos!
Valiera más ¡oh bárbaros! que al punto
De arrebatarlos al hogar, hundiera
En lo más hondo de su pecho honrado
Vuestro esbirro más cruel su hoja más dura!
Grato es morir, horrible, vivir muerto.
Mas no! mas no! La dicha es una prenda
De compasión de la fortuna al triste

Que no sabe domarla: a sus mejores
Hijos desgracias da Naturaleza:
Fecunda el hierro al llano, el golpe al hierro!

Canto de Otoño

Bien; ya lo sé!: —la Muerte está sentada
A mis umbrales: cautelosa viene,
Porque sus llantos y su amor no apronten
En mi defensa, cuando lejos viven
Padres e hijo. —Al retornar ceñudo
De mi estéril labor, triste y oscura,
Con que a mi casa del invierno abrigo,
De pie sobre las hojas amarillas,
En la mano fatal la flor del sueño,
La negra toca en alas rematada,
Ávido el rostro, —trémulo la miro
Cada tarde aguardándome a mi puerta
En mi hijo pienso, y de la dama oscura
Huyo sin fuerzas, devorado el pecho
De un frenético amor! Mujer más bella
No hay que la Muerte!: por un beso suyo
Bosques espesos de laureles varios,
Y las adelfas del amor, y el gozo
De remembrarme mis niñeces diera!
...Pienso en aquel a quien mi amor culpable
Trajo a vivir, —y, sollozando, esquivo
De mi amada los brazos: —mas ya gozo
De la aurora perenne el bien seguro.
Oh, vida, adiós: —quien va a morir, va muerto.

Oh, duelos con la sombra: oh, pobladores
Ocultos del espacio: oh formidables
Gigantes que a los vivos azorados
Mueven, dirigen, postran, precipitan!
Oh, cónclave de jueces, blandos sólo
A la virtud, que en nube tenebrosa,

En grueso manto de oro recogidos,
Y duros como peña, aguardan torvos
A que al volver de la batalla rindan
—Como el frutal sus frutos—
De sus obras de paz los hombres cuenta,
De sus divinas alas!... de los nuevos
Árboles que sembraron, de las tristes
Lágrimas que enjugaron, de las fosas
Que a los tigres y víboras abrieron,
Y de las fortalezas eminentes
Que al amor de los hombres levantaron!
¡Esta es la dama, el Rey, la patria, el premio
Apetecido, la arrogante mora
Que a su brusco señor cautiva espera
Llorando en la desierta barbacana!:
Este el santo Salem, éste el Sepulcro
De los hombres modernos: —no se vierta
Más sangre que la propia! no se bata
Sino al que odie al amor! únjanse presto
Soldados del amor los hombres todos!:
La tierra entera marcha a la conquista
De este rey y señor, que guarda el cielo!
... Viles: el que traidor a sus deberes.
Muere como traidor, del golpe propio
De su arma ociosa el pecho atravesado!
¡Ved que no acaba el drama de la vida
En esta parte oscura! ¡Ved que luego
Tras la losa de mármol o la blanda
Cortina de humo y césped se reanuda
El drama portentoso! ¡y ved, oh viles,
Que los buenos, los tristes, los burlados,
Serán en la otra parte burladores!

Otros de lirio y sangre se alimenten:
¡Yo no! ¡yo no! Los lóbregos espacios
Rasgué desde mi infancia con los tristes
Penetradores ojos: el misterio
En una hora feliz de sueño acaso

De los jueces así, y amé la vida
Porque del doloroso mal me salva
De volverla a vivir. Alegremente
El peso eché del infortunio al hombro:
Porque el que en huelga y regocijo vive
Y huye el dolor, y esquiva las sabrosas
Penas de la virtud, irá confuso
Del frío y torvo juez a la sentencia,
Cual soldado cobarde que en herrumbre
Dejó las nobles armas; ¡y los jueces
No en su dosel lo ampararán, no en brazos
Lo encumbrarán, mas lo echarán altivos
A odiar, a amar y batallar de nuevo
En la fogosa sofocante arena!
¡Oh! ¿qué mortal que se asomó a la vida
Vivir de nuevo quiere? ...

                       Puede ansiosa
La Muerte, pues, de pie en las hojas secas,
Esperarme a mi umbral con cada turbia
Tarde de otoño, y silenciosa puede
Irme tejiendo con helados copos
Mi manto funeral.

               No di al olvido
Las armas del amor: no de otra púrpura
Vestí que de mi sangre.
Abre los brazos, listo estoy, madre Muerte:
Al juez me lleva!

Hijo!... Qué imagen miro? qué llorosa
Visión rompe la sombra, y blandamente
Como con luz de estrella la ilumina?
Hijo!... qué me demandan tus abiertos
Brazos? a qué descubres tu afligido
Pecho? por qué me muestras tus desnudos
Pies, aún no heridos, y las blancas manos
Vuelves a mí?

Cesa! calla! reposa! vive: el padre

No ha de morir hasta que la ardua lucha
Rico de todas armas lance al hijo!—
Ven, oh mi hijuelo, y que tus alas blancas
De los abrazos de la muerte oscura
Y de su manto funeral me libren!

Homagno

Homagno sin ventura
La hirsuta y retostada cabellera
Con sus pálidas manos se mesaba.
«Máscara soy, mentira soy, decía;
Estas carnes y formas, estas barbas
Y rostro, estas memorias de la bestia,
Que como silla a lomo de caballo
Sobre el alma oprimida echan y ajustan,
Por el rayo de luz que el alma mía
En la sombra entrevé, —no son Homagno!

Mis ojos sólo; los mis caros ojos,
Que me revelan mi disfraz, son míos:
Queman, me queman, nunca duermen, oran,
Y en mi rostro los siento y en el cielo,
Y le cuentan de mí, y a mí de él cuentan.
Por qué, por qué, para cargar en ellos
Un grano ruin de alpiste mal trojado
Talló el Creador mis colosales hombros?
Ando, pregunto, ruinas y cimientos
Vuelco y sacudo, a delirantes sorbos
En la Creación, la madre de mil pechos,
Las fuentes todas de la vida aspiro:
Muerdo, atormento, beso las calladas
Manos de piedra que golpeo.
Con demencia amorosa su invisible
Cabeza con las secas manos mías
Acaricio y destrenzo: por la tierra
Me tiendo compungido y los confusos

Pies, con mi llanto baño y con mis besos.
Y en medio de la noche, palpitante,
Con mis voraces ojos en el cráneo
Y en sus órbitas anchas encendidos,
Trémulo, en mí plegado, hambriento espero,
Por si al próximo sol respuestas vienen;
Y a cada nueva luz —de igual enjuto
Modo, y ruin, la vida me aparece,
Como gota de leche que en cansado
Pezón, al terco ordeño, titubea,—
Como carga de hormiga, —como taza
De agua añeja en la jaula de un jilguero.—»

Remordidas y rotas, ramos de uvas
Estrujadas y negras, las ardientes
Manos del triste Homagno parecían!

Y la tierra en silencio, y una hermosa
Voz de mi corazón, me contestaron.

Yugo y Estrella

Cuando nací, sin sol, mi madre dijo:
—Flor de mi seno, Homagno generoso,
De mí y de la creación suma y reflejo,
Pez que en ave y corcel y hombre se torna,
Mira estas dos, que con dolor te brindo,
Insignias de la vida: ve y escoge.
Este, es un yugo: quien lo acepta, goza:
Hace de manso buey, y como presta
Servicio a los señores, duerme en paja
Caliente, y tiene rica y ancha avena.
Ésta, oh misterio que de mí naciste
Cual la cumbre nació de la montaña,
Ésta, que alumbra y mata, es una estrella:
Como que riega luz, los pecadores
Huyen de quien la lleva, y en la vida,

Cual un monstruo de crímenes cargado,
Todo el que lleva luz se queda solo.
Pero el hombre que al buey sin pena imita,
Buey vuelve a ser, y en apagado bruto
La escala universal de nuevo empieza.
El que la estrella sin temor se ciñe,
Como que crea, crece!
                          Cuando al mundo
De su copa el licor vació ya el vivo:
Cuando, para manjar de la sangrienta
Fiesta humana, sacó contento y grave
Su propio corazón: cuando a los vientos
De Norte y Sur virtió su voz sagrada,—
La estrella como un manto, en luz lo envuelve,
Se enciende, como a fiesta, el aire claro,
Y el vivo que a vivir no tuvo miedo,
Se oye que un paso más sube en la sombra!

Dame el yugo, oh mi madre, de manera
que puesto en él de pie, luzca en mi frente
Mejor la estrella que ilumina y mata.

Amor de ciudad grande

De gorja son y rapidez los tiempos.
Corre cual luz la voz; en alta aguja,
Cual nave despeñada en sirte horrenda,
Húndese el rayo, y en ligera barca
El hombre, como alado, el aire hiende.
¡Así el amor, sin pompa ni misterio
Muere, apenas nacido, de saciado!
Jaula es la villa de palomas muertas
Y ávidos cazadores! Si los pechos
Se rompen de los hombres, y las carnes
Rotas por tierra ruedan, no han de verse
Dentro más que frutillas estrujadas!

Se ama de pie, en las calles, entre el polvo
De los salones y las plazas; muere
La flor que nace. Aquella virgen
Trémula que antes a la muerte daba
La mano pura que a ignorado mozo;
El goce de temer: aquel salirse
Del pecho el corazón; el inefable
Placer de merecer; el grato susto
De caminar de prisa en derechura
Del hogar de la amada, y a sus puertas
Como un niño feliz romper en llanto;—
Y aquel mirar, de nuestro amor al fuego,
Irse tiñendo de color las rosas,—
Ea, que son patrañas! Pues ¿quién tiene
Tiempo de ser hidalgo? Bien que sienta
Cual áureo vaso o lienzo suntuoso,
Dama gentil en casa de magnate!
O si se tiene sed, se alarga el brazo
Y a la copa que pasa se la apura!
Luego, la copa turbia al polvo rueda,
Y el hábil catador, —manchado el pecho
De una sangre invisible,— sigue alegre,
Coronado de mirtos, su camino!
No son los cuerpos ya sino desechos,
Y fosas, y jirones! Y las almas
No son como en el árbol fruta rica
En cuya blanda piel la almíbar dulce
En su sazón de madurez rebosa,—
Sino fruta de plaza que a brutales
Golpes el rudo labrador madura!

¡La edad es ésta de los labios secos!
De las noches sin sueño! De la vida
Estrujada en agraz! ¿Qué es lo que falta
Que la ventura falta? Como liebre
Azorada, el espíritu se esconde,
Trémulo huyendo al cazador que ríe,
Cual en soto selvoso, en nuestro pecho;

Y el deseo, de brazo de la fiebre,
Cual rico cazador recorre el soto.

¡Me espanta la ciudad! ¡Toda está llena
De copas por vaciar, o huecas copas!
¡Tengo miedo ¡ay de mí! de que este vino
Tósigo sea, y en mis venas luego
Cual duende vengador los dientes clave!
¡Tengo sed, —mas de un vino que en la tierra
No se sabe beber! ¡No he padecido
Bastante aún, para romper el muro
Que me aparta ¡oh dolor! de mi viñedo!
¡Tomad vosotros, catadores ruines
De vinillos humanos, esos vasos
Donde el jugo de lirio a grandes sorbos
Sin compasión y sin temor se bebe!
Tomad! Yo soy honrado: y tengo miedo!

Copa con alas

Una copa con alas: quién la ha visto
Antes que yo? Yo ayer la vi. Subía
Con lenta majestad, como quien vierte
Oleo sagrado: y a sus bordes dulces
Mis regalados labios apretaba:—
Ni una gota siquiera, ni una gota
Del bálsamo perdí que hubo en tu beso!

Tu cabeza de negra cabellera
—Te acuerdas?— con mi mano requería,
Porque de mí tus labios generosos
No se apartaran. —Blanda como el beso
Que a ti me transfundía, era la suave
Atmósfera en redor: la vida entera
Sentí que a mí abrazándote, abrazaba!
Perdí el mundo de vista, y sus ruidos
Y su envidiosa y bárbara batalla!

Una copa en los aires ascendía
Y yo, en brazos no vistos reclinado
Tras ella, asido de sus dulces bordes:
Por el espacio azul me remontaba!

Oh amor, oh inmenso, oh acabado artista:
En rueda o riel funde el herrero el hierro:
Una flor o mujer o águila o ángel
En oro o plata el joyador cincela:
Tú sólo, sólo tú, sabes el modo
De reducir el Universo a un beso!

Poética

La verdad quiere cetro. El verso mío
Puede, cual paje amable, ir por lujosas
Salas, de aroma vario y luces ricas,
Temblando enamorado en el cortejo
De una ilustre princesa o gratas nieves
Repartiendo a las damas. De espadines
Sabe mi verso, y de jubón violeta
Y toca rubia, y calza acuchillada.
Sabe de vinos tibios y de amores
Mi verso montaraz; pero el silencio
Del verdadero amor, y la espesura
De la selva prolífica prefiere:
Cuál gusta del canario, cuál del águila!

De **Flores del destierro**

Estas que ofrezco, no son composiciones acabadas: son, ¡ay de
mí!, notas de imágenes tomadas al vuelo, y como para que no se esca-
pasen, entre la muchedumbre anti-ática de las calles, entre el rodar
estruendoso y arrebatado de los ferrocariles, o en los quehaceres apre-
miantes e inflexibles de un escritorio de comercio—refugio cariñoso
del proscripto.

Por qué las publico, no sé: tengo un miedo pueril de no publicarlas ahora. Ya desdeño todo lo mío: y a estos versos, atormentados y rebeldes, sombríos y querellosos, los mimo, y los amo.

Otras cosas podría hacer: acaso no las hago, no las intento ahora, robando horas al sueño, únicas horas mías, porque me parece la expresión la hembra del acto, y mientras hay que hacer, me parece la mera expresión indigno empleo de fuerzas del hombre. Cada día, de tanta imagen que viene a azotarme las sienes, y a pasearse, como buscando forma, ante mis ojos, pudiera hacer un tomo como éste, pero el buey no ara con el arpa de David, que haría sonora la tierra, sino con el arado, que no es lira! ¡Y se van las imágenes, llorosas y torvas, desvanecidas como el humo: y yo me quedo, congojoso y triste, como quien ha faltado a su deber o no ha hecho bien los honores de la visita a una dama benévola y hermosa: y a mis solas, y donde nadie lo sospeche, y sin lágrimas, lloro.

De estos tormentos nace, y con ellos se excusa, este libro de versos.

Pudiera surgir de él, como debiera surgir de toda vida, rumbo a la muerte consoladora, un águila blanca!

Ya sé que están escritos en ritmo desusado, que por esto, o por serlo de veras, va a parecer a muchos duro. ¿Mas, con qué derecho puede quebrar la mera voluntad artística..., la forma natural y sagrada, en que, como la carne de la idea, envía el alma los versos a los labios? Ciertos versos pueden hacerse en toda forma: otros no. A cada estado de alma, un metro nuevo. Da el amor versos claros y sonoros, y no sé por qué, en esas horas de florescencia, vertimiento, grata congoja, vigor pujante y generoso rebose del espíritu, recuerdo esas gallardas velas blancas que en el mar sereno cruzan por frente a playas limpias bajo un cielo bruñido. Del dolor, saltan los versos, como las espadas de la vaina, cuando las sacude en ellas la ira, como las negras olas de turbia y alta cresta que azotan los ijares fatigados de un buque formidable en horas de tormenta.

Se encabritan los versos, como las olas: se rompen con fragor o se mueven pesadamente, como fieras en jaula y con indómito y trágico desorden, como las aguas contra el barco. Y parece como que se escapa de los versos, escondiendo sus heridas, un alma sombría, que asciende velozmente por el lúgubre espacio, envuelta en ropas negras.

¡Cuán extraño que se abrieran las negras vestiduras y cayera de ellas un ramo de rosas!

¡Flores del destierro!

Dos patrias

Dos patrias tengo yo: Cuba y la noche.
¿O son una las dos? No bien retira
Su majestad el Sol, con largos velos
Y un clavel en la mano, silenciosa
Cuba cual viuda triste me aparece.
¡Yo sé cual es ese clavel sangriento
Que en la mano le tiembla! Está vacío
Mi pecho, destrozado está y vacío
En donde estaba el corazón. Ya es hora
De empezar a morir. La noche es buena
Para decir adiós. La luz estorba
Y la palabra humana. El universo
Habla mejor que el hombre.
                              Cual bandera
Que invita a batallar, la llama roja
De la vela flamea. Las ventanas
Abro, ya estrecho en mí. Muda, rompiendo
Las hojas del clavel, como una nube
Que enturbia el cielo, Cuba, viuda, pasa...

Siempre que hundo la mente en libros graves

Siempre que hundo la mente en libros graves
La saco con un haz de luz de aurora:
Yo percibo los hilos, la juntura,
La flor del Universo, yo pronuncio
Pronta a nacer una inmortal poesía.
No de dioses de altar ni libros viejos,
No de flores de Grecia, repintadas
Con menjurjes de moda, no con rastros

De rastros, no con lívidos despojos
Se amasará de las edades muertas:
Sino de las entrañas exploradas
Del Universo, surgirá radiante
Con la luz y las gracias de la vida.
Para vencer, combatirá primero:
E inundará de luz, como la aurora.—

Entre las flores del sueño

Entre las flores del sueño
Oigo un silencio de playa!
El remordimiento asoma
Su cabeza desgreñada:
El desorden (tempestuoso)
Turba y enciende las aguas:
En el corazón que duele
Un dulce puñal se clava:
El cerebro enfurecido
Calla de una cuchillada:
En las nubes grises y oros
Vuelan serenas las palmas:
Una corona de rizos
En la sombra se desata:
En el cuerpo transparente
La línea eterna se marca:
¡Así se queda dormido
El que vive en tierra extraña!
La delicia del olvido
Sobre la cabeza baja:
Luego Jesús aparece
Andando sobre las aguas.

Bien: Yo respeto

Bien: yo respeto
a mi modo brutal, un modo manso

para los infelices e implacable
con los que el hambre y el dolor desdeñan,
y el sublime trabajo, yo respeto
la arruga, el callo, la joroba, la hosca
y flaca palidez de los que sufren.
Respeto a la infeliz mujer de Italia,
pura como su cielo, que en la esquina
de la casa sin sol donde devoro
mis ansias de belleza, vende humilde
piñas dulces y pálidas manzanas.
Respeto al buen francés, bravo, robusto,
rojo como su vino, que con luces
de bandera en los ojos, pasa en busca
de pan y gloria al Istmo donde muere.

De *Versos sencillos*

Mis amigos saben cómo se me salieron estos versos del corazón.
Fue aquel invierno de angustia en que por ignorancia, o por fe fanáti-
ca, o por miedo, o por cortesía, se reunieron en Washington, bajo
el águila temible, los pueblos hispanoamericanos. ¿Cuál de nosotros
ha olvidado aquel escudo, el escudo en que el águila de Monterrey
y de Chapultepec, el águila de López y de Walker, apretaba en sus
garras los pabellones todos de la América? Y la agonía en que viví,
hasta que puede confirmar la cautela y el brío de nuestros pueblos;
y el horror y vergüenza en que me tuvo el temor legítimo de que pu-
diéramos los cubanos, con manos parricidas, ayudar el plan insensato de apartar a Cuba, para bien único de un nuevo amo disimulado,
de la patria que la reclama y en ella se completa, de la patria hispanoamericana, —me quitaron las fuerzas mermadas por dolores injus-
tos. Me echó el médico al monte: corrían arroyos y se cerraban las
nubes: escribí versos. A veces ruge el mar, y revienta la ola, en la noche negra, contra las rocas del castillo ensangrentado: a veces susurra
la abeja, merodeando entre las flores.

¿Por qué se publica esta sencillez, escrita como jugando, y no mis
encrespados *Versos libres,* mis endecasílabos hirsutos, nacidos de grandes miedos, o de grandes esperanzas, o de indómito amor de libertad,

o de amor doloroso a la hermosura, como riachuelo de oro natural, que va entre arena y aguas turbias y raíces, o como hierro caldeado, que silba y chispea, o como surtidores candentes? ¿Y mis *Versos cubanos,* tan llenos de enojo que están mejor donde no se les ve? ¿Y tanto pecado mío escondido, y tanta prueba ingenua y rebelde de literatura? ¿Ni a qué exhibir ahora, con ocasión de estas flores silvestres, un curso de mi poética, y decir por qué repito un consonante de propósito, o los gradúo y agrupo de modo que vayan por la vista y el oído al sentimiento, o salto por ellos, cuando no pide rimas ni soporta repujos la idea tumultosa? Se imprimen estos versos porque el afecto con que los acogieron, en una noche de poesía y amistad, algunas almas buenas, los ha hecho ya públicos. Y porque amo la sencillez, y creo en la necesidad de poner el sentimiento en formas llanas y sinceras.

Nueva York: 1891

I

Yo soy un hombre sincero
De donde crece la palma,
Y antes de morirme quiero
Echar mis versos del alma.

Yo vengo de todas partes,
Y hacia todas partes voy:
Arte soy entre las artes,
En los montes, monte soy.

Yo sé los nombres extraños
De las yerbas y las flores,
Y de mortales engaños,
Y de sublimes dolores.

Yo he visto en la noche oscura
Llover sobre mi cabeza
Los rayos de lumbre pura
De la divina belleza.

Alas nacer vi en los hombros
De las mujeres hermosas:
Y salir de los escombros
Volando las mariposas.

He visto vivir a un hombre
Con el puñal al costado,
Sin decir jamás el nombre
De aquella que lo ha matado.

Rápida, como un reflejo,
Dos veces vi el alma, dos:
Cuando murió el pobre viejo,
Cuando ella me dijo adiós.

Temblé una vez —en la reja,
A la entrada de la viña,—
Cuando la bárbara abeja
Picó en la frente a mi niña.

89

Gocé una vez, de tal suerte
Que gocé cual nunca: —cuando
La sentencia de mi muerte
Leyó el alcalde llorando.

Oigo un suspiro, a través
De las tierras y la mar,
Y no es un suspiro, —es
Que mi hijo va a despertar.

Si dicen que del joyero
Tome la joya mejor,
Tomo a un amigo sincero
Y pongo a un lado el amor.

Yo he visto al águila herida
Volar al azul sereno,
Y morir en su guarida
La víbora del veneno.

Yo sé bien que cuando el mundo
Cede, lívido, al descanso,
Sobre el silencio profundo
Murmura el arroyo manso.

Yo he puesto la mano osada
De horror y júbilo yerta,
Sobre la estrella apagada
Que cayó frente a mi puerta.

Oculto en mi pecho bravo
La pena que me lo hiere:
El hijo de un pueblo esclavo
Vive por él, calla, y muere.

Todo es hermoso y constante,
Todo es música y razón,
Y todo, como el diamante,
Antes que luz es carbón.

Yo sé que el necio se entierra
Con gran lujo y con gran llanto,—
Y que no hay fruta en la tierra
Como la del camposanto.

Callo, y entiendo, y me quito
La pompa del rimador:
Cuelgo de un árbol marchito
Mi muceta de doctor.

V

Si ves un monte de espumas,
Es mi verso lo que ves:
Mi verso es un monte, y es
Un abanico de plumas.

Mi verso es como un puñal
Que por el puño echa flor:
Mi verso es un surtidor
Que da un agua de coral.

Mi verso es de un verde claro
Y de un carmín encendido:
Mi verso es un ciervo herido
Que busca en el monte amparo.

Mi verso al valiente agrada:
Mi verso, breve y sincero,
Es del vigor del acero
Con que se funde la espada.

X

El alma trémula y sola
Padece al anochecer:

Hay baile; vamos a ver
La bailarina española.

Han hecho bien en quitar
El banderón de la acera;
Porque si está la bandera,
No sé, yo no puedo entrar.

Ya llega la bailarina:
Soberbia y pálida llega:
¿Cómo dicen que es gallega?
Pues dicen mal: es divina.

Lleva un sombrero torero
Y una capa carmesí:
¡Lo mismo que un alelí
Que se pusiese un sombrero!

Se ve, de paso, la ceja,
Ceja de mora traidora:
Y la mirada, de mora:
Y como nieve la oreja.

Preludian, bajan la luz,
Y sale en bata y mantón,
La virgen de la Asunción
Bailando un baile andaluz.

Alza, retando, la frente;
Crúzase al hombro la manta:
En arco el brazo levanta:
Mueve despacio el pie ardiente.

Repica con los tacones
El tablado zalamera,
Como si la tabla fuera
Tablado de corazones.

Y va el convite creciendo
En las llamas de los ojos,
Y el manto de flecos rojos
Se va en el aire meciendo.

Súbito, de un salto arranca:
Húrtase, se quiebra, gira:
Abre en dos la cachemira,
Ofrece la bata blanca.

El cuerpo cede y ondea;
La boca abierta provoca;
Es una rosa la boca:
Lentamente taconea.

Recoge, de un débil giro,
El manto de flecos rojos:
Se va, cerrando los ojos,
Se va, como en un suspiro...

Baila muy bien la española;
Es blanco y rojo el mantón:
¡Vuelve, fosca a su rincón,
El alma trémula y sola!

XI

Yo tengo un paje muy fiel
Que me cuida y que me gruñe,
Y al salir, me limpia y bruñe
Mi corona de laurel.

Yo tengo un paje ejemplar
Que no come, que no duerme,
Y que se acurruca a verme
Trabajar, y sollozar.

Salgo, y el vil se desliza
Y en mi bolsillo aparece;
Vuelvo, y el terco me ofrece
Una taza de ceniza.

Si duermo, al rayar el día
Se sienta junto a mi cama:
Si escribo, sangre derrama
Mi paje en la escribanía.

Mi paje, hombre de respeto,
Al andar castañetea:
Hiela mi paje, y chispea:
Mi paje es un esqueleto.

Voy, por el bosque, a paseo
A la laguna vecina:
Y entre las ramas la veo,
Y por el agua camina.

La serpiente del jardín
Silba, escupe, y se resbala
Por su agujero: el clarín
Me tiende, trinando, el ala.

¡Arpa soy, salterio soy
Donde vibra el Universo:
Vengo del sol, y al sol voy:
Soy el amor: soy el verso!

XVII

Es rubia: el cabello suelto
Da más luz al ojo moro:
Voy, desde entonces, envuelto
En un torbellino de oro.

La abeja estival que zumba
Más ágil por la flor nueva,
No dice, como antes, «tumba»:
«Eva» dice: todo es «Eva».

Bajo, en lo oscuro, al temido
Raudal de la catarata:
¡Y brilla el iris, tendido
Sobre las hojas de plata!

Miro, ceñudo, la agreste
Pompa del monte irritado;
¡Y en el alma azul celeste
Brota un jacinto rosado!

XII

Estoy en el baile extraño
De polaina y casaquín
Que dan, del año hacia el fin,
Los cazadores del año.

Una duquesa violeta
Va con un frac colorado:
Marca un vizconde pintado
El tiempo en la pandereta.

Y pasan las chupas rojas,
Pasan los tules de fuego,
Como delante de un ciego
Pasan volando las hojas.

XLV

Sueño con claustros de mármol
Donde en silencio divino

Los héroes, de pie, reposan:
¡De noche, a la luz del alma,
Hablo con ellos: de noche!
Están en fila: paseo
Entre las filas: las manos
De piedra les beso: abren
Los ojos de piedra: mueven
Los labios de piedra: tiemblan
Las barbas de piedra: empuñan
La espada de piedra: lloran:
¡Vibra la espada en la vaina!:
Mudo, les beso la mano.

Hablo con ellos, de noche!
Están en fila: paseo
Entre las filas: lloroso
Me abrazo a un mármol: «Oh
                              mármol,
Dicen que beben tus hijos
Su propia sangre en las copas
Venenosas de sus dueños!
Que hablan la lengua podrida
De sus rufianes! que comen
Juntos el pan del oprobio,
En la mesa ensangrentada!
Que pierden en lengua inútil
El último fuego!: ¡dicen,
Oh mármol, mármol dormido,
Que ya se ha muerto tu raza!»

Echame en tierra de un bote
El héroe que abrazo: me ase
Del cuello: barre la tierra
Con mi cabeza: levanta
El brazo, ¡el brazo le luce
Lo mismo que un sol!: resuena
La piedra: buscan el cinto
Las manos blancas: del soclo
Saltan los hombres de mármol!

XLVI

Vierte, corazón, tu pena
Donde no se llegue a ver,
Por soberbia, y por no ser
Motivo de pena ajena.

Yo te quiero, verso amigo,
Porque cuando siento el pecho
Ya muy cargado y deshecho,
Parto la carga contigo.

Tú me sufres, tú aposentas
En tu regazo amoroso,
Todo mi ardor doloroso,
Todas mis ansias y afrentas.

Tú, porque yo pueda en calma
Amar y hacer bien, consientes
En enturbiar tus corrientes
En cuanto me agobia el alma.

Tú, porque yo cruce fiero
La tierra, y sin odio, y puro,
Te arrastras, pálido y duro,
Mi amoroso compañero.

Mi vida así se encamina
Al cielo limpia y serena,
Y tú me cargas mi pena
Con tu paciencia divina.

Y porque mi cruel costumbre
De echarme en ti te desvía
De tu dichosa armonía
Y natural mansedumbre;

Porque mis penas arrojo
Sobre tu seno, y lo azotan,
Y tu corriente alborotan,
Y acá lívido, allá rojo,

Blanco allá como la muerte,
Ora arremetes y ruges,
Ora con el peso crujes
De un dolor más que tú fuerte.

¿Habré, como me aconseja
Un corazón mal nacido,
De dejar en el olvido
A aquel que nunca me deja?

¡Verso, nos hablan de un Dios
A donde van los difuntos:
Verso, o nos condenan juntos,
O nos salvamos los dos!

94

MANUEL GUTIERREZ NAJERA

(México, 1859-1895). Al ejercicio profesional del periodismo dedicó Gutiérrez Nájera la casi totalidad de su vida. Y bajo distintos seudónimos —*El Duque Job,* el más conocido de ellos—, fue dando a conocer, en publicaciones de su país, una obra en prosa abundantísima y de capital importancia para la génesis del modernismo. Es autor de numerosos cuentos y relatos; y sus *Cuentos frágiles* (1883) se han señalado justicieramente como el inicio de la narración modernista. Para la prensa, y en particular para su público femenino, iba escribiendo, día por día, incontables crónicas, sobre temas muy variados, a las que infundió un ajustado estilo ligero y ameno, a veces voluntariamente superficial pero de gran personalidad expresiva (y muchas páginas de esas crónicas, en gracias a su calidad lírica e imaginativa, se convierten en verdaderos poemas en prosa). Cultivó también, con el mismo destino periodístico, la crítica literaria y teatral. Y pareciera que esta dedicación a la prosa, como deber profesional, le hubiera dejado poco lugar para la actividad poética, que es en él más bien escasa (y la cual fue recogida en libro sólo póstumamente, en 1896, con un brillante prólogo del notable escritor mexicano Justo Sierra, que hoy se lee como un texto ya clásico en la crítica de la época). Sin embargo, su poesía alcanzó, aún en vida, un reconocimiento cierto y ejerció gran influencia en la renovación lírica de sus años. Con Carlos Díaz Dufóo fundó, en 1894, la *Revista Azul,* que llegó a ser el órgano primero y central del modernismo en aquel país.

De temperamento religioso y sensibilidad en esencia romántica (pero de un romanticismo *interior,* conscientemente asumido así en oposición a la altisonante y vacua retórica que en general dominó a la expresión «romántica» de nuestra lengua), a su poética, más que a su realización verbal en el verso, se la siente acercarse, mirada desde la perspectiva de nuestros años, a esa concepción romántico-simbolista de la poesía que nutre lo mejor de la gestión modernista, especialmente en el primer tramo de su órbita. Y ello tanto por su rechazo de «las teorías desconsoladoras del realismo y del asqueroso y repugnante positivismo» —como dictaminase en su temprano y precursor ensayo, «El arte y el materialismo», de 1876—y el subsecuente sentido idealista del arte que profesara, como por su defensa de la utilidad de la belleza en sí, liberada de la moral y la preocupación humanitarista y social (aunque esta nota no está ausente en algunas de sus narraciones). En ello se sentía heredero, directamente, de la idea del *arte por el arte,* que en Francia propagara Théophile Gautier, a quien tanto admiró en un tiempo: «¡Cómo me deleitaba aquel arte, aquella filigrana, aquella palabra colorida y pletórica de Théo!». Sus numerosas y bien asimiladas lecturas francesas —desde Musset y Gautier a François Coppeé y Catulle Mendès, entre otros—, y del italiano Leopardi, pueden ayudar a comprender la doble vertiente, romántica y parnasista, por las que, en términos generales, discurre su palabra poética.

Nájera, como Martí (a quien le uniera una mutua devoción literaria y personal), supo ver la causa primera y fundamental —el aislamiento— que obraba en la decadencia de la poesía española de entonces. Y comprendió así cuán necesario era «el cruzamiento en literatura» —título de un clarividente ensayo suyo de 1894—, por lo que, en consecuencia, propugnó abiertamente la saludable apertura cultural y literaria que caracteriza al modernismo. Pero también, y muy lejos de la imagen de un afrancesado total que a veces se le atribuye, y aquí de igual modo que el cubano, defendió lo permanente y válido de la tradición literaria española a la que en definitiva, como mexicano, prolongaba (aunque, animado tal vez de una oportuna intención paródica, incrustara giros y palabras galicistas en algunas de sus composiciones). Y aun pudo —romántico pero no decadente— repudiar el «burbujeo del pantano» que creía ver en los poetas franceses de esta última tendencia.

De su romanticismo esencial (pero depurado, como se indicó, por lo que en algunos momentos parece aproximarse tímidamente al simbolismo) nacen los sentimientos centrales que recorren su poesía, y los temas que aquéllos conforman: la tristeza y la resignación («Mis enlutadas»); la invitación al placer y a la vida, pero invitación casi angustiada por la premiosidad que sobre ella impone el sentimiento del tiempo («A un triste»); esta misma conciencia dolorosa pero igualmente resignada de la temporalidad («Para entonces», «Ultima Necat»); la búsqueda del sentido oculto de la realidad, que unas veces deviene mensaje pesimista («Ondas muertas»), y otras es exaltación de la naturaleza en expresión ya cristalinamente modernista («A la Corregidora»). Y como todos los poetas de su tiempo, la fe salvadora y suprema en la *Santa Poesía* («Non omnis moriar»). Pero no falta en su obra la gracia —esa «sonrisa del alma» que le señalara Justo Sierra— y por la veta parnasista y preciosista que también le asistió, dejó exquisitas recreaciones frívolas del *esprit* francés, aunque adaptadas a ambientes o realidades personales y mexicanas («La Duquesa Job»), o dibujó muy precisas variaciones poéticas sostenidas sobre estímulos cromático-simbólicos («De blanco»).

No fue un revolucionario en las formas, y cuando más —en este campo— se limitó a introducir nuevos esquemas acentuales en los metros tradicionales. Pero sí es un avanzado —y hasta un artífice— en el ajuste idóneo de un lenguaje colorista y suavemente musical, de un lado, puesto al servicio de la expresión de un dolorido mundo interior teñido por la melancolía, y de una visión enteramente subjetiva —por el impresionismo— de la realidad exterior. De aquí la delicadeza y el temblor últimos de sus más logrados momentos poéticos donde, en juicio de José Emilio Pacheco, Gutiérrez Nájera «trata de hallar el matiz, la levedad, la sugerencia de una música en que reconoce el sollozo de todas sus pesadumbres». Y quien viera antes que nadie esa aleación entre voluntad de refinamiento artístico y testimonio sincero de su intimidad, que en este poeta se da, fue su coetáneo José Martí, quien en 1886 trazara de aquél esta semblanza definitiva: «Es de los pocos (G.N.) que está trayendo sangre nueva al castellano y de los que mejor esconden las quebraduras y hendijas inevitables de la rima. Más hace; y es dar gracia y elegancia al idioma español al que no faltaba antes la gracia, pero placeril y grosera. Y eso lo hace Gutiérrez sin afectación, y no porque tome de modelo a éste o aquél, aunque se ve que conoce íntimamente, y ama con pasión, lo perfecto de todas las literaturas, sino por invencible tendencia suya a hermanar la sinceridad y la belleza».

BIBLIOGRAFIA

OBRA POETICA

Poesías, pról. de Justo Sierra (1896). *Poesías completas,* 2 vols., ed. Francisco González Guerrero (México, Porrúa, 1966). *Los cien mejores poemas de M. G. N.,* ed. Antonio Castro Leal (Madrid, Aguilar, 1969).

ESTUDIOS CRITICOS

Blanco-Fombona, Rufino: «G.N. (1859-1895)», *El modernismo y los poetas modernistas* (véase Bibliografía General).
Carter, Boyd G.: *Manuel Gutiérrez Nájera—Estudio y escritos inéditos,* México, De Andrea, 1956.
Carter, Boyd G.: *En torno a Gutiérrez Nájera,* México, Botas, 1960.
Carter, Boyd G.: «Gutiérrez Nájera y Martí como iniciadores del modernismo», *Revista Iberoamericana,* 54 (1962).

· Carter, Boyd G. y Joan L. Carter: M.G.N.; *Florilegio crítico-conmemorativo,* México, Andrea, 1966.

Durán, Manuel: «G.N. y Teófilo Gautier», *Revista de la Universidad de México,* 8, 7 (1954).

Gómez del Prado, C.: *Manuel Gutiérrez Nájera—Vida y obra,* México, De Andrea, 1964.

González Guerrero, F.: *Revisión de Gutiérrez Nájera,* México, Imprenta Universitaria, 1955.

Gutiérrez Nájera, Margarita: *Reflejo. Biografía anecdótica de Manuel Gutiérrez Nájera,* México, Instituto Nacional de Bellas Artes, 1960.

Mejía Sánchez, E.: *Exposición documental de Manuel Gutiérrez Nájera, 1859-1959,* México, Universidad Nacional Autónoma de México, 1959.

Monterde, F.: *Manuel Gutiérrez Nájera,* México, Publicaciones de la Secretaría de Educación Pública, 1925.

Onís, Federico de: «M.G.N., (1859-1895)», *España en América* (véase Bibliografía General).

Pacheco, José Emilio: «M.G.N.», *Antología del modernismo* (véase Bibliografía General).

Schulman, Ivan A.: «José Martí y M.G.N.: iniciadores del modernismo», «El modernismo y la teoría literaria de M.G.N.» y «Función del color en la poesía de M.G.N.», en *Génesis del modernismo* (véase Bibliografía General).

Vela, Arqueles: «G.N.: genealogía del modernismo», *El modernismo. Su filosofía. Su estética. Su técnica,* (véase Bibliografía General).

SELECCION

Para entonces

Quiero morir cuando decline el día,
en alta mar y con la cara al cielo;
donde parezca sueño la agonía,
y el alma, un ave que remonta el vuelo.

No escuchar en los últimos instantes,
ya con el cielo y con el mar a solas,
más voces ni plegarias sollozantes
que el majestuoso tumbo de las olas.

Morir cuando la luz, triste, retira
sus áureas redes de la onda verde,
y ser como ese sol que lento expira:
algo muy luminoso que se pierde.

Morir, y joven: antes que destruya
el tiempo aleve la gentil corona;
cuando la vida dice aún: soy tuya,
aunque sepamos bien que nos traiciona.

La duquesa Job

A Manuel Puga y Acal

En dulce charla de sobremesa,
mientras devoro fresa tras fresa
y abajo ronca tu perro Bob,
te haré el retrato de la duquesa
que adora a veces el Duque Job.

No es la condesa que Villasana
caricatura, ni la poblana
de enagua roja, que Prieto amó;
no es la criadita de pies nudosos,
ni la que sueña con los gomosos
y con los gallos de Micoló.

Mi duquesita, la que me adora,
no tiene humos de gran señora:
es la griseta de Paul de Kock.
No baila *Boston,* y desconoce
de las carreras el alto goce,
y los placeres del *five o'clock.*

Pero ni el sueño de algún poeta,
ni los querubes que vio Jacob,
fueron tan bellos cual la coqueta
de ojitos verdes, rubia griseta
que adora a veces el Duque Job.

Si pisa alfombras, no es en su casa,
si por Plateros alegre pasa
y la saluda Madam Marnat,
no es, sin disputa, porque la vista;
sí porque a casa de otra modista
desde temprano rápida va.

No tiene alhajas mi duquesita,
pero es tan guapa, y es tan bonita,
y tiene un cuerpo tan *v'lan,* tan *pschutt;*
de tal manera trasciende a Francia
que no la igualan en elegancia
ni las clientes de Hélène Kossut.

Desde las puertas de la Sorpresa
hasta la esquina del Jockey Club,
no hay española, yanqui o francesa,
ni más bonita, ni más traviesa
que la duquesa del Duque Job.

¡Cómo resuena su taconeo
en las baldosas! ¡Con qué meneo
luce su talle de tentación!
¡Con qué airecito de aristocracia
mira a los hombres, y con qué gracia
frunce los labios —¡Mimí Pinson!

Si alguien la alcanza, si la requiebra,
ella, ligera como una cebra,
sigue camino del almacén;
pero ¡ay del tuno si alarga el brazo!
¡nadie le salva del sombrillazo
que le descarga sobre la sien!

¡No hay en el mundo mujer más linda!
Pie de andaluza, boca de guinda,
esprit rociado de Veuve Clicquot;
talle de avispa, cutis de ala,
ojos traviesos de colegiala
como los ojos de Louise Théo!

Agil, nerviosa, blanca, delgada,
media de seda bien restirada,
gola de encaje, corsé de ¡crac!,
nariz pequeña, garbosa, cuca,
y palpitantes sobre la nuca
rizos tan rubios como el coñac.

Sus ojos verdes bailan el tango;
¡nada hay más bello que el arremango
provocativo de su nariz!
Por ser tan joven y tan bonita,
cual mi sedosa, blanca gatita,
diera sus pajes la emperatriz.

¡Ah, tú no has visto cuando se peina,
sobre sus hombros de rosa reina
caer los rizos en profusión!
¡Tú no has oído qué alegre canta,
mientras sus brazos y su garganta
de fresca espuma cubre el jabón!

¡Y los domingos!... ¡Con qué alegría
oye en su lecho bullir el día
y hasta las nueve quieta se está!
¡Cuál se acurruca la perezosa,
bajo la colcha color de rosa,
mientras a misa la criada va!

La breve cofia de blanco encaje
cubre sus rizos, el limpio traje
aguarda encima del canapé;

altas, lustrosas y pequeñitas,
sus puntas muestran las dos botitas,
abandonadas del catre al pie.

Después, ligera, del lecho brinca.
¡Oh quién la viera cuando se hinca
blanca y esbelta sobre el colchón!
¿Qué valen junto de tanta gracia
las niñas ricas, la aristocracia,
ni mis amigas de cotillón?

Toco; se viste; me abre; almorzamos;
con apetito los dos tomamos
un par de huevos y un buen bistec,
media botella de rico vino,
y en coche juntos, vamos camino
del pintoresco Chapultepec.

¡Desde las puertas de la Sorpresa
hasta la esquina del Jockey Club,
no hay española, yanqui o francesa,
ni más bonita ni más traviesa
que la duquesa del Duque Job!

De blanco

¿Qué cosa más blanca que cándido lirio?
¿Qué cosa más pura que místico cirio?
¿Qué cosa más casta que tierno azahar?
¿Qué cosa más virgen que leve neblina?
¿Qué cosa más santa que el ara divina
        de gótico altar?

¡De blancas palomas el aire se puebla;
con túnica blanca, tejida de niebla,
se envuelve a lo lejos feudal torreón;
erguida en el huerto la trémula acacia
al soplo del viento sacude con gracia
        su níveo pompón!

¿No ves en el monte la nieve que albea?
La torre muy blanca domina la aldea,
las tiernas ovejas triscando se van,
de cisnes intactos el lago se llena,
columpia su copa la enhiesta azucena,
y su ánfora inmensa levanta el volcán.

Entremos al templo: la hostia fulgura;
de nieve parecen las canas del cura,
vestido con alba de lino sutil;
cien niñas hermosas ocupan las bancas,
y todas vestidas con túnicas blancas
en ramos ofrecen las flores de abril.

Subamos al coro: la virgen propicia
escucha los rezos de casta novicia,
y el cristo de mármol expira en la cruz;
sin mancha se yerguen las velas de cera;
de encaje es la tenue cortina ligera
que ya transparenta del alba la luz.

Bajemos al campo: tumulto de plumas
parece el arroyo de blancas espumas
que quieren, cantando, correr y saltar;
la airosa mantilla de fresca neblina
terció la montaña: la vela latina
de barca ligera se pierde en el mar.

Ya salta del lecho la joven hermosa,
y el agua refresca sus hombros de diosa,
sus brazos ebúrneos, su cuello gentil;
cantando y risueña se ciñe la enagua,
y trémulas brillan las gotas de agua
en su árabe peine de blanco marfil.

¡Oh mármol! ¡Oh nieves! ¡Oh inmensa blancura
que esparces doquiera tu casta hermosura!
¡Oh tímida vírgen! ¡Oh casta vestal!

Tú estás en la estatua de eterna belleza,
de tu hábito blanco nació la pureza,
¡al ángel das alas, sudario al mortal!

Tú cubres al niño que llega a la vida,
coronas las sienes de fiel prometida,
al paje revistes de rico tisú.
¡Qué blancos son, reinas, los mantos de armiño!
¡Qué blanca es, oh madres, la cuna del niño!
¡Qué blanca, mi amada, qué blanca eres tú!

En sueños ufanos de amores contemplo
alzarse muy blancas las torres de un templo
y oculto entre lirios abrirse un hogar;
y el velo de novia prenderse a tu frente,
cual nube de gasa que cae lentamente
y viene en tus hombros su encaje a posar.

Ondas muertas

A Luis Mercado

En la sombra debajo de tierra,
donde nunca llegó la mirada,
se deslizan en curso infinito
silenciosas corrientes de agua.
Las primeras, al fin, sorprendidas,
por el hierro que rocas taladra,
en inmenso penacho de espumas
hervorosas y límpidas saltan.
Mas las otras, en densa tiniebla,
retorciéndose siempre resbalan,
sin hallar la salida que buscan,
a perpetuo correr condenadas.

A la mar se encaminan los ríos,
y en su espejo movible de plata,

van copiando los astros del cielo
o los pálidos tintes del alba:
ellos tienen cendales de flores,
en su seno las ninfas se bañan,
fecundizan los fértiles valles,
y sus ondas son de agua que canta.

En la fuente de mármoles níveos,
juguetona y traviesa es el agua,
como niña que en regio palacio
sus collares de perlas desgrana;
ya cual flecha bruñida se eleva,
ya en abierto abanico se alza,
de diamantes salpica las hojas
o se duerme cantando en voz baja.

En el mar soberano las olas
los peñascos abruptos asaltan;
al moverse, la tierra conmueven
y en tumulto los cielos escalan.
Allí es vida y es fuerza invencible,
allí es reina colérica el agua,
como igual con los cielos combate
y con dioses monstruosos batalla.

¡Cuán distinta la negra corriente
a perpetua prisión condenada,
la que vive debajo de tierra
do ni yertos cadáveres bajan!
La que nunca la luz ha sentido,
la que nunca solloza ni canta,
esa muda que nadie conoce,
esa ciega que tienen esclava.

Como ella, de nadie sabidas,
como ella, de sombras cercadas,
sois vosotras también, las oscuras
silenciosas corrientes de mi alma.

¿Quién jamás conoció vuestro curso?
¡Nadie a veros benévolo baja!
Y muy hondo, muy hondo se extienden
vuestras olas cautivas que callan.

Y si paso os abrieran, saldríais,
como chorro bullente de agua,
que en columna rabiosa de espuma
sobre pinos y cedros se alza.
Pero nunca jamás, prisioneras,
sentiréis de la luz la mirada:
¡seguid siempre rodando en la sombra,
silenciosas corrientes del alma!

Para un menú

Las novias pasadas son copas vacías;
en ellas pusimos un poco de amor;
el néctar tomamos... huyeron los días...
¡Traed otras copas con nuevo licor!

Champán son las rubias de cutis de azalia;
Borgoña los labios de vivo carmín;
los ojos oscuros son vino de Italia,
los verdes y claros son vino del Rhin.

Las bocas de grana son húmedas fresas;
las negras pupilas escancian café;
son ojos azules las llamas traviesas
que trémulas corren como almas del té.

La copa se apura, la dicha se agota;
de un sorbo tomamos mujer y licor...
Dejemos las copas... Si queda una gota,
¡que beba el lacayo las heces de amor!

Mis enlutadas

Descienden taciturnas las tristezas
      al fondo de mi alma,
y entumecidas, haraposas brujas,
      con uñas negras
      mi vida escarban.

De sangre es el color de sus pupilas,
      de nieve son sus lágrimas;
hondo pavor infunden... Yo las amo
      por ser las solas
      que me acompañan.

Aguárdolas ansioso, si el trabajo
      de ellas me separa,
y búscolas en medio del bullicio,
      y son constantes,
      y nunca tardan.

En las fiestas, a ratos se me pierden
      o se ponen la máscara,
pero luego las hallo, y así dicen:
      —¡Ven con nosotras!
      ¡Vamos a casa!

Suelen dejarme cuando sonriendo
      mis pobres esperanzas
como enfermitas, ya convalecientes,
      salen alegres
      a la ventana.

Corridas huyen, pero vuelven luego
      y por la puerta falsa
entran trayendo como nuevo huésped
      alguna triste,
      lívida hermana.

Abrese a recibirlas la infinita
    tiniebla de mi alma,
y van prendiendo en ella mis recuerdos
    cual tristes cirios
    de cera pálida.

Entre esas luces, rígido, tendido,
    mi espíritu descansa;
y las tristezas, revolando en torno,
    lentas salmodias
    rezan y cantan.

Escudriñan del húmedo aposento
    rincones y covachas,
el escondrijo do guardé cuitado
    todas mis culpas,
    todas mis faltas.

Y hurgando mudas, como hambrientas lobas
    las encuentran, las sacan,
y volviendo a mi lecho mortuorio
    me las enseñan
    y dicen: habla.

En lo profundo de mi ser bucean,
    pescadoras de lágrimas,
y vuelven mudas con las negras conchas
    en donde brillan
    gotas heladas.

A veces me revuelvo contra ellas
    y las muerdo con rabia,
como la niña desvalida y mártir
    muerde a la harpía
    que la maltrata.

Pero enseguida, viéndose impotente,
    mi cólera se aplaca.

¿Qué culpa tienen, pobres hijas mías,
    si yo las hice
con sangre y alma?

Venid, tristezas de pupila turbia,
    venid, mis enlutadas,
las que viajáis por la infinita sombra,
    donde está todo
    lo que se ama.

Vosotras no engañáis: venid, tristezas,
    ¡oh mis criaturas blancas,
abandonadas por la madre impía,
    tan embustera
    por la esperanza!

Venid y habladme de las cosas idas
    de las tumbas que callan,
de muertos buenos y de ingratos vivos...
    Voy con vosotras,
    vamos a casa.

Ultima necat

¡Huyen los años como raudas naves!
¡rápidos huyen! Infecunda Parca
pálida espera. La salobre Estygia
calla dormida.

            ¡Voladores años!
¡Dado me fuera detener convulso,
horas fugaces, vuestra blanca veste!
Pasan las dichas y temblando llegan
mudos inviernos...

            Las fragantes rosas
mustias se vuelven, y el enhiesto cáliz

cae de la mano. Pensativa el alba
baja del monte. Los placeres todos
duermen rendidos...
                    En mis brazos flojos
Cintia descansa.

A un triste

¿Por qué de amor la barca voladora
con ágil mano detener no quieres
y esquivo menosprecias los placeres
de Venus, la impasible vencedora?

A no volver los años juveniles
huyen como saetas disparadas
por mano de invisible Sagitario;
triste vejez, como ladrón nocturno,
sorpréndenos sin guarda ni defensa,
y con la extremidad de su arma inmensa,
la copa del placer vuelca Saturno.

¡Aprovecha el minuto y el instante!
Hoy te ofrece rendida la hermosura
de sus hechizos el gentil tesoro,
y llamándote ufana en la espesura,
suelta Pomona sus cabellos de oro.

En la popa del barco empavesado
que navega veloz rumbo a Citeres,
de los amigos el clamor te nombra,
mientras, tendidas en la egipcia alfombra,
sus crótalos agitan las mujeres.

¡Deja, por fin, la solitaria playa,
y coronado de fragantes flores
descansa en la barquilla de las diosas!
¿Qué importa lo fugaz de los amores?
¡También expiran jóvenes las rosas!

Non omnis moriar

¡No moriré del todo, amiga mía!
De mi ondulante espíritu disperso,
algo en la urna diáfana del verso,
piadosa guardará la poesía.

¡No moriré del todo! Cuando herido
caiga a los golpes del dolor humano,
ligera tú, del campo entenebrido
levantarás al moribundo hermano.

Tal vez entonces por la boca inerme
que muda aspira la infinita calma,
oigas la voz de todo lo que duerme
¡con los ojos abiertos en mi alma!

Hondos recuerdos de fugaces días,
ternezas tristes que suspiran solas;
pálidas, enfermizas alegrías
sollozando al compás de las violas...

Todo lo que medroso oculta el hombre
se escapará, vibrante, del poeta,
en áureo ritmo de oración secreta
que invoque en cada cláusula tu nombre.

Y acaso adviertas que de modo extraño
suenan mis versos en tu oído atento,
y en el cristal, que con mi soplo empaño,
mires aparecer mi pensamiento.

Al ver entonces lo que yo soñaba,
dirás de mi errabunda poesía:
era triste, vulgar lo que cantaba...
¡mas qué canción tan bella la que oía!

Y porque alzo en tu recuerdo notas
del coro universal, vívido y almo;
y porque brillan lágrimas ignotas
en el amargo cáliz de mi salmo;

porque existe la Santa Poesía
y en ella irradias tú, mientras disperso
átomo de mi ser esconda el verso,
¡no moriré del todo, amiga mía!

A la corregidora

Al viejo primate, las nubes de incienso;
al héroe, los himnos; a Dios, el inmenso
de bosques y mares solemne rumor;
al púgil que vence, la copa murrina;
al mártir, las palmas; y a ti —la heroína—
las hojas de acanto y el trébol en flor.

Hay versos de oro y hay notas de plata;
mas busco, señora, la estrofa escarlata
que sea toda sangre, la estrofa oriental:
y húmedas, vivas, calientes y rojas,
a mí se me tienden las trémulas hojas
que en gráciles redes columpia el rosal.

¡Brotad, nuevas flores! ¡Surgid a la vida!
¡Despliega tus alas, gardenia entumida!
¡Botones, abríos! ¡oh mirtos, arded!
¡Lucid, amapolas, los ricos briales!
¡Exúberas rosas, los pérsicos chales
de sedas joyantes al aire tended!

¿Oís un murmullo que, débil, remeda
el frote friolento de cauda de seda
en mármoles tersos o limpio marfil?

¿Oís?... ¡Es la savia fecunda que asciende,
que hincha los tallos y rompe y enciende
los rojos capullos del príncipe Abril!

¡Oh noble señora! La tierra te canta
el salmo de vida, y a ti se levanta
el germen despierto y el núbil botón,
el lirio gallardo de cáliz erecto,
y fúlgido, leve, vibrando, el insecto
que rasga impaciente su blanda prisión.

La casta azucena, cual tímida monja,
inciensa tus aras; la dalia se esponja
como ave impaciente que quiere volar;
y astuta, prendiendo su encaje a la piedra,
en corvos festones circunda la yedra,
celosa y constante, señora, tu altar.

El chorro del agua con ímpetu rudo,
en alto su acero, brillante y desnudo,
bruñido su casco, rizado el airón,
y el iris por banda, buscándote salta
cual joven amante que brinca a la alta
velada cornisa de abierto balcón.

Venid a la fronda que os brinda hospedaje
¡oh pájaros raudos de rico plumaje!
Los nidos aguardan: ¡venid y cantad!
Cantad a la alondra que dijo al guerrero
el alba anunciando: «¡Desnuda tu acero,
despierta a los tuyos... Es hora... Marchad!».

JULIAN DEL CASAL

(Cuba, 1863-1893). De muy corta vida, como en general la de todos los primeros modernistas, y que interrumpiera bruscamente una hemoptisis, la de Casal estuvo profesionalmente dedicada al periodismo; aunque en su caso con notoria repugnancia, pues lo consideraba, por lo que entendía que eran sus pésimos efectos sobre el arte literario, «una institución nefasta». En publicaciones cubanas de la época —*El Fígaro, La Habana Elegante*— cultivó asiduamente la crónica social, sobre todo, y la crítica literaria y teatral. Fue también autor de «historias» y cuentos que él rotulaba de *amargos,* y los cuales son indispensables para comprender en profundidad su visión decadente y dolorosa de «la Vida, la insoportable, la implacable Vida». Por su personalidad, y por la tonalidad espiritual de su obra, hubiese podido figurar, con todos los derechos, entre *los raros* de Rubén Darío —quien le conoció personalmente en su breve paso por La Habana (1892), y le llamara, en justa apreciación poética de su atormentado mundo interior, «hondo y exquisito príncipe de melancolías» y «desdichado ruiseñor del bosque de la Muerte». Sólo salió de Cuba para un breve viaje a Europa, el cual voluntariamente tronchó antes de llegar a su ansiado París, que era la meta de tal viaje... para conservar *la última ilusión* (tema y título de uno de sus relatos). Se destacó también en el poema en prosa: originales o en traducciones que eran verdaderas recreaciones, principalmente de Catulle Mendès y de Baudelaire. A este último, el cubano le consideraba como «el más grande poeta de nuestros tiempos», y con él coincide en la visión pesimista y sombría ante la vida que la poesía de ambos refleja.

Por razones de su nervioso y desajustado temperamento personal, por la actitud de rebeldía violenta frente a su circunstancia histórico-biográfica (la sociedad culturalmente pobre de su «infortunada Cuba» colonial), y estimulado por sus lecturas de los escritores franceses de la época, en quienes buscaba lo que llevaba dentro, Casal representa, mejor que ninguna otra figura de su generación, el neorromanticismo decadente que, en toda la literatura occidental, marcó la sensibilidad *fin de siècle*. Su obra, en verso y prosa, estuvo signada así por la presencia del dolor y la muerte, el hastío y la inadaptación, la amargura y la impotencia, el ansia insaciable de evasión. Y en consecuencia, por la búsqueda desesperada de lo distante, lo extraño, *lo otro* —suma de impaciencias y frustraciones que se da cita apretada en su significativo poema «Nostalgias»: invitación al viaje, renuncia del viaje. Y en no menor grado le señaló también la tensión, de inmediata raíz bodeleriana, entre lo alto y lo bajo, el bien y el mal, lo divino y lo satánico, la plegaria y la blasfemia («Flores»), con una secreta complacencia ante lo irresoluble —lo irreductible— de esas oposiciones.

Por todo lo dicho, nada extraña que diera cabida en su verso, y con gran persistencia, a los motivos aparentemente más exteriores del decadentismo: el amor a los climas artificiales, lujosos y hasta enfermizos («Neurosis», «En el campo»); la recreación de situaciones o personajes ambiguos y exquisitos («Flores de éter»); variaciones sobre temas esteticistas y exóticos (Casal es uno de los responsables primeros de la introducción del *japonesismo* en la lírica modernista); y aun el regusto en lo sórdido, tétrico y sepulcral, que es aún más visible en sus narraciones.

Al servicio de esta visión decadente del mundo, asimilable a la de un *poeta maldito,* se dio siempre en él la voluntad de un arte extremadamente refinado y brillante. Esa voluntad se sostenía en la perfección plástica lograda por la línea precisa y los colores prestigiosos; el uso y abuso de materiales nobles (léase «Mis amores»); las descripciones impecables y distanciadas de realidades exteriores que le habían llegado por vías de la cultura o el arte —sus *Cromos españoles* («Una maja») o la serie de sonetos *Mi museo ideal* («Elena») que compusiera sobre cuadros del pintor simbolista francés Gustave Moreau, con quien sostuvo una larga correspondencia—; y muy especialmente, el sometimiento riguroso a las formas más estrictas (tan distintos uno del otro, Casal y Julio Herrera y Reissig son los dos sonetistas mayores del modernismo). Todo esto, obvio es indicarlo, lo abrevó el cubano en el Parnaso francés; y Verlaine, que ciertamente llegó a estimarle mucho, le anota como mayor reparo el hecho de que «los poetas que más han influido en él (Casal) son mis viejos amigos los parnasianos».

En protesta contra la mezquindad espiritual de su tiempo, y en actitud que es definito ia de muchos modernistas, asistimos así a la sustitución de la realidad *esta* por la realidad *otra* de la vivencia y la palabra artísticas, sustitución que no puede realizarse sin su cuota humana de sufrimiento. De aquí, como compensación, la necesidad de una confianza idealista e imperturbable, que de tan temprano sostiene a este poeta, en la supremacía que, sobre el *tedio profundo de la existencia,* pueden ofrecer siempre el arte y la poesía («El arte»). Y esa conjunción o dualidad que en Casal se da con mayor dramatismo tal vez que en sus contemporáneos de América —dualidad de dolor y belleza, de angustia del espíritu y hermosura del lenguaje— la resumió sabiamente Martí al hablar de «los versos tristes y joyantes» de su compatriota.

Sin embargo, a través de las opciones más característicamente decimonónicas que arriba han quedado apuntadas —pretendida objetividad parnasista, módulos mentales del decadentismo, sin olvidar los modos de dicción románticos que resultan aún abrumadores en su primer libro— se puede ir trazando en él algo de mayor potencialidad (y futuridad) estética: «el camino simbolista de Julián del Casal», como lo ha descrito Luis Antonio de Villena en un artículo de ese título. Por medio de lo que este crítico llama «la superación personalista del parnasismo», Casal logra que su intrínseca cosmovisión decadente-simbolista llegue incluso a conformarse expresivamente en un modo afín o asimilable al simbolismo, y situarse así en los umbrales de esta estética. Tratando temas históricos, presuntamente típicos del Parnaso («La muerte de Petronio»), o desarrollando asuntos paisajísticos («Crepuscular»), el poeta los convierte, valiéndose con frecuencia de esa interiorización de la realidad que favorece el impresionismo, en correlatos objetivadores de sus estados anímicos, dominados por aquellos sentimientos dolorosos que antes se han mencionado. Y por aquí llegará a las piezas que contienen los momentos de mayor sugerencia simbolista de su obra: «Las alamedas», «Tardes de lluvia» —donde al cabo son ya las lejanas y misteriosas voces, que desde el infinito hablan al espíritu, quienes definitivamente se instalan en esta poesía para atenuar la nitidez y luminosidad de los anteriores despliegues parnasistas.

En lo formal avanzó más que Martí y Gutiérrez Nájera en aquella renovación del verso castellano que señaló uno de los esfuerzos mayores del modernismo: flexibilización acentual del endecasílabo, maestría en el uso del decasílabo y sobre todo del eneasílabo, empleo del terceto monorrimo. En este aspecto, y también por el refinamiento y la elegancia de su lenguaje, la crítica coincide en ver a Julián del Casal como el poeta hispanoamericano que más originalmente anticipa el esplendor técnico y verbal de las *Prosas profanas* de Rubén Darío.

BIBLIOGRAFIA

OBRA POETICA

Hojas al viento (1890). *Nieve* (1892). *Bustos y rimas* (1893). *Poesías completas,* ed. Mario Cabrera Saqui (La Habana, Publicaciones del

Ministerio de Educación, 1945). *Poesías,* Edición del Centenario (La Habana, Consejo Nacional de Cultura, 1963). *The Poetry of Julián del Casal: A Critical Edition,* ed. Robert J. Glickman (Gainesville, The University Presses of Florida, 1976).

ESTUDIOS CRITICOS

Blanco-Fombona, Rufino: «Julián del Casal (1863-1893)», *El modernismo y los poetas modernistas* (véase Bibliografía General).

Cabrera, Rosa M.: *Julián del Casal. Vida y obra poética,* New York, Las Americas Publishing Co., 1970.

Figueroa, Esperanza: «Julián del Casal y el modernismo», *Revista Iberoamericana,* 59 (1965).

Figueroa, Esperanza: «Luz y sombra en la poesía casaliana», *J. del C., Estudios críticos sobre su obra,* coordinadora Gladys Zaldívar, Miami, Ediciones Universal, 1974.

Geada de Prulletti, Rita: «Bibliografía de y sobre J. del C.», *Revista Iberoamericana,* 32 (1966).

Geada y Fernández, J.J.: «Introducción», *Selección de poesías de Julián del Casal,* La Habana, Talleres de Cultura, 1931.

Lezama Lima, José: «Julián del Casal», en *Analecta del reloj, Obras completas,* vol. 2, México, Aguilar, 1977.

Meza Fuentes, R.: *De Díaz Mirón a Rubén Darío.* Santiago de Chile, Nascimento, 1940.

Monner Sans, J.M.: *Julián del Casal y el modernismo hispanoamericano,* México, Colegio de México, 1952.

Portuondo, José Antonio: *Angustia y evasión de Julián del Casal,* La Habana, Molina y Cía., 1937.

Schulman, Ivan A.: «Las estructuras polares en la obra de José Martí y J. del C.», *Génesis del modernismo* (véase Bibliografía General).

Villena, Luis Antonio de: «El camino simbolista de J. del C.», *El simbolismo,* ed. José Olivio Jiménez, Madrid, Taurus, 1979.

Vitier, Cintio: «Casal como antítesis de Martí», *Lo cubano en la poesía,* La Habana, Instituto del Libro, 1970.

Vitier, Cintio: «J. del C. en su centenario», *Estudios críticos,* La Habana, Biblioteca Nacional, 1964.

Zaldívar, Gladys: «Significación de la nostalgia de otro mundo en la poesía de J. del C.», *J. del C. Estudios críticos sobre su obra* (véase arriba).

SELECCION

De **Hojas al viento**

Mis amores

Soneto Pompadour

Amo el bronce, el cristal, las porcelanas,
las vidrieras de múltiples colores,
los tapices pintados de oro y flores
y las brillantes lunas venecianas.

Amo también las bellas castellanas,
la canción de los viejos trovadores,
los árabes corceles voladores,
las flébiles baladas alemanas,

el rico piano de marfil sonoro,
el sonido del cuerno en la espesura,
del pebetero la fragante esencia,

y el lecho de marfil, sándalo y oro,
en que deja la virgen hermosura
la ensangrentada flor de su inocencia.

El arte

Cuando la vida, como fardo inmenso,
pesa sobre el espíritu cansado

120

y ante el último Dios flota quemado
el postrer grano de fragante incienso;

cuando probamos, con afán intenso,
de todo amargo fruto envenenado
y el hastío, con rostro enmascarado,
nos sale al paso en el camino extenso;

el alma grande, solitaria y pura
que la mezquina realidad desdeña,
halla en el Arte dichas ignoradas,

como el alción, en fría noche oscura,
asilo busca en la musgosa peña
que inunda el mar azul de olas plateadas.

De *Nieve*

La agonía de Petronio

Tendido en la bañera de alabastro
donde serpea el purpurino rastro
de la sangre que corre de sus venas,
yace Petronio, el bardo decadente,
mostrando coronada la ancha frente
de rosas, terebintos y azucenas.

Mientras los magistrados le interrogan,
sus jóvenes discípulos dialogan
o recitan sus dáctilos de oro,
y al ver que aquéllos en tropel se alejan
ante el maestro ensangrentado dejan
caer las gotas de su amargo lloro.

Envueltas en sus peplos vaporosos
y tendidos los cuerpos voluptuosos

en la muelle extensión de los triclinios,
alrededor, sombrías y livianas,
agrúpanse las bellas cortesanas
que habitan del imperio en los dominios.

Desde el baño fragante en que aún respira,
el bardo pensativo las admira,
fija en la más hermosa la mirada
y le demanda, con arrullo tierno,
la postrimera copa de falerno
por sus marmóreas manos escanciada.

Apurando el licor hasta las heces,
enciende las mortales palideces
que oscurecían su viril semblante,
y volviendo los ojos inflamados
a sus fieles discípulos amados
háblales triste en el postrer instante,

hasta que heló su voz mortal gemido,
amarilleó su rostro consumido,
frío sudor humedeció su frente,
amoratáronse sus labios rojos,
densa nube empañó sus claros ojos,
el pensamiento abandonó su mente.

Y como se doblega el mustio nardo,
dobló su cuello el moribundo bardo,
libre por siempre de mortales penas
aspirando en su lánguida postura
del agua perfumada la frescura
y el olor de la sangre de sus venas.

Elena

Luz fosfórica entreabre claras brechas
en la celeste inmensidad, y alumbra

del foso en la fatídica penumbra
cuerpos hendidos por doradas flechas.

Cual humo frío de homicidas mechas
en la atmósfera densa se vislumbra
vapor disuelto que la brisa encumbra
a las torres de Ilión, escombros hechas.

Envuelta en veste de opalina gasa,
recamada de oro, desde el monte
de ruinas hacinadas en el llano,

indiferente a lo que en torno pasa,
mira Elena hacia el lívido horizonte,
irguiendo un lirio en la rosada mano.

Una maja

Muerden su pelo negro, sedoso y rizo,
los dientes nacarados de alta peineta
y surge de sus dedos la castañeta
cual mariposa negra de entre el granizo.

Pañolón de Manila, fondo pajizo,
que a su talle ondulante firme sujeta,
echa reflejos de ámbar, rosa y violeta
moldeando de sus carnes todo el hechizo.

Cual tímidas palomas por el follaje,
asoman sus chapines bajo su traje
hecho de blondas negras y verde raso,

y al choque de las copas de manzanilla
riman con los tacones la seguidilla,
perfumes enervantes dejando al paso.

Paisaje espiritual

Perdió mi corazón el entusiasmo
al penetrar en la mundana liza,
cual la chispa al caer en la ceniza
pierde el ardor en fugitivo espasmo.

Sumergido en estúpido marasmo
mi pensamiento atónito agoniza
o, al revivir, mis fuerzas paraliza
mostrándome en la acción un vil sarcasmo.

Y aunque no endulcen mi infernal tormento
ni la Pasión, ni el Arte, ni la Ciencia,
soporto los ultrajes de la suerte,

porque en mi alma desolada siento
el hastío glacial de la existencia
y el horror infinito de la muerte.

Flores

Mi corazón fue un vaso de alabastro
donde creció, fragante y solitaria,
bajo el fulgor purísimo de un astro
una azucena blanca: la plegaria.

Marchita ya esa flor de suave aroma,
cual virgen consumida por la anemia,
hoy en mi corazón su tallo asoma
una adelfa purpúrea: la blasfemia.

Vespertino

I

Agoniza la luz. Sobre los verdes
montes alzados entre brumas grises,
parpadea el lucero de la tarde
cual la pupila de doliente virgen
en la hora final. El firmamento
que se despoja de brillantes tintes
aseméjase a un ópalo grandioso
engastado en los negros arrecifes
de la playa desierta. Hasta la arena
se va poniendo negra. La onda gime
por la muerte del sol y se adormece
lanzando al viento sus clamores tristes.

II

En un jardín, las áureas mariposas
embriagadas están por los sutiles
aromas de los cálices abiertos
que el sol espolvoreaba de rubíes,
esmeraldas, topacios, amatistas
y zafiros. Encajes invisibles
extienden en silencio las arañas
por las ramas nudosas de las vides
cuajadas de racimos. Aletean
los flamencos rosados que se irguen
después de picotear las fresas rojas
nacidas entre pálidos jazmines.
Graznan los pavos reales.
                                        Y en un banco
de mármoles bruñidos, que recibe
la sombra de los árboles coposos,
un joven soñador está muy triste,
viendo que el aura arroja en un estanque

125

jaspeado de metálicos matices,
los pétalos fragantes de los lirios
y las plumas sedosas de los cisnes.

Nostalgias

I

Suspiro por las regiones
donde vuelan los alciones
    sobre el mar,
y el soplo helado del viento
parece en su movimiento
    sollozar;

donde la nieve que baja
del firmamento, amortaja
    el verdor

de los campos olorosos
y de ríos caudalosos
    el rumor;

donde ostenta siempre el cielo,
a través de aéreo velo,
    color gris;
es más hermosa la luna
y cada estrella más que una
    flor de lis.

II

Otras veces sólo ansío
bogar en firme navío
    a existir
en algún país remoto,
sin pensar en el ignoto
    porvenir.

Ver otro cielo, otro monte,
otra playa, otro horizonte,
    otro mar,
otros pueblos, otras gentes
de maneras diferentes
    de pensar.

¡Ah! si yo un día pudiera
con qué júbilo partiera
    para Argel,
donde tiene la hermosura
el color y la frescura
    de un clavel.

Después fuera en caravana
por la llanura africana
    bajo el sol
que, con sus vivos destellos,
pone un tinte a los camellos
    tornasol.

Y cuando el día expirara
mi árabe tienda plantara
    en mitad
de la llanura ardorosa
inundada de radiosa
    claridad.
Cambiando de rumbo luego,
dejara el país del fuego
    para ir
hasta el imperio florido
en que el opio da el olvido
    del vivir.

Vegetara allí contento
de alto bambú corpulento
    junto al pie,
o aspirando en rica estancia
la embriagadora fragancia
    que da el té.

De la luna al claro brillo
iría al Río Amarillo
    a esperar
la hora en que, el botón roto,
comienza la flor del loto
    a brillar.

O mi vista deslumbrara
tanta maravilla rara
    que el buril
de artista, ignorado y pobre,
graba en sándalo o en cobre
    o en marfil.

Cuando tornara el hastío
en el espíritu mío
    a reinar,
cruzando el inmenso piélago
fuera a taitiano archipiélago
    a encallar.

A aquél en que vieja historia
asegura a mi memoria
    que se ve
el lago en que un hada peina
los cabellos de la reina
    Pomaré.

Así errabundo viviera
sintiendo toda quimera
    rauda huir,
y hasta olvidando la hora
incierta y aterradora
    de morir.

III

Mas no parto. Si partiera
al instante yo quisiera
    regresar.
¡Ay! ¿Cuándo querrá el destino
que yo pueda en mi camino
    reposar?

Flores de éter

A la memoria de Luis II
de Baviera

Rey solitario como la aurora,
rey misterioso como la nieve,
¿en qué mundo tu espíritu mora?
¿Sobre qué cimas sus alas mueve?
¿Vive con diosas en una estrella
como guerrero con sus cautivas,
o está en la tumba —blanca doncella
bajo coronas de siemprevivas?...

Aún eras niño, cuando sentías,
como legado de tus mayores,
esas tempranas melancolías
de los espíritus soñadores,
y huyendo lejos de los palacios
donde veías morir tu infancia,
te remontabas a los espacios
en que esparcíase la fragancia
de los ensueños que, hora tras hora,
minando fueron tu vida breve,
rey solitario como la aurora,
rey misterioso como la nieve.

Si así tu alma gozar quería
y a otras regiones arrebatarte,
un bajel tuvo: la Fantasía,
y un mar espléndido: el mar del Arte.
¡Cómo veías sobre sus ondas
temblar las luces de nuevos astros
que te guiaban a las Golcondas
donde no hallabas del hombre rastros;
y allí sintiendo raros deleites
tu alma encontraba deliquios santos,

como en los tintes de los afeites
las cortesanas frescos encantos!
Por eso mi alma la tuya adora
y recordándola se conmueve,
rey solitario como la aurora,
rey misterioso como la nieve.

Colas abiertas de pavos reales,
róseos flamencos en la arboleda,
fríos crepúsculos matinales,
áureos dragones en roja seda,
verdes luciérnagas en las lilas,
plumas de cisnes alabastrinos,
sonidos vagos de las esquilas,
sobre hombros blancos encajes finos,
vapor de lago dormido en calma,
mirtos fragantes, nupciales tules,
nada más bello fue que tu alma
hecha de vagas nieblas azules
y que a la mía sólo enamora
de las del siglo décimo nueve,
rey solitario como la aurora,
rey misterioso como la nieve.

Aunque sentiste sobre tu cuna
caer los dones de la existencia,
tú no gozaste de dicha alguna
más que en los brazos de la Demencia.
Halo llevabas de poesía
y más que el brillo de tu corona
a los extraños les atraía
lo misterioso de tu persona
que apasionaba nobles mancebos,
porque ostentabas en formas bellas
la gallardía de los efebos
con el recato de las doncellas.

Tedio profundo de la existencia,
sed de lo extraño que nos tortura,
de viejas razas mortal herencia,
de realidades afrenta impura,
visión sangrienta de la neurosis,
delicuescencia de las pasiones,
entre fulgores de apoteosis
tu alma llevaron a otras regiones
donde gloriosa ciérnese ahora
y eterna dicha sobre ella llueve,
rey solitario como la aurora,
rey misterioso como la nieve.

De **Bustos y rimas**

Crepuscular

Como vientre rajado sangra el ocaso,
manchando con sus chorros de sangre humeante
de la celeste bóveda el azul raso,
de la mar estañada la onda espejeante.

Alzan sus moles húmedas los arrecifes
donde el chirrido agudo de las gaviotas,
mezclado a los crujidos de los esquifes,
agujerea el aire de extrañas notas.

Va la sombra extendiendo sus pabellones,
rodea el horizonte cinta de plata,
y, dejando las brumas hechas jirones,
parece cada faro flor escarlata.

Como ramos que ornaron senos de ondinas
y que surgen nadando de infecto lodo,
vagan sobre las ondas algas marinas
impregnadas de espumas, salitre y yodo.

Abrense las estrellas como pupilas,
imitan los celajes negruzcas focas
y, extinguiendo las voces de las esquilas,
pasa el viento ladrando sobre las rocas.

Sourimono

Como rosadas flechas de aljabas de oro
vuelan de los bambúes finos flamencos,
poblando de graznidos el bosque mudo,
rompiendo de la atmósfera los níveos velos.

El disco anaranjado del sol poniente
que sube tras la copa de arbusto seco,
finge un nimbo de oro que se desprende
del cráneo amarfilado de un bonzo yerto.

Y las ramas erguidas de los juncales
cabecean al borde de los riachuelos,
como el soplo del aura sobre la playa
los mástiles sin velas de esquifes viejos.

Las alamedas

Adoro las sombrías alamedas
donde el viento al silbar entre las hojas
oscuras de las verdes arboledas,
imita de un anciano las congojas;

donde todo reviste vago aspecto
y siente el alma que el silencio encanta,
más suave el canto del nocturno insecto,
más leve el ruido de la humana planta;

donde el caer de erguidos surtidores
las sierpes de agua en las marmóreas tazas,
ahogan con su canto los rumores
que aspira el viento en las ruidosas plazas;

donde todo se encuentra adolorido
o halla la savia de la vida acerba,
desde el gorrión que pía entre su nido
hasta la brizna lánguida de yerba;

donde, al fulgor de pálidos luceros,
la sombra transparente del follaje
parece dibujar en los senderos
negras mantillas de sedoso encaje;

donde cuelgan las lluvias estivales
de curva rama diamantino arco,
teje la luz deslumbradores chales
y fulgura una estrella en cada charco.

Van allí, con sus tristes corazones,
pálidos seres de sonrisa mustia,
huérfanos para siempre de ilusiones
y desposados con la eterna angustia.

Allí, bajo la luz de las estrellas,
errar se mira al soñador sombrío
que en su faz lleva las candentes huellas
de la fiebre, el insomnio y el hastío.

Allí en un banco, humilde sacerdote
devora sus pesares solitarios,
como el marino que en desierto islote
echaron de la mar vientos contrarios.

Allí el mendigo, con la alforja al hombro,
doblado el cuello y las miradas bajas,
retratado en sus ojos el asombro,
rumia de los festines las migajas.

Allí una hermosa, con cendal de luto,
aprisionado por brillante joya,
de amor aguarda el férvido tributo
como una dama típica de Goya.

Allí del gas a las cobrizas llamas
no se descubren del placer los rastros
y a través del calado de las ramas
más dulce es la mirada de los astros.

Neurosis

Noemí, la pálida pecadora
de los cabellos color de aurora
y las pupilas de verde mar,
entre cojines de raso lila,
con el espíritu de Dalila,
deshoja el cáliz de un azahar.

Arde a sus plantas la chimenea
donde la leña chisporrotea
lanzando en torno seco rumor,
y alzada tiene su tapa el piano
en que vagaba su blanca mano
cual mariposa de flor en flor.

Un biombo rojo de seda china
abre sus hojas en una esquina
con grullas de oro volando en cruz,
y en curva mesa de fina laca
ardiente lámpara se destaca
de la que surge rosada luz.

Blanco abanico y azul sombrilla,
con unos guantes de cabritilla
yacen encima del canapé,
mientras en taza de porcelana,

hecha con tintes de la mañana,
humea el alma verde del té.

Pero ¿qué piensa la hermosa dama?
¿Es que su príncipe ya no la ama
como en los días de amor feliz,
o que en los cofres del gabinete
ya no conserva ningún billete
de los que obtuvo por un desliz?

¿Es que la rinde cruel anemia?
¿Es que en sus búcaros de Bohemia
rayos de luna quiere encerrar,
o que, con suave mano de seda,
del blanco cisne que amaba Leda
ansía las plumas acariciar?

¡Ay! es que en horas de desvarío
para consuelo del regio hastío
que en su alma esparce quietud mortal,
un sueño antiguo le ha aconsejado
beber en copa de ónix labrado
la roja sangre de un tigre real.

En el campo

Tengo el impuro amor de las ciudades,
y a este sol que ilumina las edades
prefiero yo del gas las claridades.

A mis sentidos lánguidos arroba,
más que el olor de un bosque de caoba,
el ambiente enfermizo de una alcoba.

Mucho más que las selvas tropicales,
plácenme los sombríos arrabales
que encierran las vetustas capitales.

A la flor que se abre en el sendero,
como si fuese terrenal lucero,
olvido por la flor de invernadero.

Más que la voz del pájaro en la cima
de un árbol todo en flor, a mi alma anima
la música armoniosa de una rima.

Nunca a mi corazón tanto enamora
el rostro virginal de una pastora
como un rostro de regia pecadora.

Al oro de la mies en primavera,
yo siempre en mi capricho prefiriera
el oro de teñida cabellera.

No cambiara sedosas muselinas
por los velos de nítidas neblinas
que la mañana prende en las colinas.

Más que al raudal que baja de la cumbre,
quiero oír a la humana muchedumbre
gimiendo en su perpetua servidumbre.

El rocío que brilla en la montaña
no ha podido decir a mi alma extraña
lo que el llanto al bañar una pestaña.

Y el fulgor de los astros rutilantes
no trueco por los vívidos cambiantes
del ópalo, la perla o los diamantes.

Tardes de lluvia

Bate la lluvia la vidriera
y las rejas de los balcones,
donde tupida enredadera
cuelga sus floridos festones.

Bajo las hojas de los álamos
que estremecen los vientos frescos,
piar se escucha entre sus tálamos
a los gorriones picarescos.

Abrillántanse los laureles,
y en la arena de los jardines
sangran corolas de claveles,
nievan pétalos de jazmines.

Al último fulgor del día
que aún el espacio gris clarea,
abre su botón la peonía,
cierra su cáliz la ninfea.

Cual los esquifes en la rada
y reprimiendo sus arranques,
duermen los cisnes en bandada
a la margen de los estanques.

Parpadean las rojas llamas
de los faroles encendidos,
y se difunden por las ramas
acres olores de los nidos.

Lejos convoca la campana,
dando sus toques funerales,
a que levante el alma humana
las oraciones vesperales.

Todo parece que agoniza
y que se envuelve lo creado
en un sudario de ceniza
por la llovizna adiamantado.

Yo creo oír lejanas voces
que, surgiendo de lo infinito,
iníncianme en extraños goces
fuera del mundo en que me agito.

Veo pupilas que en las brumas
dirígenme tiernas miradas,
como si de mis ansias sumas
ya se encontrasen apiadadas.

Y, a la muerte de estos crepúsculos,
siento, sumido en mortal calma,
vagos dolores en los músculos,
hondas tristezas en el alma.

JOSE ASUNCION SILVA

(Colombia, 1865-1896). Con la excepción de algunas breves temporadas en el extranjero —en Europa (París, Suiza y Londres) y en Venezuela, como secretario de la Legación de su país en Caracas—, la vida de Silva transcurre en el ambiente cerrado y nada estimulante del Bogotá de sus años. De ningún modo un neurótico, pero sí un desajustado y un inconforme, su existencia estuvo marcada por el fracaso y las frustraciones: continuas ruinas en sus empeños comerciales, en los cuales ha de actuar para salvar los negocios de la familia; la muerte de su querida hermana Elvira (a quien va dedicado el famosísimo «Nocturno»); el naufragio de un barco en el que viajaba, al regreso de Venezuela, y donde pierde «lo mejor de mi obra»; la hostilidad de una sociedad estrecha («José Presunción», le llamaban) que le obliga, por pudor y altivez, a casi esconder su vocación literaria. Todo ello, obrando sobre un espíritu sensible en alto grado, culminó en el temprano suicidio —antes de cumplir los treinta y un años—, sin que su genio poético hubiese llegado a madurar plenamente. A pesar de que aún en vida algunas de sus composiciones fueron muy populares, publicó poco; y la primera edición de su obra poética, parcial y muy adulterada, es póstuma, de 1908 (realizada en Barcelona, con un prólogo fervoroso de su gran admirador Miguel de Unamuno).

De su breve labor en prosa hay que destacar el cultivo de las *transposiciones artísticas* —donde la palabra intenta expresar los matices del claroscuro y el color—, de tan fecunda práctica en la literatura modernista posterior. Incursionó en la narrativa: *De sobremesa,* escrito en forma de diario íntimo, más que una novela, es un libro que hay que leer como el testimonio atormentado pero impecable de aquel «fin de siglo angustioso», como allí lo calificara justamente su autor. En sus páginas, de mucho interés para calar en la visión del mundo de Silva, están las conflictivas reacciones, y las contradicciones esperables, de un protagonista sufridor de los innúmeros problemas —de todo tipo: artísticos, morales, religiosos y aún políticos— que aquel tiempo de crisis planteaba al espíritu del hombre finisecular americano.

Su producción poética conservada, no abundante, ha venido a quedar agrupada en tres núcleos muy distintivos: *El libro de versos,* lo más granado de esa producción —el mejor Silva—, que él mismo ordenó y tituló; *Gotas amargas,* conjunto que parece tenía destinado a mantener siempre inédito; y *Versos varios,* miscelánea del resto de su obra. Entre las diferentes opciones estéticas que convergen y se entrecruzan en el período modernista, este poeta colombiano apenas aparece tocado por el parnasismo y aún menos por el preciosismo exterior que tanto proliferó en los comienzos de la década del 1890 (léase su satírica «Sinfonía de color de fresa en leche»). Por el contrario, su temperamento poético, y sus lecturas y preferencias —principalmente Poe, Bécquer, el Martí de *Ismaelillo* (presente en su poema «Mariposas»), y otras que más adelante se mencionarán— hacen de Silva el poeta de su generación que más intuitivamente, y con mayor lucidez crítica a la vez, se entra en el ámbito del simbolismo. José Fernández, su alter ego en *De sobremesa,* define su poesía como «la tentativa mediocre de decir en nuestro idioma las sensaciones enfermizas y de sentimientos complicados que en formas perfectas expresaron en los suyos Baudelaire y Rossetti, Verlaine y Swinburne» (definición y nómina que incluyen algunas notas decadentistas, inseparables del simbolismo en sus inicios, y que revelan también el conocimiento por parte de Silva de algunos nombres capitales en otro de los *ismos* que se manifiesta en su obra: el prerrafaelismo). O propone, ya más concretamente, algo en sí de naturaleza simbolista pero que la modernidad acentuará por cuanto literalmente reclama la participación activa de un lector-colaborador: «Es que yo no quiero decir sino *sugerir* (el subrayado es suyo) y para que la sugestión se produzca es preciso que el lector sea un artista». Como los simbolistas, y como todos los modernistas que a aquéllos siguieron, profesó un respeto sagrado al ejercicio de la poesía: para él, dirá, *el verso es vaso santo* («Ars»); y hasta desplegó, en pareados alejandrinos de dicción e intencionalidad característicamente modernistas, una poética *(de arte nervioso y nuevo)* que resume la naturaleza novadora y sincrética de este modo de sensibilidad y expresividad, pero con claro énfasis en el ocultamiento y la sugestión propios del simbolismo («Un poema»).

Y es en la atmósfera de la estética simbolista, con su gusto por la expresión misteriosa, vaga, sugerente y de cadenciosa musicalidad, donde hay que inscribir sus más intensos momentos poéticos, teñidos de una profunda vibración elegíaca. Esos momentos aparecen dominados temáticamente por la obsesión del tiempo, el recuerdo y la muerte, y devueltos simbólicamente en un aura condicionada de veladuras y de sombras. Son sus conocidas elegías personales «Poeta, di paso...», y «Nocturno» *(Una noche...)*. O las elegías de alcance universal: el no menos impresionante y contrapuntístico, por la sutil irrupción de la ironía, «Día de difuntos», que es un espléndido ejercicio de polimetría. Y a la fusión de su romanticismo esencial y su capacidad ya simbolista de depuración poética, cabe adscribir también dos voliciones señaladas de Silva: el refugio en las cosas frágiles y en las cosas viejas, embellecidas y dignificadas por el tiempo («La voz de las cosas», «Vejeces»); y el regreso al mundo ideal de la pureza que únicamente en la niñez se da («Infancia», «Los maderos de San Juan»).

Y al lado de todo ello —o mejor, en el reverso—, su contracara. Recortados sobre tal fondo elegíaco (la nada: única verdad), los esfuerzos y las acciones de los hombres, vistos realísticamente, son gestos dignos sólo de ser dibujados en inversión paródica y en trazos sarcásticos o caricaturescos. Y surge entonces la sátira: *Gotas amargas,* donde las presencias son muy otras: Heine, Bartrina, Campoamor. De valor poético ciertamente muy inferior, estos textos no dejan de tener una relevante significación histórica: de un lado, porque fueron escritos en el corazón de la época modernista y acreditan así la carga contradictoria de posibilidades que la misma permitía (además de que reflejan fielmente el profundo escepticismo del autor); y de otro, porque adelantan, en opinión compartible de Eduardo Camacho Guizado, toda la caudalosa corriente de antipoesía que conocerá nuestro siglo.

De todos los poetas modernistas es Silva quien, por las vicisitudes de sus manuscritos y las irregularidades consecuentes de las primeras publicaciones, presenta mayores problemas y dificultades textuales. En la reproducción de sus poemas se ha seguido aquí la lectura propuesta por el crítico recién citado, Camacho Guizado, y por Gustavo Mejía, en la cuidadosa edición que ambos han realizado de la *Obra completa* de Silva, y la cual se consigna en la Bibliografía. (Agradezco al profesor Mejía el haber podido consultar el original de esa edición, libre de algunas erratas con que pasó al libro).

BIBLIOGRAFIA

OBRA POÉTICA

Poesías, pról. de Miguel de Unamuno (Barcelona, Editorial Maucci, 1908); nueva edición corregida, 1918. *Poesías completas,* ed. Camilo de Brigard Silva (Madrid, Aguilar, 1951); reediciones, 1953 y 1963. *Obras completas,* pról. M. de Unamuno y notas de Baldomero Sanín Cano (Bogotá, Banco de la República, 1965). *Obra completas,* ed. Héctor Orjuela (Buenos Aires, Plus Ultra, 1968). *Poesías,* ed. Héc-

tor Orjuela (Bogotá, Cosmos, 1973). *Obra completa,* pról. Eduardo
Camacho Guizado, ed. E.G.G. y Gustavo Mejía (Caracas, Biblioteca
Ayacucho, 1977).

ESTUDIOS CRÍTICOS

Alvarado Tenorio, Harold: *José Asunción Silva,* Bogotá, Ediciones
Centro Colombo-Americano, 1982.

Anderson, Roland: «Naturaleza, música y misterio: Teoría poética
de J.A.S.», *La Torre, 61 (1968).*

Camacho Guizado, Eduardo: *La poesía de José Asunción Silva,* Bogotá, Universidad de los Andes, 1968.

Carrier, W.P.: «Baudelaire y Silva», *Revista Iberoamericana,* 7, 13
(1943).

Foguelquist, Donald F.: «J.A.S. y Heinrich Heine», *Revista Hispánica Moderna,* 20, 4 (1954).

García Prada, Carlos: «J.A.S. y su obra poética», *Estudios hispanoamericanos,* México, El Colegio de México, 1945.

Ghiano, Juan Carlos: *José Asunción Silva,* Buenos Aires, Centro Editor de América Latina, 1967.

Gicovate, Bernardo: «Escritura y significado en la poesía de J.A.S.»,
Revista Iberoamericana, 24, 48 (1959).

Goldberg, Rita: «El silencio en la poesía de J.A.S.», *Revista Hispánica Moderna,* 32 (1966).

Liévano, Roberto: *En torno a Silva;* selección de estudios e investiga-
ciones sobre la obra del poeta. Bogotá, El Gráfico, 1946.

Miramón, Alberto: *José Asunción Silva: Ensayo biográfico con do-
cumentos inéditos,* Bogotá, Imprenta Nacional, 1937.

Ossiek, Betty Tyree: *José Asunción Silva,* México, Ediciones de Andrea, 1968.

Picon Garfield, Evelyn: «La musicalidad en la poesía de J.A.S.», *Revista de Estudios Hispánicos,* 3, 2 (1969).

Rivas, Raimundo: «Influencias literarias en J.A.S.», *Revista Nacional* (Montevideo), 11 (1940).

Roggiano, Alfredo A.: «J.A.S. (aspecto de su vida y de su obra)»,
Cuadernos Hispanoamericanos, 9 (1949).

Roggiano, Alfredo A.: «La obsesión de lo imposible en la poesía de

J.A.S.», *Revista de lenguas y literaturas* (Tucumán), 1, 1 (1949).

Sanín Cano. Baldomero: «J.A.S.», *Letras colombianas,* México, Fondo de Cultura Económica, 1944.

Schrader, Ludwig: «Las impresiones sensoriales y los elementos sinestésicos en la obra de J.A.S. Influencias francesas e italianas». *Romanistisches Jahrbuch,* Sonderdruck, Hamburg, 19 (1968).

Schulman, Ivan A.: «Tiempo e imagen en la poesía de J.A.S.», *Génesis del modernismo* (véase Bibliografía General).

Smith, Mark I.: *José Asunción Silva: Contexto y estructura de su obra,* Bogotá, Ediciones Tercer Mundo, 1981.

Torres-Rioseco, Arturo: «Las teorías poéticas de Poe y el caso de J.A.S.», *Ensayos sobre literatura latinoamericana,* Berkeley and los Angeles, University of California Press, 1953.

SELECCION

De ***El libro de versos***

Infancia

> *Esos recuerdos con olor de helecho*
> *son el idilio de la edad primera.*

G.G.G.

Con el recuerdo vago de las cosas
que embellecen el tiempo y la distancia,
retornan a las almas cariñosas,
cual bandada de blancas mariposas,
los plácidos recuerdos de la infancia.

¡Caperucita, Barba Azul, pequeños
liliputienses, Gulliver gigante
que flotáis en las brumas de los sueños,
aquí tended las alas,
que yo con alegría
llamaré para haceros compañía
al ratoncito Pérez y a Urdimalas!

¡Edad feliz! Seguir con vivos ojos,
donde la idea brilla,
de la maestra la cansada mano
sobre los grandes caracteres rojos
de la rota cartilla,
donde el esbozo de un bosquejo vago,
fruto de instantes de infantil despecho,
las separadas letras juntas puso
bajo la sombra de impasible techo.

En alas de la brisa
del luminoso Agosto, blanca, inquieta
a la región de las errantes nubes
hacer que se levante la cometa
en húmeda mañana;
con el vestido nuevo hecho jirones,
en las ramas gomosas del cerezo
el nido sorprender de copetones;
escuchar de la abuela
las sencillas historias peregrinas;
perseguir las errantes golondrinas;
abandonar la escuela
y organizar horrísona batalla
en donde hacen las piedras de metralla
y el ajado pañuelo de bandera;
componer el pesebre
de los silos del monte levantados;
tras el largo paseo bullicioso
traer la grama leve,
los corales, el musgo codiciado,
y en extraños paisajes peregrinos
y perspectivas nunca imaginadas,
hacer de áureas arenas los caminos
y del talco brillante las cascadas.
Los reyes colocar en la colina
y colgada del techo
la estrella que sus pasos encamina,
y en el portal el Niño-Dios riente

sobre mullido lecho
de musgo gris y verdecino helecho.

¡Alma blanca, mejillas sonrosadas,
cutis de níveo armiño,
cabellera de oro,
ojos vivos de plácidas miradas,
cuán bello hacéis al inocente niño!

Infancia, valle ameno,
de calma y de frescura bendecida,
donde es süave el rayo
que abrasa el resto de la vida
¡cómo es de santa tu inocencia pura,
cómo tus breves dichas transitorias,
cómo es de dulce en horas de amargura
dirigir al pasado la mirada
y evocar tus memorias!

Los maderos de San Juan

¡Aserrín!
¡Aserrán!
Los maderos de San Juan,
piden queso, piden pan,
los de Roque
alfandoque,
los de Rique
alfeñique
¡los de Triqui, triqui, tran!

Y en las rodillas duras y firmes de la Abuela,
con movimiento rítmico se balancea el niño
y ambos agitados y trémulos están;
la Abuela se sonríe con maternal cariño
mas cruza por su espíritu como un temor extraño
por lo que en lo futuro, de angustia y desengaño
los días ignorados del nieto guardarán.

Los maderos de San Juan
piden queso, piden pan.
　　¡Triqui, triqui,
　　triqui, tran!

Esas arrugas hondas recuerdan una historia
de sufrimientos largos y silenciosa angustia
y sus cabellos, blancos, como la nieve, están.
De un gran dolor el sello marcó la frente mustia
y son sus ojos turbios espejos que empañaron
los años, y que, ha tiempos, las formas reflejaron
de cosas y de seres que nunca volverán.
　　Los de Roque, alfandoque
　　¡Triqui, triqui, triqui, tran!

Mañana cuando duerma la Anciana, yerta y muda,
lejos del mundo vivo, bajo la oscura tierra,
donde otros, en la sombra, desde hace tiempo están,
del nieto a la memoria, con grave son que encierra
todo el poema triste de la remota infancia,
cruzando por las sombras del tiempo y la distancia,
¡de aquella voz querida las notas vibrarán!

　　Los de Rique, alfeñique
　　¡Triqui, triqui, triqui, tran!

Y en tanto en las rodillas cansadas de la Abuela
con movimiento rítmico se balancea el niño
y ambos conmovidos y trémulos están;
la Abuela se sonríe con maternal cariño
mas cruza por su espíritu como un temor extraño
por lo que en lo futuro, de angustia y desengaño
los días ignorados del nieto guardarán.

　　¡Aserrín!
　　¡Aserrán!

Los maderos de San Juan
piden queso, piden pan,
    los de Roque
    alfandoque
    los de Rique
    alfeñique
¡Triqui, triqui, triqui, tran!
¡Triqui, triqui, triqui, tran!

Poeta, di paso

    ¡Poeta, di paso
    los furtivos besos! ...

¡La sombra! ¡Los recuerdos! La luna no vertía
allí ni un solo rayo... Temblabas y eras mía.
Temblabas y eras mía bajo el follaje espeso;
una errante luciérnaga alumbró nuestro beso,
el contacto furtivo de tus labios de seda...
La selva negra y mística fue la alcoba sombría...
En aquel sitio el musgo tiene olor de reseda...
Filtró luz por las ramas cual si llegara el día...
entre las nieblas pálidas la luna aparecía...

    ¡Poeta, di paso
    los íntimos besos!

¡Ah, de las noches dulces me acuerdo todavía!
En señorial alcoba, do la tapicería
amortiguaba el ruido con sus hilos espesos,
desnuda tú en mis brazos fueron míos tus besos;
tu cuerpo de veinte años entre la roja seda,
tus cabellos dorados y tu melancolía,
tus frescuras de virgen y tu olor de reseda...
apenas alumbraba la lámpara sombría
los desteñidos hilos de la tapicería.

¡Poeta, di paso
el último beso!

¡Ah, de la noche trágica me acuerdo todavía!
El ataúd heráldico en el salón yacía,
¡mi oído fatigado por vigilias y excesos,
sintió como a distancia los monótonos rezos!
Tú, mustia, yerta y pálida entre la negra seda,
la llama de los cirios temblaba y se movía,
perfumaba la atmósfera un olor de reseda,
un crucifijo pálido los brazos extendía
¡y estaba helada y cárdena tu boca que fue mía!

Nocturno

Una noche,
una noche toda llena de perfumes, de murmullos y de música de alas,
una noche,
en que ardían en la sombra nupcial y húmeda, las luciérnagas fantásticas,
a mi lado, lentamente, contra mí ceñida, toda,
muda y pálida
como si un presentimiento de amarguras infinitas,
hasta el fondo más secreto de tus fibras te agitara,
por la senda que atraviesa la llanura florecida
caminabas,
y la luna llena
por los cielos azulosos, infinitos y profundos esparcía su luz blanca,
y tu sombra,
fina y lánguida,
y mi sombra
por los rayos de la luna proyectada,
sobre las arenas tristes
de la senda se juntaban
y eran una
y eran una
¡y eran una sola sombra larga!
¡Y eran una sola sombra larga!

¡Y eran una sola sombra larga!

      Esta noche
      solo, el alma
llena de las infinitas amarguras y agonías de tu muerte,
separado de ti misma, por la sombra, por el tiempo y la distancia,
      por el infinito negro,
      donde nuestra voz no alcanza,
      solo y mudo
      por la senda caminaba,
y se oían los ladridos de los perros a la luna,
      a la luna pálida
      y el chillido
      de las ranas...
Sentí frío; ¡era el frío que tenían en la alcoba
tus mejillas y tus sienes y tus manos adoradas,
      entre las blancuras níveas
      de las mortüorias sábanas!
Era el frío del sepulcro, era el frío de la muerte,
      era el frío de la nada...
      Y mi sombra
      por los rayos de la luna proyectada,
        iba sola
        iba sola
      ¡iba sola por la estepa solitaria!
      Y tu sombra esbelta y ágil,
        fina y lánguida,
como en esa noche tibia de la muerta primavera,
como en esa noche llena de perfumes, de murmullos y de músicas de
                                            alas,
      se acercó y marchó con ella,
      se acercó y marchó con ella,
se acercó y marchó con ella... ¡Oh las sombras enlazadas!
¡Oh las sombras que se buscan y se juntan en las noches de negruras
                        y de lágrimas!...

La voz de las cosas

¡Si os encerrara yo en mis estrofas,
frágiles cosas que sonréis,
pálido lirio que te deshojas,
rayo de luna sobre el tapiz
de húmedas flores, y verdes hojas
que al tibio soplo de Mayo abrís,
si os encerrara yo en mis estrofas,
pálidas cosas que sonreís!

¡Si aprisionaros pudiera el verso,
fantasmas grises, cuando pasáis,
móviles formas del Universo,
sueños confusos, seres que os vais,
ósculo triste, suave y perverso
que entre las sombras al alma dais,
si aprisionaros pudiera el verso,
fantasmas grises, cuando pasáis!

Ars

El verso es un vaso santo; ¡poned en él tan sólo,
        un pensamiento puro,
en cuyo fondo bullan hirvientes las imágenes,
¡como burbujas de oro de un viejo vino oscuro!

Allí verted las flores que en la continua lucha
        ajó del mundo el frío,
recuerdos deliciosos de tiempos que no vuelven,
y nardos empapados de gotas de rocío.

Para que la existencia mísera se embalsame
        cual de una esencia ignota,
quemándose en el fuego del alma enternecida,
de aquel supremo bálsamo basta una sola gota.

Vejeces

Las cosas viejas, tristes, desteñidas,
sin voz y sin color, saben secretos
de las épocas muertas, de las vidas
que ya nadie conserva en la memoria,
y a veces a los hombres, cuando inquietos
las miran y las palpan, con extrañas
voces de agonizante, dicen, paso,
casi al oído, alguna rara historia
que tiene oscuridad de telarañas,
son de laúd y suavidad de raso.

¡Colores de anticuada miniatura,
hoy, de algún mueble en el cajón, dormida;
cincelado puñal; carta borrosa;
tabla en que se deshace la pintura
por el tiempo y el polvo ennegrecida;
histórico blasón, donde se pierde
la divisa latina, presuntuosa,
medio borrada por el liquen verde;
misales de las viejas sacristías;
de otros siglos fantásticos espejos
que en el azogue de las lunas frías
guardáis de lo pasado los reflejos;
arca, en un tiempo de ducados llena;
crucifijo que tanto moribundo
humedeció con lágrimas de pena
y besó con amor grave y profundo;
negro sillón de Córdoba; alacena
que guardaba un tesoro peregrino
y donde anida la polilla sola;
sortija que adornaste el dedo fino
de algún hidalgo de espadín y gola;
mayúsculas del viejo pergamino;
batista tenue que a vainilla hueles;
seda que te deshaces en la trama
confusa de los ricos brocateles;

arpa olvidada que al sonar, te quejas;
barrotes que formáis un monograma
incomprensible en las antiguas rejas;
¡el vulgo os huye, el soñador os ama
y en vuestra muda sociedad reclama
las confidencias de las cosas viejas!

El pasado perfuma los ensueños
con esencias fantásticas y añejas
y nos lleva a lugares halagüeños
en épocas distantes y mejores;
¡por eso a los poetas soñadores,
les son dulces, gratísimas y caras,
las crónicas, historias y consejas,
las formas, los estilos, los colores,
las sugestiones místicas y raras
y los perfumes de las cosas viejas!

Mariposas

En tu aposento tienes,
en urna frágil,
clavadas mariposas
que si brillante
rayo del sol las toca
parecen nácares
o pedazos de cielo,
cielos de tarde,
o brillos opalinos
de alas süaves;
y allí están las azules
hijas del aire
fijas ya para siempre,
las alas ágiles,
¡las alas, peregrinas
de ignotos valles,
que como los deseos

de tu alma amante
a la aurora parecen
resucitarse,
cuando de tus ventanas
las hojas abres
y da el sol en tus ojos
y en los cristales!

Un poema

Soñaba en ese entonces en forjar un poema,
de arte nervioso y nuevo obra audaz y suprema.

Escogí entre un asunto grotesco y otro trágico,
llamé a todos los ritmos con un conjuro mágico,

y los ritmos indóciles vinieron acercándose,
juntándose en las sombras, huyéndose y buscándose;

ritmos sonoros, ritmos potentes, ritmos graves,
unos cual choques de armas, otros cual cantos de aves.

De Oriente hasta Occidente, desde el Sur hasta el Norte,
de metros y de formas se presentó la corte.

Tascando frenos áureos bajo las riendas frágiles
cruzaron los tercetos, como corceles ágiles;

abriéndose ancho paso por entre aquella grey
vestido de oro y púrpura llegó el soneto rey,

y allí cantaron todos... entre la algarabía,
me fascinó el espíritu, por su coquetería,

alguna estrofa aguda que excitó mi deseo,
con el retintín claro de su campanilleo.

Y la escogí entre todas... Por regalo nupcial
le dí unas rimas ricas, de plata y de cristal.

En ella conté un cuento, que huyendo lo servil
tomó un carácter trágico, fantástico y sutil:

era la historia triste, desprestigiada y cierta,
de una mujer hermosa, idolatrada y muerta;

y para que sintieran la amargura, exprofeso,
junté sílabas dulces como el sabor de un beso;

bordé las frases de oro, les di música extraña
como de mandolinas que un laúd acompaña;

dejé en una luz vaga las hondas lejanías,
llenas de nieblas húmedas y de melancolías;

y por el fondo oscuro, como en mundana fiesta,
cruzan ágiles máscaras al compás de la orquesta,

envueltas en palabras que ocultan como un velo,
y con caretas negras de raso y terciopelo;

cruzar hice en el fondo las vagas sugestiones
de sentimientos místicos y humanas tentaciones...

Complacido en mis versos, con orgullo de artista,
les di olor de heliotropos y color de amatista...

Le mostré mi poema a un crítico estupendo...
y lo leyó seis veces y me dijo... «¡No entiendo!»

Midnight dreams

Anoche, estando solo y ya medio dormido,
mis sueños de otras épocas se me han aparecido.

Los sueños de esperanzas, de glorias, de alegrías
y de felicidades que nunca han sido mías,

se fueron acercando en lentas procesiones
y de la alcoba oscura poblaron los rincones.

Hubo un silencio grave en todo el aposento
y en el reloj la péndola detúvose al momento.

La fragancia indecisa de un olor olvidado,
llegó como un fantasma y me habló del pasado.

Vi caras que la tumba desde hace tiempo esconde.
Y oí voces oídas ya no recuerdo dónde.

. . . .

Los sueños se acercaron y me vieron dormido,
se fueron alejando, sin hacerme rüido

y sin pisar los hilos sedosos de la alfombra,
y fueron deshaciéndose y hundiéndose en la sombra!

Paisaje tropical

Magia adormecedora vierte el río
en la calma monótoma del viaje,
cuando borra los lejos del paisaje
la sombra que se extiende en el vacío.

Oculta en sus negruras el bohío
la maraña tupida, y el follaje

155

semeja los calados de un encaje
al caer del crepúsculo sombrío.

Venus se enciende en el espacio puro.
La corriente dormida una piragua
rompe en su viaje rápido y seguro

y con sus nubes el poniente fragua
otro cielo rosado y verdeoscuro
en los espejos húmedos del agua.

Día de difuntos

La luz vaga... opaco el día,
la llovizna cae y moja
con sus hilos penetrantes la ciudad desierta y fría.
Por el aire tenebroso ignorada mano arroja
un oscuro velo opaco de letal melancolía,
y no hay nadie que, en lo íntimo, no se aquiete y se recoja
al mirar las nieblas grises de la atmósfera sombría,
y al oír en las alturas
melancólicas y oscuras
los acentos dejativos
y tristísimos e inciertos
con que suenan las campanas,
¡las campanas plañideras que les hablan a los vivos
de los muertos!
¡Y hay algo angustioso e incierto
que mezcla a ese sonido su sonido,
e inarmónico vibra en el concierto
que alzan los bronces al tocar a muerto
por todos los que han sido!
Es la voz de una campana
que va marcando la hora,
hoy lo mismo que mañana,
rítmica, igual y sonora;
una campana se queja,

y la otra campana llora,
esa tiene voz de vieja,
esta de niña que ora.
Las campanas más grandes, que dan un doble recio
suenan con un acento de místico desprecio,
mas la campana que da la hora,
ríe, no llora.
Tiene en su timbre seco sutiles ironías,
su voz parece que habla de goces, de alegrías,
de placeres, de citas, de fiestas y de bailes,
de las preocupaciones que llenan nuestros días:
es una voz del siglo entre un coro de frailes,
y con sus notas se ríe,
escéptica y burladora,
de la campana que ruega,
de la campana que implora
y de cuanto aquel coro conmemora,
y es porque con su retintín
ella midió el dolor humano
y marcó del dolor el fin;
por eso se ríe del grave esquilón
que suena allá arriba con fúnebre són,
por eso interrumpe los tristes conciertos
con que el bronce santo llora por los muertos...
¡No la oigáis, oh bronces! No la oigáis, campanas,
que con la voz grave de ese clamoreo,
rogáis por los seres que duermen ahora
lejos de la vida, libres del deseo,
lejos de las rudas batallas humanas!
¡Seguid en el aire vuestro bamboleo,
no la oigáis, campanas!
Contra lo imposible, ¿qué puede el deseo?
Allá arriba suena,
rítmica y serena,
esa voz de oro
y sin que lo impidan sus graves hermanas
que rezan en coro,
la campana del reloj

suena, suena, suena ahora,
y dice que ella marcó
con su vibración sonora
de los olvidos la hora,
que después de la velada
que pasó cada difunto,
en una sala enlutada
y con la familia junto
en dolorosa actitud
mientras la luz de los cirios
alumbraba el ataúd
y las coronas de lirios;
que después de la tristura
de los gritos de dolor,
de las frases de amargura,
del llanto desgarrador,
marcó ella misma el momento
en que con la languidez
del luto huyó el pensamiento
del muerto, y el sentimiento...
Seis meses más tarde o diez...
Y hoy, día de muertos, ahora que flota,
en las nieblas grises la melancolía,
en que la llovizna cae, gota a gota,
y con sus tristezas los nervios embota,
y envuelve en un manto la ciudad sombría,
ella que ha medido la hora y el día
en que a cada casa, lúgubre y vacía,
tras del luto breve volvió la alegría;
ella que ha marcado la hora del baile
en que al año justo, un vestido aéreo
estrena la niña, cuya madre duerme
olvidada y sola en el cementerio,
suena indiferente a la voz de fraile
del esquilón grave y a su canto serio;
ella que ha medido la hora precisa,
en que a cada boca, que el dolor sellaba,
como por encanto volvió la sonrisa,

esa precursora de la carcajada;
ella que ha marcado la hora en que el viudo
habló del suicidio y pidió el arsénico,
cuando aún en la alcoba, recién perfumada,
flotaba el aroma del ácido fénico
y ha marcado luego la hora en que, mudo
por las emociones con que el goce agobia,
para que lo unieran con sagrado nudo,
a la misma iglesia fue con otra novia;
¡ella no comprende nada del misterio
de aquellas quejumbres que pueblan el aire,
y lo ve en la vida todo jocoserio
y sigue marcando con el mismo modo
el mismo entusiasmo y el mismo desgaire
la huída del tiempo que lo borra todo!

      y eso es lo angustioso y lo incierto
      que flota en el sonido,
¡esa es la nota irónica que vibra en el concierto
      que alzan los bronces al tocar a muerto
      por todos los que han sido!
      Esa es la voz fina y sutil,
      de vibraciones de cristal,
      que con acento juvenil
      indiferente al bien y al mal,
      mide lo mismo la hora vil,
      que la sublime o la fatal
      y resuena en las alturas,
      melancólicas y oscuras,
      sin tener en su tañido
      claro, rítmico y sonoro,
      los acentos dejativos
      y tristísimos e inciertos
      de aquel misterioso coro
con que ruegan las campanas, las campanas,
      las campanas plañideras
      que les hablan a los vivos
      de los muertos!

De *Gotas amargas*

El mal del siglo

El Paciente:

—Doctor, un desaliento de la vida
que en lo íntimo de mí se arraiga y nace:
el mal del siglo... el mismo mal de Werther,
de Rolla, de Manfredo y de Leopardi.
Un cansancio de todo, un absoluto
desprecio por lo humano...; un incesante
renegar de lo vil de la existencia,
digno de mi maestro Schopenhauer;
un malestar profundo que se aumenta
con todas las torturas del análisis...

El Médico:

—Eso es cuestión de régimen: camine
de mañanita; duerma largo; báñese;
beba bien; coma bien; cuídese mucho:
¡lo que usted tiene es hambre!...

La respuesta de la Tierra

Era un poeta lírico, grandioso y sibilino,
que le hablaba a la tierra una tarde de invierno,
frente a una posada y al volver de un camino:
—¡Oh madre, oh Tierra! —díjole—, en tu girar eterno
nuestra existencia efímera tal parece que ignoras.
Nosotros esperamos un cielo o un infierno,
sufrimos o gozamos, en nuestras breves horas,
e indiferente y muda, tú, madre sin entrañas,
de acuerdo con los hombres no sufres y no lloras.
¿No sabes el secreto misterioso que entrañas?

160

¿Por qué las noches negras, las diáfanas auroras?
Las sombras vagarosas y tenues de unas cañas
que se reflejan lívidas en los estanques yertos,
¿no son como conciencias fantásticas y extrañas
que les copian sus vidas en espejos inciertos?
¿Qué somos? ¿A do vamos? ¿Por qué hasta aquí vinimos?
¿Conocen los secretos del más allá los muertos?
¿Por qué la vida inútil y triste recibimos?
¿Hay un oasis húmedo después de estos desiertos?
¿Por qué nacemos, madre, dime, por qué morimos?
¿Por qué? Mi angustia sacia y a mi ansiedad contesta.
Yo, sacerdote tuyo, arrodillado y trémulo,
en estas soledades aguardo la respuesta.

La Tierra, como siempre, displicente y callada,
al gran poeta lírico no le contestó nada.

Filosofías

De placeres carnales el abuso,
de caricias y besos
goza y ama con toda tu alma, iluso;
agótate en excesos.

Y si evitas la sífilis, siguiendo
la sabia profilaxia,
al llegar los cuarenta irás sintiendo
un principio de ataxia.

De la copa que guarda los olvidos
bebe el néctar que agota:
perderás el magín y los sentidos
con la última gota.

Trabaja sin cesar, batalla, suda,
vende vida por oro:
conseguirás una dispepsia aguda
mucho antes que un tesoro.

Y tendrás ¡oh placer! de la pesada
digestión en el lance,
ante la vista ansiosa y fatigada,
las cifras de un balance.

Al arte sacrifícate: ¡combina,
pule, esculpe, extrema!
¡Lucha, y en la labor que te asesina,
—lienzo, bronce o poema—

pon tu esencia, tus nervios, tu alma toda!
¡Terrible empresa vana!
pues que tu obra no estará a la moda
de pasado mañana.

No: sé creyente, fiel, toma otro giro
y la razón prosterna
a los pies del absurdo: ¡compra un giro
contra la vida eterna!

Págalo con tus goces; la fe aviva;
ora, medita, impetra;
y al morir pensarás: ¿y si allá arriba
no me cubren la letra?

Mas si acaso el orgullo se resiste
a tanta abdicación,
si la fe ciega te parece triste,
confía en la razón.

Desprecia los placeres y, severo,
a la filosofía,
loco por encontrar lo verdadero,
consagra noche y día.

Compara religiones y sistemas
de la Biblia a Stuart Mill,
desde los escolásticos problemas
hasta lo más sutil

de Spencer y de Wundt, y consagrado
a sondear ese abismo
lograrás este hermoso resultado:
no creer ni en ti mismo.

No pienses en la paz desconocida.
Mira: al fin, lo mejor
en el tumulto inmenso de la vida
es la faz interior.

Deja el estudio y los placeres; deja
la estéril lucha vana
y, como Çakia-Muni lo aconseja,
húndete en el Nirvana.

Excita del vivir los desengaños
y en *tête-à-tête* contigo,
como un yogui senil pasa los años
mirándote el ombligo.

De la vida del siglo ponte aparte;
del placer y el amigo
escoge para ti la mejor parte
y métete contigo.

Y cuando llegues en postrera hora
a la última morada,
sentirás una angustia matadora
de no haber hecho nada...

Egalité

Juan Lanas, el mozo de esquina,
es absolutamente igual
al emperador de la China:
los dos son el mismo animal.

Juan Lanas cubre su pelaje
con nuestra manta nacional;
el gran magnate lleva un traje
de seda verde excepcional.

Del uno cuidan cien dragones
de porcelana y de cristal;
Juan Lanas carga maldiciones
y gruesos fardos por un real.

Pero si alguna mandarina,
siguiendo el instinto sexual,
al potentado se avecina
en el traje tradicional

que tenía nuestra madre Eva
en aquella tarde fatal
en que se comieron la breva
del árbol del Bien y del Mal,

y si al mismo Juan una Juana
se entrega de un modo brutal
y palpita la bestia humana
en un solo espasmo sexual,

Juan Lanas, el mozo de esquina,
al emperador de la China
es absolutamente igual:
los dos son el mismo animal.

De **Versos Varios**

Sinfonía color de fresas en leche

A los colibríes decadentes

¡Rítmica Reina lírica! Con venusinos
cantos de sol y rosa, de mirra y laca
y polícromos cromos de tonos mil,
oye los constelados versos mirrinos,
escúchame esta historia Rubendariaca,
de la Princesa verde y el paje Abril,
      rubio y sutil.

Es bizantino esmalte do irisa el rayo
las purpuradas gemas que enflora junio
si Helios recorre el cielo de azul edén,
es lilial albura que esboza mayo
en una noche diáfana de plenilunio
cuando las crisodinas nieblas se ven
      a tutiplén!

En las víridas márgenes que espuma el Cauca,
—áureo pico, ala ebúrnea— currucuquea,
de sedeñas verduras bajo el dosel,
de las perladas ondas se esfuma glauca:
¿es paloma, es estrella o azul idea?...
Labra el emblema heráldico de áureo broquel,
      róseo rondel.

Vibran sagradas liras que ensueña Psiquis,
son argentados cisnes, hadas y gnomos
y edenales olores, lirio y jazmín
y vuelan entelechias y tiquismiquis
de corales, tritones, memos y momos,
del horizonte lírico nieve y carmín
      hasta el confín.

Liliales manos vírgenes al son aplauden
y se englaucan los líquidos y cabrillean
con medioevales himnos al abedul,
desde arriba Orión, Venus, que Secchis lauden
miran como pupilas que cintillean
por los abismos húmedos del negro tul
        del cielo azul.

Tras de las cordilleras sombrías, la blanca
Selene, entre las nubes de ópalo y tetras
surge como argentífero tulipán
y por entre lo negro que se espernanca
huyen los bizantinos de nuestras letras
hacia el Babel Bizancio, do llegarán
        con grande afán.

¡Rítmica Reina lírica! Con venusinos
cantos de sol y rosas, de mirra y laca
y polícromos cromos de tonos mil,
¡estos son los caóticos versos mirrinos,
ésta es la descendencia Rubendariaca,
de la Princesa verde y el paje Abril,
        rubio y sutil!

RUBEN DARIO

(Nicaragua, 1867-1916). Félix Rubén García Sarmiento, el verdadero nombre de Darío, vivió completamente por y para la poesía y la literatura; aunque su biografía no esté exenta de altibajos y aun de episodios lamentables, con su muerte adelantada por el alcoholismo. Salvo el teatro, cultivó todos los géneros: el poema en prosa, que llevó a un grado de brillantez hasta él desconocido en nuestro idioma; cuentos (y no sólo los que incluyó en *Azul...*, sino los muchos que escribiera después y entre los cuales hay que señalar aquéllos en que avanza tempranamente hacia el relato fantástico); crónicas incontables — Darío vivió del periodismo y de algunas ocasionales misiones diplomáticas— que luego reunía en volúmenes como, entre otros, *España contemporánea* (1899), *La caravana pasa* (1903), *Tierras solares* (1904), *Todo al vuelo* (1912); el ensayo de crítica literaria (*Los raros*, 1896) y de autocrítica (*Historia de mis libros,* 1909). Con menor fortuna intentó la novela: *Emelina* (1886), en colaboración con Eduardo Poirier; *El oro de Mallorca* (1913-1914), narración autobiográfica que dejó inconclusa; *La isla de oro* (1937). Por razones de espacio, la relación anterior es bastante incompleta; y varias colecciones de poesías y artículos dispersos se han publicado póstumamente. Los viajes de Darío, y sus estancias más o menos prolongadas en algunos países y ciudades (Chile, Buenos Aires, España), dieron definitiva cohesión y ciudadanía ampliamente hispánica al modernismo, y contribuyeron a la difusión de su obra y a fijar el prestigio de su nombre.

En Darío se da la fusión condicionada de un artista insuperable —el más genial de todos los modernistas en el verso (lugar que en la prosa correspondería a José Martí)— y el desbrozador de un mundo poético complejo y variadísimo, casi inabarcable, cuyas vetas y honduras parecen como destinadas a no ser nunca exploradas totalmente. Por el primero de estos aspectos, el artístico, es el responsable mayor de la renovación profunda que el modernismo cumplió sobre la métrica y el lenguaje de la poesía castellana, que tan bien conocía Darío y en cuya savia quiso injertar, según declaración suya, «los secretos de armonía, de matiz, de sugestión que hay en la lengua francesa». Y este papel suyo de avanzado mayor hacia la poesía moderna, aunque en verdad no rebasara prácticamente los principios esenciales de la estética modernista, le ha sido —con alguna excepción: la de Luis Cernuda— reconocido de modo unánime y justo por todos los grandes poetas hispanos de nuestro siglo, españoles e hispanoamericanos.

Con vistas a esa renovación y aupamiento de la poesía, motor primero y central de su gestión artística, Darío asume magistralmente los hallazgos de los primeros modernistas, y los lleva a un más allá previsible pero en alto grado sorprendente. Para comenzar: flexibilizó y diversificó de manera asombrosa los esquemas métrico-rítmicos y estróficos (según estadísticas de Tomás Navarro Tomás: 37 metros diversos en 136 tipos de estrofas), empresa que en muchos casos fue una verdadera revitalización de formas tradicionales arrumbadas por el tiempo. Y llevó paralelamente el lenguaje poético a una cima de esplendor no conocida desde Góngora. De entrada, por la hermosura y armoniosidad de su vocabulario (que en algún momento, animado por un prurito extremoso de distinción y aristocratismo, roza con un cierto rebuscamiento o artificiosidad, uno de los aspectos más caedizos de su obra). Y aun más, por la gran abundancia de recursos léxico-imaginativos de que dotó a ese personalísimo lenguaje suyo —rítmico y cromático, plástico y musical como en ningún otro poeta de su tiempo. Desde lo más exterior: rimas potentes o delicadas, según la necesidad expresiva; manejo sugerente de las rimas interiores; sinestesias y aliteraciones de muy sutiles efectos; adjetivaciones prodigiosamente precisas. Hasta sus metáforas de airosa prestancia verbal; sus imágenes de gran poder de revelación al devolvernos visiones inéditas o insólitas de la realidad, a veces en versiones incluso enigmáticas por la multiplicidad de niveles culturalistas y aun herméticos que en ellas iban imbricados; y sus muy característicos símbolos, con frecuencia tomados de la tradición poética inmediata (el cisne y el azul, los más resaltantes), pero usados por él con tanta gallardía y variedad de modulaciones que vinieron a alcanzar valor arquetípico y a convertirse en claves sustancialmente definitorias de su sistema poético.

La calidad versátil y proteica de su temperamento le llevaba a apropiarse, siempre con gran personalidad expresiva, de los más disímiles y aun superficiales tonos o modos poéticos (y si el lector quiere concentrarse con exclusividad en aquéllos de esos modos más endebles ante el tiempo —por ejemplo: su tributo consciente a ciertas tendencias estéticas de su época, con su inclinación a lo que hoy percibimos como cursilería—, el juicio actual, pero así parcializado, sobre Darío, puede arrojar resultados bastante dudosos). Voz que apuntaba hacia muchos nortes, en busca no siempre bien orientada hacia una universalidad (o un cosmopolitismo) que rebasase el marco provinciano de lo hispánico, este hecho ha dificultado y retardado que se pueda advertir —como ya afortunadamente empieza a ocurrir— la unidad y trascendencia de su mirada poética, de no menor interés y entidad respecto a su siempre reconocida maestría formal. Por ello, sólo en los últimos años se ha venido a comprender que esa mirada era la de un espíritu movido, esencial y sostenidamente, por una visión rítmica y analógica del mundo, de genuina estirpe romántica. Y de aquí las tensiones centrales de esta poesía: la aspiración a la armonía universal, a la conciliación de lo múltiple y diverso en lo uno, a la posesión —y su traducción verbal— de la unidad suprema y absoluta (aspectos sobre los que han venido a ser muy oportunos los señalamientos hechos, desde la década del 60, por Octavio Paz y Ricardo Gullón, y los estudios más recientes de Raymond Skyrme y Cathy L. Jrade). Para conformar poéticamente esa visión, Darío tiene que acudir, como otros muchos modernistas y ya desde Martí —apartándose aquí del cristianismo, del cual tampoco abjuró nunca: su religiosidad fue básicamente sincrética (léase ¡*Divina Psiquis...*)— a las doctrinas y tradiciones menos rígidas y más cargadas de una fuerte impronta espiritualista: desde el platonismo y el pitagorismo («Ama tu ritmo», «En las constelaciones») hasta las corrientes del ocultismo, el hermetismo y el teosofismo que llegaban a sus días, y las cuales en lo expresivo dan incluso materia a algunas de sus más extrañas creaciones imaginativas.

Aun su erotismo —el *tema* de común señalado como dominante entre los suyos, y tan lúcidamente analizado por Pedro Salinas y por Paz en sus estudios sobre Darío— está vinculado a este ideal de armonía y unidad cósmica: el acto de amor es ejercicio de comunión; y la mujer es *pan divino* y *en ella está la ciencia armoniosa* (¡*Carne, celeste carne de la mujer!...*). A Darío se le escucha, una y otra vez, querer sintonizar su palabra con el *corazón del mundo*, así literal y reiteradamente aludido en muchas composiciones. Y si el mundo es ritmo y armonía, el poeta, que lo interpreta, y la poesía, donde la armonía se hace tangible y audible, pasarán al verso como motivaciones importantes: *Yo persigo una forma..., Yo soy aquél que ayer no más decía, ¡Torres de Dios! ¡Poetas!,* «Melancolía». Es más, por vía oblicua, al hacérsele patente al hombre su impotencia frente a esa unidad ansiada, que sería la sola entidad definitivamente resolutoria, advendrá con mayor incisividad la actitud reflexiva frente a los interrogantes existenciales y metafísicos más inmediatos: el tiempo, la muerte, los temores y la ignorancia del hombre ante los enigmas del ser y el no-ser. Y esa actitud dará nerviosidad y temblor (con diverso talante: desesperanzado u optimista) a los poemas más graves de *Cantos de vi-*

da y esperanza y sus colecciones posteriores: «Nocturno», «Lo fatal», «Eheu», «Poema del otoño». (Y hasta pudo ocasionalmente agrietar esa ensoñación de armonía, y la serenidad de la palabra hermosa subsecuente, con una disposición y un lenguaje irónicos ya muy modernos: «Agencia», de *El canto errante*, por ejemplo).

No es factible, sin embargo, forzar la integración de *todo* Darío dentro del sistema relativamente orgánico que, indagando en lo esencial de su obra, se ha tratado hasta aquí de diseñar. Porque hay otras estaciones en su trayectoria (y en una trayectoria las circunstancias siempre imponen fuerzas que parecen obrar, temporalmente al menos, en un sentido dispar respecto al que pudiese considerarse central o hegemónico de la misma), las cuales requieren una atención independiente, que no puede omitirse porque también esos estadios le fueron suyos. Tal es el caso de sus voliciones juveniles en que se impuso mayormente el artista aguijado por un afán de novedad y de rechazo de lo culturalmente inmediato en América, que lo llevará al aprovechamiento natural de la utilería prevalente en el contexto estético europeo —el Art Nouveau— de sus años (pero reducirnos a *este* Darío sería una concesión más a cierta moda de años recientes, que ha pretendido una revaloración de aquel estilo). O de los poemas que nacieron de condicionamientos históricos exteriores, frente a los cuales tuvo que tomar posición, aunque no sea hacedero buscarle aquí una firmeza o coherencia respecto a su presunto pensamiento en este terreno.

Se mencionaría ahora, como puntos polares dentro de tales estaciones excéntricas aludidas, al recreador de mundos exóticos y cosmopolitas, principalmente en su versión francesa (*Amo más que la Grecia de los griegos/la Grecia de la Francia...*, dijo en un poema de *Prosas profanas*), con el ambiente rococó de Versalles como centro favorito, en piezas donde la frivolidad del tema viene servida por una tensión artística que alcanza cotas de verdadera filigrana: *Era un aire suave...* Y de la otra parte, hombre de su tiempo —a pesar de que confesara detestarlo—, se abrió a la realidad histórico-política de su época, al filo del 1898 que marcó ya seriamente la amenaza del expansionismo norteamericano sobre la unidad cultural y el destino del mundo hispánico. Y de esta apertura proceden textos no menos perdurables como, entre varios más, su oda «A Roosevelt» y el inicial de la serie «Los cisnes» (*¿Qué signo haces, oh Cisne, con tu encorvado cuello?*).

Como se ve: un registro poético matizadísimo (y aun parcial en nuestra exposición), imposible de apretar en el trámite de esta nota. Apenas se ha podido aludir a su evolución estética interior, que sí la hay, y la cual puede resumirse así: desde un deslumbramiento inicial —estimulado por el parnasismo y el preciosismo— ante el paladeo verbal y la pura belleza de la forma, hacia una interiorización y reflexión crecientes, que resolvió por los caminos de un simbolismo personalmente asumido (y aun doctrinalmente defendido). Y esta evolución es cierta a pesar de la insistencia reciente de algunos críticos en mostrarnos a un Darío casi monolítico. O al menos, en lo que sí hay ya mucho más de verdad, de señalar sus *constantes* —algo no menos evidente que su evolución— y de proponer una muy posible relectura en profundidad de *Prosas profanas*, su libro poético considerado generalmente como más esteticista y exterior.

Por la oportunidad y actualidad del tema se accede aquí a la mención de un intento, nada feliz y nada exitoso, que últimamente ha puesto en pie cierta crítica *seudo*-marxista (y es válido calificarla así por la aplicación rápida y superficial de una metodología que, en sí, no tiene por qué precipitarse a tamaños desmanes como el que ahora anotamos). Se trata de contraponer ideológicamente —e innecesariamente— a Martí frente a Darío, y usar esa oposición como patrón de *crítica literaria*, con el resultado —previsible desde esa perspectiva— de rebajar la estatura total del nicaragüense. Contestando a ese tipo de crítica, y moviéndose aún dentro de su misma óptica, un joven escritor mexicano, José Joaquín Blanco, en un breve pero certero ensayo polémico, precisa cuánto es siempre recuperable en

Darío; y destaca, sobre todo, el hecho de que «de su obra salimos más diestros como cuerpos capaces de placer», algo que «ningún chantaje de política moralizante puede obligarnos a renunciar...». Y concluye: «Darío es un *universo verbal* del cual (...) si prescindimos, sólo nosotros, como lectores de 1977 (o de cualquier fecha, ha de añadirse), saldremos perjudicados». Que este juicio haya sido emitido por un joven de nuestros años, es un síntoma más que saludable: ratifica, una vez más, la vigencia indiscutible —en un sentido profundo, no como el maestro de unas determinadas *maneras* hoy caducadas— del poeta mayor del modernismo hispánico y uno de los más grandes de la lengua.

BIBLIOGRAFIA

OBRA POETICA.

Abrojos (1887). *Rimas* (1887). *Azul...* (1888); 2.ª ed. ampliada (1890). *Prosas profanas y otros poemas* (1896); 2.ª ed. ampliada (1901). *Cantos de vida y esperanza* (1905). *El canto errante* (1907). *Poema del otoño y otros poemas* (1910). *Canto a la Argentina y otros poemas* (1914). *Obras completas*, 5 vols. (Madrid, Afrodisio Aguado, 1950-1953). *Poesías,* ed. Ernesto Mejía Sánchez, pról. Enrique Anderson Imbert (México, Fondo de Cultura Económica, 1952). *Poesías completas*, ed. Alfonso Méndez Plancarte (Madrid, Aguilar, (1952). *Poesía,* pról. Angel Rama, ed. E. Mejía Sánchez (Caracas, Biblioteca Ayacucho, 1977).

ESTUDIOS CRITICOS.

Anderson Imbert, Enrique: *La originalidad de Rubén Darío*, Buenos Aires, Centro Editor de América Latina, 1967.
Baquero, Gastón: *Darío, Cernuda y otros temas poéticos*, Madrid, Editora Nacional, 1969.
Blanco, José Joaquín: «Polémica (con montaje) sobre R. D.», *La paja*

en el ojo. Ensayos de crítica, Puebla (México), Editorial Universidad Autónoma, 1980.

Bowra, C.M. y otros: *Rubén Darío en Oxford*, Managua, Academia Nicaragüense en la Lengua, 1966.

Cernuda, Luis: «Experimento en R. D.», *Poesía y literatura*, Barcelona, Seix Barral, 1966.

Concha, Jaime: *Rubén Darío,* Madrid, Ediciones Júcar, 1975.

Garciasol, Ramón de: *Lección de Rubén Darío*, Madrid, Taurus, 1961.

Giordano, Jaime: *La edad del ensueño: sobre la imaginación poética de Rubén Darío*, Santiago, Editorial Universitaria, 1971.

Gullón, Ricardo: «Del Darío sonoro al Rubén inferior», *Homenaje a Casalduero*, Madrid, Gredos, 1972.

Gullón, Ricardo: «Introducción» a R. D., *Páginas escogidas*, Madrid, Cátedra, 1979.

Jrade, Cathy: *Rubén Darío an the Romantic Search for Unity: The Modernist Recourse to Esoteric Tradition*, University of Texas Press, 1983.

Jrade, Cathy: «Las creencias ocultistas y el sincretismo filosófico de R. D.», *Texto crítico*, 5 (1979).

Jrade, Cathy: «R. D. and the Oneness of the Universe», *Hispania*, 63, N.º 4 (1980).

López Estrada, Francisco: *Rubén Darío y la Edad Media: una perspectiva poco conocida sobre la vida y obra del escritor*, Barcelona, Planeta, 1971.

Lorenz, Erika: *Rubén Darío «bajo el divino imperio de la música»,* Managua, Ediciones Lengua, 1960.

Loveluck, Juan, ed.: *Diez estudios sobre Rubén Darío*, Santiago, Zig-Zag, 1967.

Mapes, Erwin K.: *La influencia francesa en la obra de Rubén Dario*, Managua (Nicaragua), Publicaciones del Centenario, 1967.

Marasso, Arturo: *Rubén Darío y su creación poética*, Buenos Aires, Editorial Kapeluz, 1954.

Mejía Sánchez, Ernesto: *Cuestiones rubendarianas*, Madrid, Revista de Occidente, 1970.

Mejía Sánchez, Ernesto, ed.: *Estudios sobre Rubén Darío,* México, Fondo de Cultura Económica, 1968.

Oliver Belmás, Antonio: *Este otro Rubén Darío,* Madrid, Aguilar, 1968.

174

Paz, Octavio: «El caracol y la sirena (R. D.)», *Cuadrivio*, México, Editorial Joaquín Mortiz, 1965.

Phillips, Allen, W.: «A propósito del decadentismo en América: R. D.», *Revista Canadiense de Estudios Hispánicos*, I, 3, (1977).

Phillips, Allen, W.: «Releyendo *Prosas profanas*», *Temas del modernismo hispánico* (véase Bibliografía General).

Quintián, Andrés Rogelio: *Cultura y literatura española en Rubén Darío*, Madrid, Gredos, 1973.

Rama, Angel: *Rubén Darío y el modernismo. Circunstancias socioeconómicas de un arte americano*, Caracas, Ediciones de la Biblioteca, 1970.

Rodó, José Enrique: «Rubén Darío» (1899), *Obras completas* (de J. E. R.), ed. E. Rodríguez Monegal, Madrid, Aguilar, 1967.

Salinas, Pedro: *La poesía de Rubén Darío*, 2.ª ed., Buenos Aires, Editorial Losada, 1957.

Sarduy, Severo, Tomás Segovia y Emir Rodríguez Monegal: «Nuestro Rubén Darío», *Mundo Nuevo*, 7 (1967).

Schulman, Ivan A. y Manuel Pedro González: *Martí, Darío y el modernismo*, Madrid, Gredos, 1969.

Skyrme, Raymond: *Rubén Darío and the Pythagorean Tradition*, Gainesville (Florida, U.S.A.), The University Presses, 1975.

Sucre, Guillermo: «Relectura de Darío», *Revista de Occidente*, 61 (1968).

Torres Bodet, Jaime: *Rubén Darío, abismo y cima,* México, Fondo de Cultura Económica, 1967.

SELECCION

De **Azul...**

Autumnal

Eros, Vita, Lumen

En las pálidas tardes
yerran nubes tranquilas
en el azul; en las ardientes manos

175

se posan las cabezas pensativas.
¡Ah los suspiros! ¡Ah los dulces sueños!
¡Ah las tristezas íntimas!

¡Ah el polvo de oro que en el aire flota,
tras cuyas ondas trémulas se miran
los ojos tiernos y húmedos,
las bocas inundadas de sonrisas,
las crespas cabelleras
y los dedos de rosa que acarician!

*

En las pálidas tardes
me cuenta una hada amiga
las historias secretas
llenas de poesía:
lo que cantan los pájaros,
lo que llevan las brisas,
lo que vaga en las nieblas,
lo que sueñan las niñas.

*

Una vez sentí el ansia
de una sed infinita.
Dije al hada amorosa:
—Quiero en el alma mía
tener la inspiración honda, profunda,
inmensa: luz, calor, aroma, vida.
Ella me dijo: —¡Ven!— con el acento
con que hablaría un arpa. En él había
un divino idioma de esperanza.
¡Oh sed del ideal!

*

Sobre la cima
de un monte, a medianoche,
me mostró las estrellas encendidas.
Era un jardín de oro
con pétalos de llama que titilan.
Exclamé:—¡Más!...

*

La aurora
vino después. La aurora sonreía,
con la luz en la frente,
como la joven tímida
que abre la reja, y la sorprenden luego
ciertas curiosas, mágicas pupilas.
Y dije:—¡Más!... Sonriendo
la celeste hada amiga
prorrumpió:—¡Y bien! ¡Las flores!

*

Y las flores
estaban frescas, lindas,
empapadas de olor: la rosa virgen,
la blanca margarita,
la azucena gentil y las volúbiles
que cuelgan de la rama estremecida.
Y dije:—¡Más!...

*

El viento
arrastraba rumores, ecos, risas,
murmullos misteriosos, aleteos,
músicas nunca oídas.
El hada entonces me llevó hasta el velo
que nos cubre las ansias infinitas,
la inspiración profunda,

y el alma de las liras,
Y lo rasgó. Y allí todo era aurora.
En el fondo se vía.
un bello rostro de mujer.

*

¡Oh, nunca,
Piérides, diréis las sacras dichas
que en el alma sintiera!
Con su vaga sonrisa:
—¿Más?... —dijo el hada. Y yo tenía entonces
clavadas las pupilas
en el azul; y en mis ardientes manos
se posó mi cabeza pensativa...

[De *El año lírico*]

De **Azul**... (2.ª ed., 1890)

Caupolicán

Es algo formidable que vio la vieja raza:
robusto tronco de árbol al hombro de un campeón
salvaje y aguerrido, cuya fornida maza
blandiera el brazo de Hércules, o el brazo de Sansón.

Por casco sus cabellos, su pecho por coraza,
pudiera tal guerrero, de Arauco en la región,
lancero de los bosques, Nemrod que todo caza,
desjarretar un toro, o estrangular un león.

Anduvo, anduvo, anduvo. Le vio la luz del día,
le vio la tarde pálida, le vio la noche fría,
y siempre el tronco de árbol a cuestas del titán.

«¡El Toqui, el Toqui!» clama la conmovida casta.

Anduvo, anduvo, anduvo. La Aurora dijo: «Basta»,
e irguióse la alta frente del gran Caupolicán.

Venus

En la tranquila noche mis nostalgias amargas sufría.
En busca de quietud bajé al fresco y callado jardín.
En el oscuro cielo Venus bella temblando lucía,
como incrustado en ébano un dorado y divino jazmín.

A mi alma enamorada, una reina oriental parecía,
que esperaba a su amante bajo el techo de su camarín,
o que, llevada en hombros, la profunda extensión recorría,
triunfante y luminosa, recostada sobre un palanquín.

«¡Oh, reina rubia!, —díjele—, mi alma quiere dejar su crisálida
y volar hacia ti, y tus labios de fuego besar;
y flotar en el nimbo que derrama en tu frente luz pálida,

y en siderales éxtasis no dejarte un momento de amar».
El aire de la noche refrescaba la atmósfera cálida.
Venus, desde el abismo, me miraba con triste mirar.

De invierno

En invernales horas, mirad a Carolina.
Medio apelotonada, descansa en el sillón,
envuelta con su abrigo de marta cibelina
y no lejos del fuego que brilla en el salón.

El fino angora blanco junto a ella se reclina,
rozando con su hocico la falda de Alençón,
no lejos de las jarras de porcelana china
que medio oculta un biombo de seda del Japón.

Con sus sutiles filtros la invade un dulce sueño:

entro, sin hacer ruido; dejo mi abrigo gris;
voy a besar su rostro, rosado y halagüeño

como una rosa roja que fuera flor de lis.
Abre los ojos, mírame con su mirar risueño,
y en tanto cae la nieve del cielo de París.

Walt Whitman

En su país de hierro vive el gran viejo,
bello como un patriarca, sereno y santo.
Tiene en la arruga olímpica de su entrecejo
algo que impera y vence con noble encanto.

Su alma del infinito parece espejo;
son sus cansados hombros dignos del manto;
y con arpa labrada de un roble añejo
como un profeta nuevo canta su canto.

Sacerdote que alienta soplo divino,
anuncia en el futuro, tiempo mejor.
Dice al águila: «¡Vuela!»; «¡Boga!», al marino,

y «¡Trabaja!», al robusto trabajador.
¡Así va ese poeta por su camino
con su soberbio rostro de emperador!

De **Prosas profanas**

Palabras liminares

Después de *Azul...*, despues de *Los Raros,* voces *insinuantes*, buena
y mala intención, entusiasmo sonoro y envidia subterránea —todo bella
cosecha—, solicitaron lo que, en conciencia, no he creído fructuoso
ni oportuno: un manifiesto.

Ni fructuoso ni oportuno:

a) Por la absoluta falta de elevación mental de la mayoría pensante de nuestro continente, en la cual impera el universal personaje clasificado por Remy de Gourmont con el nombre de *Celui-qui-ne-comprend-pas*. *Celui-qui-ne-comprend-pas* es entre nosotros profesor, académico correspondiente de la Real Academia Española, periodista, abogado, poeta, *rastaquouère*.

b) Porque la obra colectiva de los nuevos de América es aún vana, estando muchos de los mejores talentos en el limbo de un completo desconocimiento del mismo Arte a que se consagran.

c) Porque proclamando, como proclamo, una estética acrática, la imposición de un modelo o de un código implicaría una contradicción.

Yo no tengo literatura «mía» —como lo ha manifestado una magistral autoridad—, para marcar el rumbo de los demás: mi literatura es *mía* en mí; quien siga servilmente mis huellas perderá su tesoro personal y, paje o esclavo, no podrá ocultar sello o librea. Wagner, a Augusta Holmes, su discípula, dijo un día: «Lo primero, no imitar a nadie, y sobre todo, a mí». Gran decir.

Yo he dicho, en la misa rosa de mi juventud, mis antífonas, mis secuencias, mis profanas prosas. Tiempo y menos fatigas de alma y corazón me han hecho falta, para, como un buen monje artífice, hacer mis mayúsculas dignas de cada página del breviario. (A través de los fuegos divinos de las vidrieras historiadas, me río del viento que sopla afuera, del mal que pasa). Tocad, campanas de oro, campanas de plata; tocad todos los días, llamándome a la fiesta en que brillan los ojos de fuego, y las rosas de las bocas sangran delicias únicas. Mi órgano es un viejo clavicordio pompadour, al son del cual danzaron sus gavotas alegres abuelos; y el perfume de tu pecho es mi perfume, eterno incensario de carne, Varona inmortal, flor de mi costilla.

Hombre soy.

*

¿Hay en mi sangre alguna gota de sangre de Africa, o de indio chorotega o nagrandano? Pudiera ser, a despecho de mis manos de marqués; mas he aquí que veréis en mis versos princesas, reyes, cosas imperiales, visiones de países lejanos o imposibles: ¡qué queréis!, yo detesto la vida y el tiempo en que me tocó nacer; y a un presidente de República, no podré saludarle en el idioma en que te cantaría a ti, ¡oh Halagabal!, de cuya corte —oro, seda, mármol— me acuerdo en sueños...

(Si hay poesía en nuestra América, ella está en las cosas viejas: en Palenke y Utatlán, en el indio legendario y el inca sensual y fino, y en el gran Moctezuma de la silla de oro. Lo demás es tuyo, demócrata Walt Whitman.)

Buenos Aires: Cosmópolis.

¡Y mañana!

*

El abuelo español de barba blanca me señala una serie de retratos ilustres: «Este —me dice— es el gran don Miguel de Cervantes Saavedra, genio y manco; éste es Lope de Vega, éste Garcilaso, éste Quintana». Yo le pregunto por el noble Gracián, por Teresa la Santa, por el bravo Góngora y el más fuerte de todos, don Francisco de Quevedo y Villegas. Después exclamo: «¡Shakespeare! ¡Dante! ¡Hugo...! (Y en mi interior: ¡Verlaine...!)».

Luego, al despedirme: «—Abuelo, preciso es decíroslo: mi esposa es de mi tierra; mi querida, de París».

*

¿Y la cuestión métrica? ¿Y el ritmo?

Como cada palabra tiene un alma, hay en cada verso, además de la harmonía verbal, una melodía ideal. La música es sólo de la idea, muchas veces.

*

La gritería de trescientas ocas no te impedirá, silvano, tocar tu encantadora flauta, con tal de que tu amigo el ruiseñor esté contento de tu melodía. Cuando él no esté para escucharte, cierra los ojos y toca para los habitantes de tu reino interior. ¡Oh pueblo de desnudas ninfas, de rosadas reinas, de amorosas diosas!

Cae a tus pies una rosa, otra rosa, otra rosa. ¡Y besos!

***

Y la primera ley, creador: crear. Bufe el eunuco. Cuando una musa te dé un hijo, queden las otras ocho encinta.

Era un aire suave...

Era un aire suave, de pausados giros;
el hada Harmonía ritmaba sus vuelos;
e iban frases vagas y tenues suspiros
entre los sollozos de los violoncelos.

Sobre la terraza, junto a los ramajes,
diríase un trémolo de liras eolias
cuando acariciaban los sedosos trajes
sobre el tallo erguidas las blancas magnolias.

La marquesa Eulalia risas y desvíos
daba a un tiempo mismo para dos rivales;
el vizconde rubio de los desafíos
y el abate joven de los madrigales.

Cerca, coronado con hojas de viña,
reía en su máscara Término barbudo,
y, como un efebo que fuese una niña,
mostraba una Diana su mármol desnudo.

Y bajo un boscaje del amor palestra,
sobre rico zócalo al modo de Jonia,
con un candelabro prendido en la diestra
volaba el Mercurio de Juan de Bolonia.

La orquesta perlaba sus mágicas notas,
un coro de sones alados se oía;
galantes pavanas, fugaces gavotas
cantaban los dulces violines de Hungría.

Al oír las quejas de sus caballeros
ríe, ríe, ríe la divina Eulalia,

pues son su tesoro las flechas de Eros,
el cinto de Cipria, la rueca de Onfalia.

¡Ay de quien sus mieles y frases recoja!
¡Ay de quien del canto de su amor se fíe!
Con sus ojos lindos y su boca roja,
la divina Eulalia ríe, ríe, ríe.

Tiene azules ojos, es maligna y bella;
cuando mira vierte viva luz extraña;
se asoma a sus húmedas pupilas de estrella
el alma del rubio cristal de Champaña.

Es noche de fiesta, y el baile de trajes
ostenta su gloria de triunfos mundanos.
La divina Eulalia, vestida de encajes,
una flor destroza con sus tersas manos.

El teclado harmónico de su risa fina
a la alegre música de un pájaro iguala,
con los *staccati* de una bailarina
y las locas fugas de una colegiala.

¡Amoroso pájaro que trinos exhala
bajo el ala a veces ocultando el pico;
que desdenes rudos lanza bajo el ala,
bajo el ala aleve del leve abanico!

Cuando a medianoche sus notas arranque
y en arpegios áureos gima Filomela,
y el ebúrneo cisne, sobre el quieto estanque
como blanca góndola imprima su estela,

la marquesa alegre llegará al boscaje,
boscaje que cubre la amable glorieta,
donde han de estrecharla los brazos de un paje,
que siendo su paje será su poeta.

Al compás de un canto de artista de Italia
que en la brisa errante la orquesta deslíe,
junto a los rivales la divina Eulalia,
la divina Eulalía ríe, ríe, ríe.

¿Fue acaso en el tiempo del rey Luis de Francia,
sol con corte de astros, en campos de azur?
¿Cuando los alcázares llenó de fragancia
la regia y pomposa rosa Pompadour?

¿Fue cuando la bella su falda cogía
con dedos de ninfa, bailando el minué,
y de los compases el ritmo seguía
sobre el tacón rojo, lindo y leve el pie?

¿O cuando pastoras de floridos valles
ornaban con cintas sus albos corderos,
y oían, divinas Tirsis de Versalles,
las declaraciones de sus caballeros?

¿Fue en ese buen tiempo de duques pastores,
de amantes princesas y tiernos galanes,
cuando entre sonrisas y perlas y flores
iban las casacas de los chambelanes?

¿Fue acaso en el Norte o en el Mediodía?
Yo el tiempo y el día y el país ignoro,
pero sé que Eulalia ríe todavía,
¡y es cruel y eterna su risa de oro!

Sonatina

La princesa está triste... ¿qué tendrá la princesa?
Los suspiros se escapan de su boca de fresa,
que ha perdido la risa, que ha perdido el color.
La princesa está pálida en su silla de oro,
está mudo el teclado de su clave sonoro;
y en un vaso olvidada se desmaya una flor.

El jardín puebla el triunfo de los pavos-reales.
Parlanchina, la dueña, dice cosas banales,
y, vestido de rojo, piruetea el bufón.
La princesa no ríe, la princesa no siente;
la princesa persigue por el cielo de Oriente
la libélula vaga de una vaga ilusión.

¿Piensa acaso en el príncipe de Golconda o de China,
o en el que ha detenido su carroza argentina
para ver de sus ojos la dulzura de luz?
¿O en el rey de las Islas de las Rosas fragantes,
o en el que es soberano de los claros diamantes,
o en el dueño orgulloso de las perlas de Ormuz?

¡Ay! La pobre princesa de la boca de rosa
quiere ser golondrina, quiere ser mariposa,
tener alas ligeras, bajo el cielo volar,
ir al sol por la escala luminosa de un rayo,
saludar a los lirios con los versos de mayo,
o perderse en el viento sobre el trueno del mar.

Ya no quiere el palacio, ni la rueca de plata,
ni el halcón encantado, ni el bufón escarlata,
ni los cisnes unánimes en el lago de azur.
Y están tristes las flores por la flor de la corte;
los jazmines de Oriente, los nelumbos del Norte,
de Occidente las dalias y las rosas del Sur.

¡Pobrecita princesa de los ojos azules!
Está presa en sus oros, está presa en sus tules,
en la jaula de mármol del palacio real,
el palacio soberbio que vigilan los guardas,
que custodian cien negros con sus cien alabardas,
un lebrel que no duerme y un dragón colosal.

¡Oh quién fuera hipsipila que dejó la crisálida!
(La princesa está triste. La princesa está pálida)
¡Oh visión adorada de oro, rosa y marfil!

¡Quién volara a la tierra donde un príncipe existe
(La princesa está pálida. La princesa está triste)
más brillante que el alba, más hermoso que abril!

—¡Calla, calla, princesa —dice el hada madrina—,
en caballo con alas, hacia acá se encamina,
en el cinto la espada y en la mano el azor,
el feliz caballero que te adora sin verte,
y que llega de lejos, vencedor de la Muerte,
a encenderte los labios con su beso de amor!

Blasón

Para la marquesa de Peralta

El olímpico cisne de nieve
con el ágata rosa del pico
lustra el ala eucarística y breve
que abre al sol como un casto abanico.

En la forma de un brazo de lira
y del asa de un ánfora griega
es su cándido cuello que inspira
como prora ideal que navega.

Es el cisne, de estirpe sagrada,
cuyo beso, por campos de seda
ascendió hasta la cima rosada
de las dulces colinas de Leda.

Blanco rey de la fuente Castalia,
su victoria ilumina el Danubio;
Vinci fue su barón en Italia;
Lohengrín es su príncipe rubio.

Su blancura es hermana del lino,
del botón de los blancos rosales

y del albo toisón diamantino
de los tiernos corderos pascuales.

Rimador de ideal florilegio,
es de armiño su lírico manto,
y es el mágico pájaro regio
que al morir rima el alma en un canto.

El alado aristócrata muestra
lises albos en·campo de azur,
y ha sentido en sus plumas la diestra
de la amable y gentil Pompadour.

Boga y boga en el lago sonoro
donde el sueño a los tristes espera,
donde aguarda una góndola de oro
a la novia de Luis de Baviera.

Dad, Marquesa, a los cisnes cariño,
dioses son de un país halagüeño
y hechos son de perfume, de armiño,
de luz alba, de seda y de sueño.

El país del sol

Para una artista cubana.

Junto al negro palacio del rey de la isla de Hierro —(¡oh cruel,
horrible destierro!)— ¿cómo es que tú, hermana harmoniosa, haces
cantar al cielo gris, tu pajarera de ruiseñores, tu formidable caja musical? ¿No te entristece recordar la primavera en que oíste a un pájaro divino y tornasol

en el país del sol?

En el jardín del rey de la isla de Oro —(¡oh, mi ensueño que
adoro!)— fuera mejor que tú, harmoniosa hermana, amaestrases tus
aladas flautas, tus sonoras arpas; tú que naciste donde más lindos nacen el clavel de sangre y la rosa de arrebol,

en el país del sol!

O en el alcázar de la reina de la isla de Plata —(Schubert, solloza la *Serenata*...)— pudieras también, hermana harmoniosa, hacer que las místicas aves de tu alma alabasen, dulce, dulcemente, el claro de luna, los vírgenes lirios, la monja paloma y el cisne marqués. La mejor plata se funde en un ardiente crisol,
en el país del sol!

Vuelve, pues, a tu barca, que tiene lista la vela —(resuena, lira, Céfiro, vuela)— y parte, harmoniosa hermana, adonde un príncipe bello, a la orilla del mar, pide liras, y versos y rosas, y acaricia sus rizos de oro bajo un regio y azul parasol,
en el país del sol!

Mía

Mía: así te llamas.
¿Qué más harmonía?
Mía: luz del día;
mía: rosas, llamas.

¡Qué aroma derramas
en el alma mía
si sé que me amas!
¡Oh Mía! ¡Oh Mía!

Tu sexo fundiste
con mi sexo fuerte,
fundiendo dos bronces.

Yo triste, tú triste...
¿No has de ser entonces
mía hasta la muerte?

Coloquio de los centauros

En la isla en que detiene su esquife el argonauta
del inmortal Ensueño, donde la eterna pauta

de las eternas liras se escucha —isla de oro
en que el tritón elige su caracol sonoro
y la sirena blanca va a ver el sol— un día
se oye un tropel vibrante de fuerza y de harmonía.

Son los Centauros. Cubren la llanura. Les siente
la montaña. De lejos, forman són de torrente
que cae; su galope al aire que reposa
despierta, y estremece la hoja del laurel-rosa.

Son los Centauros. Unos enormes, rudos; otros
alegres y saltantes como jóvenes potros;
unos con largas barbas como los padres-ríos;
otros imberbes, ágiles y de piafantes bríos,
y de robustos músculos, brazos y lomos aptos
para portar las ninfas rosadas en los raptos.

Van en galope rítmico. Junto a un fresco boscaje,
frente al gran Oceano, se paran. El paisaje
recibe de la urna matinal luz sagrada
que el vasto azul suaviza con límpida mirada.
Y oyen seres terrestres y habitantes marinos
la voz de los crinados cuadrúpedos divinos.

QUIRON

Calladas las bocinas a los tritones gratas,
calladas las sirenas de labios escarlatas,
los carrillos de Eolo desinflados, digamos
junto al laurel ilustre de florecidos ramos
la gloria inmarcesible de las Musas hermosas
y el triunfo del terrible misterio de las cosas.
He aquí que renacen los lauros milenarios;
vuelven a dar su lumbre los viejos lampadarios;
y anímase en mi cuerpo de Centauro inmortal
la sangre del celeste caballo paternal.

Arquero luminoso, desde el Zodiaco llegas;
aun presas en las crines tienes abejas griegas;
aun del dardo herakleo muestras la roja herida
por do salir no pudo la esencia de tu vida.
¡Padre y Maestro excelso! Eres la fuente sana
de la verdad que busca la triste raza humana:
aun Esculapio sigue la vena de tu ciencia;
siempre el veloz Aquiles sustenta su existencia
con el manjar salvaje que le ofreciste un día,
y Herakles, descuidando su maza, en la harmonía
de los astros, se eleva bajo el cielo nocturno...

QUIRON

La ciencia es flor del tiempo: mi padre fue Saturno.

ABANTES

Himnos a la sagrada Naturaleza; al vientre
de la tierra y al germen que entre las rocas y entre
las carnes de los árboles, y dentro humana forma,
es un mismo secreto y es una misma norma,
potente y sutilísimo, universal resumen
de la suprema fuerza, de la virtud del Numen.

QUIRON

¡Himnos! Las cosas tienen un ser vital; las cosas
tienen raros aspectos, miradas misteriosas;
toda forma es un gesto, una cifra, un enigma;
en cada átomo existe un incógnito estigma;
cada hoja de cada árbol canta un propio cantar
y hay un alma en cada una de las gotas del mar;
el vate, el sacerdote, suele oír el acento

191

desconocido; a veces enuncia el vago viento
un misterio; y revela una inicial la espuma
o la flor; y se escuchan palabras de la bruma;
y el hombre favorito del Numen, en la linfa
o la ráfaga encuentra mentor —demonio o ninfa.

FOLO

El biforme ixionida comprende de la altura,
por la materna gracia, la lumbre que fulgura,
la nube que se anima de luz y que decora
el pavimento en donde rige su carro Aurora,
y la banda de Iris que tiene siete rayos
cual la lira en sus brazos siete cuerdas, los mayos
en la fragante tierra llenos de ramos bellos,
y el Polo coronado de cándidos cabellos.
El ixionida pasa veloz por la montaña
rompiendo con el pecho de la maleza huraña
los erizados brazos, las cárceles hostiles;
escuchan sus orejas los ecos más sutiles:
sus ojos atraviesan las intrincadas hojas
mientras sus manos toman para sus bocas rojas
las frescas bayas altas que el sátiro codicia;
junto a la oculta frente su mirada acaricia
las curvas de las ninfas del séquito de Diana;
pues en su cuerpo corre también la esencia humana
unida a la corriente de la savia divina
y a la salvaje sangre que hay en la bestia equina.
Tal el hijo robusto de Ixión y de la Nube.

QUIRON

Sus cuatro patas bajan; su testa erguida sube.

ORNEO

Yo comprendo el secreto de la bestia. Malignos
seres hay y benignos. Entre ellos se hacen signos
de bien y mal, de odio o de amor, o de pena
o gozo: el cuervo es malo y la torcaz es buena.

QUIRON

Ni es la torcaz benigna, ni es el cuervo protervo:
son formas del Enigma la paloma y el cuervo.

ASTILO

El Enigma es el soplo que hace cantar la lira.

NESO

¡El Enigma es el rostro fatal de Deyanira!
Mi espalda aun guarda el dulce perfume de la bella;
aun mis pupilas llaman su claridad de estrella.
¡Oh aroma de su sexo! ¡O rosas y alabastros!
¡Oh envidia de las flores y celos de los astros!

QUIRON

Cuando del sacro abuelo la sangre luminosa
con la marina espuma formara nieve y rosa,
hecha de rosa y nieve nació la Anadiomena.
Al cielo alzó los brazos la lírica sirena,
los curvos hipocampos sobre las vedes ondas
levaron los hocicos; y caderas redondas,
tritónicas melenas y dorsos de delfines
junto a la Reina nueva se vieron. Los confines

del mar llenó el grandioso clamor; el universo
sintió que un hombre harmónico sonoro como un verso
llenaba el hondo hueco de la altura; ese nombre
hizo gemir la tierra de amor; fue para el hombre
más alto que el de Jove; y los númenes mismos
lo oyeron asombrados; los lóbregos abismos
tuvieron una gracia de luz. ¡VENUS impera!
Ella es entre las reinas celestes la primera,
pues es quien tiene el fuerte poder de la Hermosura.
¡Vaso de miel y mirra brotó de la amargura!
Ella es la más gallarda de las emperatrices;
princesa de los gérmenes, reina de las matrices,
señora de las savias y de las atracciones,
señora de los besos y de los corazones.

EURITO

¡No olvidaré los ojos radiantes de Hipodamia!

HIPEA

Yo sé de la hembra humana la original infamia.
Venus anima artera sus máquinas fatales;
tras sus radiantes ojos ríen traidores males;
de su floral perfume se exhala sutil daño;
su cráneo oscuro alberga bestialidad y engaño.
Tiene las formas puras del ánfora, y la risa
del agua que la brisa riza y el sol irisa;
mas la ponzoña ingénita su máscara pregona:
mejores son el águila, la yegua y la leona.
De su húmeda impureza brota el calor que enerva
los mismos sacros dones de la imperial Minerva;
y entre sus duros pechos, lirios del Aqueronte,
hay un olor que llena la barca de Caronte.

ODITES

Como una miel celeste hay en su lengua fina;
su piel de flor aun húmeda está de agua marina.
Yo he visto de Hipodamia la faz encantadora,
la cabellera espesa, la pierna vencedora;
ella de la hembra humana fuera ejemplar augusto;
ante su rostro olímpico no habría rostro adusto;
las Gracias junto a ella quedarían confusas,
y las ligeras Horas y las sublimes Musas
por ella detuvieran sus giros y su canto.

HIPEA

Ella la causa fuera de inenarrable espanto:
por ella el ixionida dobló su cuello fuerte.
La hembra humana es hermana del Dolor y la Muerte.

QUIRON

Por suma ley un día llegará el himeneo
que el soñador aguarda: Cenis será Ceneo;
claro será el origen del femenino arcano:
la Esfinge tal secreto dirá a su soberano.

CLITO

Naturaleza tiende sus brazos y sus pechos
a los humanos seres; la clave de los hechos
conócela el vidente; Homero con su báculo,
en su gruta Deifobe, la lengua del Oráculo.

CLAUMANTES

El monstruo expresa su ansia del corazón del Orbe,
en el Centauro el bruto la vida humana absorbe,
el sátiro es la selva sagrada y la lujuria,
une sexuales ímpetus a la harmoniosa furia.

Pan junta la soberbia de la montaña agreste
al ritmo de la inmensa mecánica celeste;
la boca melodiosa que atrae en Sirenusa
es de la fiera alada y es de la suave musa;
con la bicorne bestia Pasifae se ayunta,
Naturaleza sabia formas diversas junta,
y cuando tiene al hombre la gran Naturaleza,
el monstruo, siendo el símbolo, se viste de belleza.

GRINEO

Yo amo lo inanimado que amó el divino Hesiodo.

QUIRON

Grineo, sobre el mundo tiene un ánima todo.

GRINEO

He visto, entonces, raros ojos fijos en mí;
los vivos ojos rojos del alma del rubí;
los ojos luminosos del alma del topacio
y los de la esmeralda que del azul espacio
la maravilla imitan; los ojos de las gemas
de brillos peregrinos y mágicos emblemas.
Amo el granito duro que el arquitecto labra
y el mármol en que duermen la línea y la palabra...

QUIRON

A Deucalión y a Pirra, varones y mujeres
las piedras aun intactas dijeron: «¿Qué nos quieres?»

LICIDAS

Yo he visto los lemures flotar, en los nocturnos
instantes, cuando escuchan los bosques taciturnos
el loco grito de Atis que su dolor revela

o la maravilla canción de Filomela.
El galope apresuro, si en el boscaje miro
manes que pasan, y oigo su fúnebre suspiro.
Pues de la Muerte el hondo, desconocido Imperio,
guarda el pavor sagrado de su fatal misterio.

ARNEO

La Muerte es de la Vida la inseparable hermana.

QUIRON

La Muerte es la victoria de la progenie humana.

MEDON

¡La Muerte! Yo la he visto. No es demacrada y mustia
ni ase corva guadaña, ni tiene faz de angustia.
Es semejante a Diana, casta y virgen como ella;
en su rostro hay la gracia de la núbil doncella
y lleva una guirnalda de rosas siderales.
En su siniestra tiene verdes palmas triunfales,
y en su diestra una copa con agua del olvido.
A sus pies, como un perro, yace un amor dormido.

AMICO

Los mismos dioses buscan la dulce paz que vierte.

QUIRON

La pena de los dioses es no alcanzar la Muerte.

EURITO

Si el hombre —Prometeo— pudo robar la vida,
la clave de la muerte seréle concedida.

La virgen de las vírgenes es inviolable y pura.
Nadie su casto cuerpo tendrá en la alcoba oscura,
ni beberá en sus labios el grito de victoria,
ni arrancará a su frente las rosas de su gloria...

*

Mas he aquí que Apolo se acerca al meridiano.
Sus truenos prolongados repite el Oceano.
Bajo el dorado carro del reluciente Apolo
vuelve a inflar sus carrillos y sus odres Eolo.

A lo lejos, un templo de mármol se divisa
entre laureles-rosa que hace cantar la brisa.
Con sus vibrantes notas de Céfiro desgarra
la veste transparente la helénica cigarra,
y por el llano extenso van en tropel sonoro
los Centauros, y al paso, tiembla la Isla de Oro.

El cisne

Fue en una hora divina para el género humano.
El Cisne antes cantaba sólo para morir.
Cuando se oyó el acento del Cisne wagneriano
fue en medio de la aurora, fue para revivir.

Sobre las tempestades del humano oceano
se oyó el canto del Cisne; no se cesa de oír,
dominando el martillo del viejo Thor germano
o las trompas que cantan la espada de Argantir.

¡Oh Cisne! ¡Oh sacro pájaro! Si antes la blanca Helena
del huevo azul de Leda brotó de gracia plena,
siendo de la Hermosura la princesa inmortal,

bajo tus blancas alas la nueva Poesía
concibe en una gloria de luz y de harmonía
la Helena eterna y pura que encarna el ideal.

Verlaine

Responso

Padre y maestro mágico, liróforo celeste
que al instrumento olímpico y a la siringa agreste
    diste tu acento encantador;
¡Panida! Pan tú mismo, que coros condujiste
hacia el propíleo sacro que amaba tu alma triste,
    ¡al son del sistro y del tambor!

Que tu sepulcro cubra de flores Primavera,
que se humedezca el áspero hocico de la fiera
    de amor si pasa por allí;
que el fúnebre recinto visite Pan bicorne;
que de sangrientas rosas el fresco abril te adorne
    y de claveles de rubí.

Que si posarse quiere sobre la tumba el cuervo,
ahuyenten la negrura del pájaro protervo
    el dulce canto de cristal
que Filomela vierta sobre tus tristes huesos,
o la harmonía dulce de risas y de besos
    de culto oculto y florestal.

Que púberes canéforas te ofrenden el acanto,
que sobre tu sepulcro no se derrame el llanto,
    sino rocío, vino, miel;
que el pámpano allí brote, las flores de Citeres,
y que se escuchen vagos suspiros de mujeres
    ¡bajo un simbólico laurel!

Que si un pastor su pífano bajo el frescor del haya,
en amorosos días, como en Virgilio, ensaya,
        tu nombre ponga en la canción;
y que la virgen náyade, cuando ese nombre escuche
con ansias y temores entre las linfas luche,
        llena de miedo y de pasión.

De noche, en la montaña, en la negra montaña
de las Visiones, pase gigante sombra extraña,
        sombra de un Sátiro espectral;
que ella al centauro adusto con su grandeza asuste;
de una extra-humana flauta la melodía ajuste
        a la harmonía sideral.

Y huya el tropel equino por la montaña vasta;
tu rostro de ultratumba bañe la luna casta
        de compasiva y blanca luz;
y el Sátiro contemple sobre un lejano monte
una cruz que se eleve cubriendo el horizonte
        ¡y un resplandor sobre la cruz!

El reino interior

A Eugenio de Castro.

...with Psychis, my soul.

POE

Una selva suntuosa
en el azul celeste su rudo perfil calca.
Un camino. La tierra es de color de rosa,
cual la que pinta fra Doménico Cavalca,
en sus Vidas de santos. Se ven extrañas flores
de la flora gloriosa de los cuentos azules,
y entre las ramas encantadas, papemores
cuyo canto extasiara de amor a los bulbules.
(*Papemor:* ave rara; *Bulbules:* ruiseñores.)
        *

Mi alma frágil se asoma a la ventana oscura
de la torre terrible en que ha treinta años sueña.
La gentil Primavera primavera le augura.
La vida le sonríe rosada y halagüeña.
Y ella exclama: «¡Oh fragante día! ¡Oh sublime día!
Se diría que el mundo está en flor; se diría
que el corazón sagrado de la tierra se mueve
con un ritmo de dicha; luz brota, gracia llueve.
¡Yo soy la prisionera que sonríe y que canta!»
Y las manos liliales agita, como infanta
real en los balcones del palacio paterno.

*

¿Qué son se escucha, son lejano, vago y tierno?
Por el lado derecho del camino adelanta
el paso leve una adorable teoría
virginal. Siete blancas doncellas, semejantes
a siete blancas rosas de gracia y de harmonía
que el alba constelara de perlas y diamantes.
¡Alabastros celestes habitados por astros:
Dios se releja en esos dulces alabastros!
Sus vestes son tejidos del lino de la luna.
Van descalzas. Se mira que posan el pie breve
sobre el rosado suelo, como una flor de nieve.
Y los cuellos se inclinan, imperiales, en una
manera que lo excelso pregona de su origen.
Como al compás de un verso su suave paso rigen.
Tal el divino Sandro dejara en sus figuras
esos graciosos gestos en esas líneas puras.
Como a un velado són de liras y laúdes,
divinamente blancas y castas pasan esas
siete bellas princesas. Y esas bellas princesas
son las siete Virtudes.

*

Al lado izquierdo del camino y paralelamente, siete mancebos —oro, seda, escarlata,
armas ricas de Oriente— hermosos, parecidos
a los satanes verlenianos de Ecbatana,
vienen también. Sus labios sensuales y encendidos,
de efebos criminales, son cual rosas sangrientas;
sus puñales, de piedras preciosas revestidos
—ojos de víboras de luces fascinantes—,
al cinto penden; arden las púrpuras violentas
en los jubones; ciñen las cabezas triunfantes
oro y rosas; sus ojos, ya lánguidos, ya ardientes,
son dos carbunclos mágicos de fulgor sibilino,
y en sus manos de ambiguos príncipes decadentes
relucen como gemas las uñas de oro fino.
Bellamente infernales,
llenan el aire de hechiceros veneficios
esos siete mancebos. Y son los siete vicios,
los siete poderosos pecados capitales.

*

Y los siete mancebos a las siete doncellas
lanzan vivas miradas de amor. Las Tentaciones.
De sus liras melifluas arrancan vagos sones.
Las princesas prosiguen, adorables visiones
en su blancura de palomas y de estrellas.

*

Unos y otras se pierden por la vía de rosa,
y el alma mía queda pensativa a su paso.
—¡Oh! ¿Qué hay en ti, alma mía?
¡Oh! ¿Qué hay en ti, mi pobre infanta misteriosa?
¿Acaso piensas en la blanca teoría?
¿Acaso
los brillantes mancebos te atraen, mariposa?

*

Ella no me responde.
Pensativa se aleja de la oscura ventana
—pensativa y risueña,
de la Bella-durmiente-del bosque tierna hermana—,
y se adormece en donde
hace treinta años sueña.

*

Y en sueño dice: «¡Oh dulces delicias de los cielos!
¡Oh tierra sonrosada que acarició mis ojos!
—¡Princesas, envolvedme con vuestros blancos velos!
—¡Príncipes, estrechadme con vuestros brazos rojos!»

De *Prosas profanas* (2.ª ed., 1901)

Ama tu ritmo...

Ama tu ritmo y ritma tus acciones
bajo su ley, así como tus versos;
eres un universo de universos
y tu alma una fuente de canciones.

La celeste unidad que presupones
hará brotar en ti mundos diversos,
y al resonar tus números dispersos
pitagoriza en tus constelaciones.

Escucha la retórica divina
del pájaro del aire y la nocturna
irradiación geométrica adivina;

mata la indiferencia taciturna
y engarza perla y perla cristalina
en donde la verdad vuelca su urna.

Yo persigo una forma...

Yo persigo una forma que no encuentra mi estilo,
botón de pensamiento que busca ser la rosa;
se anuncia con un beso que en mis labios se posa
al abrazo imposible de la Venus de Milo.

Adornan verdes palmas el blanco peristilo;
los astros me han predicho la visión de la Diosa;
y en mi alma reposa la luz como reposa
el ave de la luna sobre un lago tranquilo.

Y no hallo sino la palabra que huye,
la iniciación melódica que de la flauta fluye
y la barca del sueño que en el espacio boga;

y bajo la ventana de mi Bella-Durmiente,
el sollozo continuo del chorro de la fuente
y el cuello del gran cisne blanco que me interroga.

De *Cantos de vida y esperanza*

Prefacio

Podría repetir aquí más de un concepto de las palabras liminares
de *Prosas profanas*. Mi respeto por la aristocracia del pensamiento,
por la nobleza del Arte, siempre es el mismo. Mi antiguo aborreci-
miento a la mediocridad, a la mulatez intelectual, a la chatura estética, apenas si se aminora hoy con una razonada indiferencia.

El movimiento de libertad que me tocó iniciar en América se pro-
pagó hasta España, y tanto aquí como allá el triunfo está logrado.
Aunque respecto a técnica tuviese demasiado que decir en el país en
donde la expresión poética está anquilosada, a punto de que la mo-
mificación del ritmo ha llegado a ser un artículo de fe, no haré sino
una corta advertencia. En todos los países cultos de Europa se ha usado
del hexámetro absolutamente clásico, sin que la mayoría letrada y,
sobre todo, la minoría leída, se asustasen de semejante manera de can-

tar. En Italia ha mucho tiempo, sin citar antiguos, que Carducci ha autorizado los hexámetros; en inglés, no me atrevería casi a indicar, por respeto a la cultura de mis lectores, que la *Evangelina*, de Longfellow, está en los mismos versos en que Horacio dijo sus mejores pensares. En cuanto al verso libre moderno... ¿no es verdaderamente singular que en esta tierra de Quevedos y Góngoras los únicos innovadores del instrumento lírico, los únicos libertadores del ritmo, hayan sido los poetas del *Madrid Cómico* y los libretistas del género chico?

Hago esta advertencia porque la forma es lo que primeramente toca a las muchedumbres. Yo no soy un poeta para las muchedumbres. Pero sé que indefectiblemente tengo que ir a ellas.

Cuando dije que mi poesía era *mía, en mí,* sostuve la primera condición de mi existir, sin pretensión ninguna de causar sectarismo en mente o voluntad ajena, y en un intenso amor a lo absoluto de la belleza.

Al seguir la vida que Dios me ha concedido tener, he buscado expresarme lo más noble y altamente en mi comprensión. Voy diciendo mi verso con una modestia tan orgullosa, que solamente las espigas comprenden, y cultivo, entre otras flores, una rosa rosada, concreción de alba, capullo de porvenir, entre el bullicio de la literatura.

Si en estos cantos hay política, es porque aparece universal. Y si encontráis versos a un presidente, es porque son un clamor continental. Mañana podremos ser yanquis (y es lo más probable); de todas maneras, mi protesta queda escrita sobre las alas de los inmaculados cisnes, tan ilustres como Júpiter.

Yo soy aquél que ayer no más decía

Yo soy aquél que ayer no más decía
el verso azul y la canción profana,
en cuya noche un ruiseñor había
que era alondra de luz por la mañana.

El dueño fui de mi jardín de sueño,
lleno de rosas y de cisnes vagos;
el dueño de las tórtolas, el dueño
de góndolas y liras en los lagos;

y muy siglo diez y ocho y muy antiguo
y muy moderno; audaz, cosmopolita;
con Hugo fuerte y con Verlaine ambiguo,
y una sed de ilusiones infinita.

Yo supe de dolor desde mi infancia,
mi juventud... ¿fue juventud la mía?
Sus rosas aun me dejan su fragancia...
una fragancia de melancolía...

Potro sin freno se lanzó mi instinto,
mi juventud montó potro sin freno;
iba embriagada y con puñal al cinto;
si no cayó, fue porque Dios es bueno.

En mi jardín se vio una estatua bella;
se juzgó mármol y era carne viva;
una alma joven habitaba en ella,
sentimental, sensible, sensitiva.

Y tímida ante el mundo, de manera
que encerrada en silencio no salía,
sino cuando en la dulce primavera
era la hora de la melodía...

Hora de ocaso y de discreto beso;
hora crepuscular y de retiro;
hora de madrigal y de embeleso,
de «te adoro», de «¡ay!» y de suspiro.

Y entonces era en la dulzaina un juego
de misteriosas gamas cristalinas,
un renovar de notas del Pan griego
y un desgranar de músicas latinas.

Con aire tal y con ardor tan vivo,
que a la estatua nacían de repente
en el muslo viril patas de chivo
y dos cuernos de sátiro en la frente.

Como la Galatea gongorina
me encantó la marquesa verleniana,
y así juntaba a la pasión divina
una sensual hiperestesia humana;

todo ansia, todo ardor, sensación pura
y vigor natural; y sin falsía,
y sin comedia y sin literatura...:
si hay una alma sincera, ésa es la mía.

La torre de marfil tentó mi anhelo;
quise encerrarme dentro de mí mismo,
y tuve hambre de espacio y sed de cielo
desde las sombras de mi propio abismo.

Como la esponja que la sal satura
en el jugo del mar, fue el dulce y tierno
corazón mío, henchido de amargura
por el mundo, la carne y el infierno.

Mas, por gracia de Dios, en mi conciencia
el Bien supo elegir la mejor parte;
y si hubo áspera hiel en mi existencia,
melificó toda acritud el Arte.

Mi intelecto libré de pensar bajo,
bañó el agua castalia el alma mía,
peregrinó mi corazón y trajo
de la sagrada selva la armonía.

¡Oh, la selva sagrada! ¡Oh, la profunda
emanación del corazón divino
de la sagrada selva! ¡Oh, la fecunda
fuente cuya virtud vence al destino!

Bosque ideal que lo real complica,
allí el cuerpo arde y vive y Psiquis vuela;
mientras abajo el sátiro fornica,
ebria de azul deslíe Filomela.

Perla de ensueño y música amorosa
en la cúpula en flor del laurel verde,
Hipsipila sutil liba en la rosa,
y la boca del fauno el pezón muerde.

Allí va el dios en celo tras la hembra,
y la caña de Pan se alza del lodo;
la eterna vida sus semillas siembra,
y brota la armonía del gran Todo.

El alma que entra allí debe ir desnuda,
temblando de deseo y fiebre santa,
sobre cardo heridor y espina aguda:
así sueña, así vibra y así canta.

Vida, luz y verdad, tal triple llama
produce la interior llama infinita.
El Arte puro como Cristo exclama:
Ego sum lux et veritas et vita!

Y la vida es misterio, la luz ciega
y la verdad inaccesible asombra;
la adusta perfección jamás se entrega,
y el secreto ideal duerme en la sombra.

Por eso ser sincero es ser potente;
de desnuda que está, brilla la estrella;
el agua dice el alma de la fuente
en la voz de cristal que fluye de ella.

Tal fue mi intento, hacer del alma pura
mía, una estrella, una fuente sonora,
con el horror de la literatura
y loco de crepúsculo y de aurora.

Del crepúsculo azul que da la pauta
que los celestes éxtasis inspira,
bruma y tono menor —¡toda la flauta!,
y Aurora, hija del Sol— ¡toda la lira!

Pasó una piedra que lanzó una honda;
pasó una flecha que aguzó un violento.
La piedra de la honda fue a la onda,
y la fecha del odio fuese al viento.

La virtud está en ser tranquilo y fuerte;
con el fuego interior todo se abrasa;
se triunfa del rencor y de la muerte,
y hacia Belén... ¡la caravana pasa!

A Roosevelt

¡Es con voz de la Biblia, o verso de Walt Whitman,
que habría que llegar hasta ti, Cazador!
¡Primitivo y moderno, sencillo y complicado,
con un algo de Washington y cuatro de Nemrod!

Eres los Estados Unidos,
eres el futuro invasor
de la América ingenua que tiene sangre indígena,
que aun reza a Jesucristo y aun habla en español.

Eres soberbio y fuerte ejemplar de tu raza;
eres culto, eres hábil; te opones a Tolstoy.
Y domando caballos, o asesinando tigres,
eres un Alejandro-Nabucodonosor.
(Eres un profesor de energía,
como dicen los locos de hoy)

Crees que la vida es incendio,
que el progreso es erupción;
en donde pones la bala
el porvenir pones.
                    No.

Los Estados Unidos son potentes y grandes.
Cuando ellos se estremecen hay un hondo temblor
que pasa por las vértebras enormes de los Andes.
Si clamáis, se oye como el rugir del león.

Ya Hugo a Grant lo dijo: «Las estrellas son vuestras».
(Apenas brilla, alzándose, el argentino sol
y la estrella chilena se levanta...) Sois ricos.
Juntáis al culto de Hércules el culto de Mammón;
y alumbrando el camino de la fácil conquista,
la Libertad levanta su antorcha en Nueva York.

Mas la América nuestra, que tenía poetas
desde los viejos tiempos de Netzahualcoyotl,
que ha guardado las huellas de los pies del gran Baco,
que el alfabeto pánico en un tiempo aprendió;
que consultó los astros, que conoció la Atlántida,
cuyo nombre nos llega resonando en Platón,
que desde los remotos momentos de su vida
vive de luz, de fuego, de perfume, de amor,
la América del grande Moctezuma, del Inca,
la América fragante de Cristóbal Colón,
la América católica, la América española,
la América en que dijo el noble Guatemoc:
«Yo no estoy en un lecho de rosas»; esa América
que tiembla de huracanes y que vive de Amor;
hombres de ojos sajones y alma bárbara, vive.
Y sueña. Y ama, y vibra; y es la hija del Sol.
Tened cuidado. ¡Vive la América española!,
hay mil cachorros sueltos del León Español.
Se necesitaría, Roosevelt, ser por Dios mismo,
el Riflero terrible y el fuerte Cazador,
para poder tenernos en vuestras férreas garras.

Y, pues contáis con todo, falta una cosa: ¡Dios!

¡Torres de Dios! ¡Poetas!

¡Torres de Dios! ¡Poetas!
¡Pararrayos celestes,
que resistís las duras tempestades,
como crestas escuetas,

como picos agrestes,
rompeolas de las eternidades!

La mágica esperanza anuncia un día
en que sobre la roca de armonía
expirará la pérfida sirena.
¡Esperad, esperemos todavía!

Esperad todavía
El bestial elemento se solaza
en el odio a la sacra poesía
y se arroja baldón de raza a raza.

La insurrección de abajo
tiende a los Excelentes.
El caníbal codicia su tasajo
con roja encía y afilados dientes.

Torres, poned al pabellón sonrisa.
Poned ante ese mal y ese recelo
una soberbia insinuación de brisa
y una tranquilidad de mar y cielo...

Los cisnes

I

¿Que signo haces, oh Cisne, con tu encorvado cuello
al paso de los tristes y errantes soñadores?
¿Por qué tan silencioso de ser blanco y ser bello,
tiránico a las aguas e impasible a las flores?

Yo te saludo ahora como en versos latinos
te saludara antaño Publio Ovidio Nasón.
Los mismos ruiseñores cantan los mismos trinos,
y en diferentes lenguas es la misma canción.

A vosotros mi lengua no debe ser extraña.
A Garcilaso visteis, acaso, alguna vez...

Soy un hijo de América, soy un nieto de España...
Quevedo pudo hablaros en verso en Aranjuez...

Cisnes, los abanicos de vuestras alas frescas
den a las frentes pálidas sus caricias más puras
y alejen vuestras blancas figuras pintorescas
de nuestras mentes tristes las ideas oscuras.

Brumas septentrionales nos llenan de tristezas,
se mueren nuestras rosas, se agostan nuestras palmas,
casi no hay ilusiones para nuestras cabezas,
y somos los mendigos de nuestras pobres almas.

Nos predican la guerra con águilas feroces,
gerifaltes de antaño revienen a los puños,
mas no brillan las glorias de las antiguas hoces,
ni hay Rodrigos ni Jaimes, ni hay Alfonsos ni Nuños.

Faltos del alimento que dan las grandes cosas,
¿qué haremos los poetas sino buscar tus lagos?
A falta de laureles son muy dulces las rosas,
y a falta de victorias busquemos los halagos.

La América Española como la España entera
fija está en el Oriente de su fatal destino;
yo interrogo a la Esfinge que el porvenir espera
con la interrogación de tu cuello divino.

¿Seremos entregados a los bárbaros fieros?
¿Tantos millones de hombres hablaremos inglés?
¿Ya no hay nobles hidalgos ni bravos caballeros?
¿Callaremos ahora para llorar después?

He lanzado mi grito, Cisnes, entre vosotros,
que habéis sido los fieles en la desilusión,
mientras siento una fuga de americanos potros
y el estertor postrero de un caduco león...

...Y un Cisne negro dijo: «La noche anuncia el día».
Y uno blanco: «¡La aurora es inmortal, la aurora
es inmortal!» ¡Oh tierras de sol y de armonía,
aun guarda la Esperanza la Caja de Pandora!

Canción de otoño en primavera

Juventud, divino tesoro,
¡ya te vas para no volver!
Cuando quiero llorar, no lloro...
y a veces lloro sin querer...

Plural ha sido la celeste
historia de mi corazón.
Era una dulce niña, en este
mundo de duelo y aflicción.

Miraba como el alba pura;
sonreía como una flor.
Era su cabellera oscura
hecha de noche y de dolor.

Yo era tímido como un niño.
Ella, naturalmente, fue,
para mi amor hecho de armiño,
Herodías y Salomé...

Juventud, divino tesoro,
¡ya te vas para no volver!
Cuando quiero llorar, no lloro...
y a veces lloro sin querer...

Y más consoladora y más
halagadora y expresiva,
la otra fue más sensitiva
cual no pensé encontrar jamás.

Pues a su continua ternura
una pasión violenta unía.
En un peplo de gasa pura
una bacante se envolvía...

En sus brazos tomó mi ensueño
y lo arrulló como a un bebé...
y le mató, triste y pequeño,
falto de luz, falto de fe...

Juventud, divino tesoro,
¡te fuiste para no volver!
Cuando quiero llorar, no lloro...
y a veces lloro sin querer...

Otra juzgó que era mi boca
el estuche de su pasión;
y que me roería, loca,
con sus dientes el corazón.

Poniendo en un amor de exceso
la mira de su voluntad,
mientras eran abrazo y beso
síntesis de la eternidad;

y de nuestra carne ligera
imaginar siempre un Edén,
sin pensar que la Primavera
y la carne acaban también...

Juventud, divino tesoro,
¡ya te vas para no volver!
Cuando quiero llorar, no lloro...
y a veces lloro sin querer.

¡Y las demás! En tantos climas,
en tantas tierras siempre son,
si no pretextos de mis rimas,
fantasmas de mi corazón.

En vano busqué a la princesa
que estaba triste de esperar.
La vida es dura. Amarga y pesa.
¡Ya no hay princesa que cantar!

Mas a pesar del tiempo terco,
mi sed de amor no tiene fin;
con el cabello gris, me acerco
a los rosales del jardín...

Juventud, divino tesoro,
¡ya te vas para no volver!
Cuando quiero llorar, no lloro...
y a veces lloro sin querer...

¡Mas es mía el Alba de oro!

Divina Psiquis, dulce mariposa...

¡Divina Psiquis, dulce mariposa invisible
que desde los abismos has venido a ser todo
lo que en mi ser nervioso y en mi cuerpo sensible
forma la chispa sacra de la estatua de lodo!

Te asomas por mis ojos a la luz de la tierra
y prisionera vives en mí de extraño dueño;
te reducen a esclava mis sentidos en guerra
y apenas vagas libre por el jardín del sueño.

Sabia de la Lujuria que sabe antiguas ciencias,
te sacudes a veces entre imposibles muros,
y más allá de todas las vulgares conciencias
exploras los recodos más terribles y oscuros.

Y encuentras sombra y duelo. Que sombra y duelo encuentres
bajo la viña en donde nace el vino del Diablo.
Te posas en los senos, te posas en los vientres
que hicieron a Juan loco e hicieron cuerdo a Pablo.

A Juan virgen y a Pablo militar y violento,
a Juan que nunca supo del supremo contacto;
a Pablo el tempestuoso que halló a Cristo en el viento,
y a Juan ante quien Hugo se queda estupefacto.

Entre la catedral y las ruinas paganas
vuelas, ¡oh Psiquis, oh alma mía!
—como decía
aquel celeste Edgardo,
que entró en el paraíso entre un són de campanas
y un perfume de nardo—,
entre la catedral
y las paganas ruinas
repartes tus dos alas de cristal,
tus dos alas divinas.
Y de la flor
que el ruiseñor
canta en su griego antiguo, de la rosa,
vuelas, ¡oh, Mariposa!,
a posarte en un clavo de nuestro Señor.

¡Carne, celeste carne de la mujer!...

¡Carne, celeste carne de la mujer! Arcilla
—dijo Hugo—, ambrosía más bien, ¡oh maravilla!,
la vida se soporta,
tan doliente y tan corta,
solamente por eso:
¡roce, mordisco o beso
en ese pan divino
para el cual nuestra sangre es nuestro vino!
En ella está la lira,
en ella está la rosa,
en ella está la ciencia armoniosa,
en ella se respira
el perfume vital de toda cosa.

Eva y Cipris concentran el misterio
del corazón del mundo.
Cuando el áureo Pegaso
en la victoria matinal se lanza
con el mágico ritmo de su paso
hacia la vida y hacia la esperanza,
si alza la crin y las narices hincha
y sobre las montañas pone el casco sonoro
y hacia la mar relincha,
y el espacio se llena
de un gran temblor de oro,
es que ha visto desnuda a Anadiomena.

Gloria, ¡oh Potente a quien las sombras temen!
¡Que las más blancas tórtolas te inmolen!
¡Pues por ti la floresta está en el polen
y el pensamiento en el sagrado semen!

Gloria, ¡oh Sublime que eres la existencia
por quien siempre hay futuros en el útero eterno!
¡Tu boca sabe al fruto del árbol de la Ciencia
y al torcer tus cabellos apagaste el infierno!

Inútil es el grito de la legión cobarde
del interés, inútil el progreso
yankee, si te desdeña.
Si el progreso es de fuego, por ti arde.
¡Toda lucha del hombre va a tu beso,
por ti se combate o se sueña!

Pues en ti existe Primavera para el triste,
labor gozosa para el fuerte,
néctar, Anfora, dulzura amable.
¡Porque en ti existe
el placer de vivir hasta la muerte
ante la eternidad de lo probable!...

Melancolía

Hermano, tú que tienes la luz, dime la mía.
Soy como un ciego. Voy sin rumbo y ando a tientas.
Voy bajo tempestades y tormentas,
ciego de ensueño y loco de armonía.

Ese es mi mal. Soñar. La poesía
es la camisa férrea de mil puntas cruentas
que llevo sobre el alma. Las espinas sangrientas
dejan caer las gotas de mi melancolía.

Y así voy, ciego y loco, por este mundo amargo;
a veces me parece que el camino es muy largo,
y a veces que es muy corto...

Y en este titubeo de aliento y agonía,
cargo lleno de penas lo que apenas soporto.
¿No oyes caer las gotas de mi melancolía?

Caracol

En la playa he encontrado un caracol de oro
macizo y recamado de las perlas más finas;
Europa le ha tocado con sus manos divinas
cuando cruzó las ondas sobre el celeste toro.

He llevado a mis labios el caracol sonoro
y he suscitado el eco de las dianas marinas,
le acerqué a mis oídos y las azules minas
me han contado en voz baja su secreto tesoro.

Así la sal me lleva de los vientos amargos
que en sus hinchadas velas sintió la nave Argos
cuando amaron los astros el sueño de Jasón;

y oigo un rumor de olas y un incógnito acento
y un profundo oleaje y un misterioso viento...
(El caracol la forma tiene de un corazón)

De otoño

Yo sé que hay quienes dicen: ¿Por qué no canta ahora
con aquella locura armoniosa de antaño?
Esos no ven la obra profunda de la hora,
la labor del minuto y el prodigio del año.

Yo, pobre árbol, produje, al amor de la brisa,
cuando empecé a crecer, un vago y dulce són.
Pasó ya el tiempo de la juvenil sonrisa:
¡Dejad al huracán mover mi corazón!

Nocturno

Los que auscultasteis el corazón de la noche,
los que por el insomnio tenaz habéis oído
el cerrar de una puerta, el resonar de un coche
lejano, un eco vago, un ligero ruido...

En los instantes del silencio misterioso,
cuando surgen de su prisión los olvidados,
en la hora de los muertos, en la hora del reposo,
¡sabréis leer estos versos de amargor impregnados!...

Como en un vaso vierto en ellos mis dolores
de lejanos recuerdos y desgracias funestas,
y las tristes nostalgias de mi alma, ebria de flores,
y el duelo de mi corazón, triste de fiestas.

Y el pesar de no ser lo que yo hubiera sido,
la pérdida del reino que estaba para mí,
el pensar que un instante pude no haber nacido,
¡y el sueño que es mi vida desde que yo nací!

Todo esto viene en medio del silencio profundo
en que la noche envuelve la terrena ilusión,
y siento como un eco del corazón del mundo
que penetra y conmueve mi propio corazón.

Lo fatal

Dichoso el árbol que es apenas sensitivo,
y más la piedra dura porque esa ya no siente,
pues no hay dolor más grande que el dolor de ser vivo,
ni mayor pesadumbre que la vida consciente.

Ser, y no saber nada, y ser sin rumbo cierto,
y el temor de haber sido y un futuro terror...
Y el espanto seguro de estar mañana muerto,
y sufrir por la vida y por la sombra y por

lo que no conocemos y apenas sospechamos,
y la carne que tienta con sus frescos racimos,
y la tumba que aguarda con sus fúnebres ramos,
¡y no saber adónde vamos,
ni de dónde venimos!...

De *El canto errante*

Dilucidaciones

VI

Jamás he manifestado el culto exclusivo de la palabra por la palabra. «Las palabras —escribe el señor Ortega y Gasset, cuyos pensares me halagan—, las palabras son logaritmos de las cosas, imágenes, ideas y sentimientos, y por tanto, sólo pueden emplearse como signos de valores, nunca como valores». De auerdo. Mas la palabra nace juntamente con la idea, o coexiste con la idea, pues no podemos darnos cuenta de la una sin la otra. Tal mi sentir, a menos que alguien me contradiga después de haber presenciado el parto del cerebro, observando con el microscopio los neurones de nuestro gran Cajal.

En el principio está la palabra como única representación. No simplemente como signo, puesto que no hay antes nada que representar. En el principio está la palabra como manifestación de la unidad infinita, pero ya conteniéndola. *Et verbum erat Deus.*

La palabra no es en sí más que un signo, o una combinación de signos; mas lo contiene todo por la virtud demiúrgica. Los que la usan mal, serán los culpables, si no saben manejar esos peligrosos y delicados medios. Y el arte de la ordenación de las palabras no deberá estar sujeto a imposición de yugos, puesto que acaba de nacer la verdad que dice: el arte no es un conjunto de reglas, sino una armonía de caprichos.

Yo no soy un iconoclasta. ¿Para qué? Hace siempre falta a la creación el tiempo perdido en destruir. Mal haya la filosofía que viene de Alemania, que viene de Inglaterra o que viene de Francia, si ella viene a quitar, y no a dar. Sepamos que muchas de esas cosas flamantes importadas yacen, entre polillas, en ancianos infolios españoles. Y las que no, son pruebas por corregir para la edición de mañana, en espera de una sucesión de correcciones. Se está ahora, editorialmente —en Palma de Mallorca—, desenterrando de sus cenizas a un Lulio. ¿Creéis que este fénix resucitado contenga menos que lo que puede dar a la percepción filosófica de hoy cualquiera de los *reporters* usuales en cátedras periodísticas y más o menos sorbónicas del día?

Construir, hacer, ¡oh juventud! Juntos para el templo; solos para el culto. Juntos para edificar; solos para orar. Y con la constancia no será la menor virtud, que en ella va la invencible voluntad de crear. Mas si alguien dijera: «Son cosas de ideólogos», o «son cosas de poetas», decir que no somos otra cosa. Es expresar: además del cerdo y del cisne, que nos han adjudicado ciertos filósofos, tenemos el ángel.

¡Tener ángel, Dios mío! Pido exégetas andaluces.

Resumo: La poesía existirá mientras exista el problema de la vida y de la muerte. El dón de arte es un dón superior que permite entrar en lo desconocido de antes y en lo ignorado de después, en el ambiente del ensueño o de la meditación. Hay una música ideal como hay una música verbal. No hay escuelas; hay poetas. El verdadero artista

comprende todas las maneras y halla la belleza bajo todas las formas.
Toda la gloria y toda la eternidad están en nuestra conciencia.

Revelación

En el acantilado de una roca
que se alza sobre el mar, yo lancé un grito
que de viento y de sal llenó mi boca;

A la visión azul de lo infinito,
al poniente magnífico y sangriento,
al rojo sol todo milagro y mito.

Y sentí que sorbía en sal y viento
como una comunión de comuniones
que en mí hería sentido y pensamiento.

Vidas de palpitantes corazones,
luz que ciencia concreta en sus entrañas
y prodigio de las constelaciones.

Y oí la voz del dios de las montañas
que anunciaba su vuelta en el concierto
maravilloso de sus siete cañas.

Y clamé y dijo mi palabra: «¡Es cierto,
el gran dios de la fuerza y de la vida,
Pan, el gran Pan de lo inmortal, no ha muerto!»

Volví la vista a la montaña erguida
como buscando la bicorne frente
que pone el sol en la alma del panida.

Y vi la singular doble serpiente
que enroscada al celeste caduceo
pasó sobre las olas de repente

llevada por Mercurio. Y mi deseo
tornó a Thalasa maternal la vista,
pues todo hallo en la mar cuando la veo.

Y vi azul y topacio y amatista,
oro, perla y argento y violeta,
y de la hija de Electra la conquista.

Y escuché el ronco ruido de trompeta
que del tritón el caracol derrama,
y a la sirena, amada del poeta.

Y con la voz de quien aspira y ama,
clamé: «¿Dónde está el dios que hace del todo
con el hendido pie brotar el trigo

que a la tribu ideal salva en su exodo?»
Y oí dentro de mí: «Yo estoy contigo,
y estoy en ti y por ti: yo soy el Todo».

Metempsicosis

Yo fui un soldado que durmió en el lecho
de Cleopatra la reina. Su blancura
y su mirada astral y omnipotente.
    Eso fue todo.

¡Oh mirada! ¡oh blancura! y ¡oh aquel lecho
en que estaba radiante la blancura!
¡Oh la rosa marmórea omnipotente!
    Eso fue todo.

Y crujió su espinazo por mi brazo,
y yo, liberto, hice olvidar a Antonio
(¡oh el lecho y la mirada y la blancura!)
    Eso fue todo.

Yo, Rufo Galo, fui soldado, y sangre
tuve de Galia, y la imperial becerra
me dio un minuto audaz de su capricho.
    Eso fue todo.

¿Por qué en aquel espasmo las tenazas
de mis dedos de bronce no apretaron
el cuello de la blanca reina en broma?
    Eso fue todo.

Yo fui llevado a Egipto. La cadena
tuve al pescuezo. Fui comido un día
por los perros. Mi nombre, Rufo Galo.
    Eso fue todo.

Eheu!

Aquí, junto al mar latino,
digo la verdad:
Siento en roca, aceite y vino
yo mi antigüedad.

¡Oh, que anciano soy, Dios santo,
oh, qué anciano soy!...
¿De dónde viene mi canto?
Y yo, ¿adónde voy?

El conocerme a mí mismo
ya me va costando
muchos momentos de abismo
y el cómo y el cuándo...

Y esta claridad latina,
¿de qué me sirvió
a la entrada de la mina
del yo y el no yo?...

Nefelibata contento,
creo interpretar
las confidencias del viento,
la tierra y el mar...

Una vagas confidencias
del ser y el no ser,
y fragmentos de conciencias
de ahora y ayer.

Como en medio de un desierto
me puse a clamar;
y miré al sol como muerto
y me eché a llorar.

Agencia...

¿Qué hay de nuevo?... Tiembla la tierra.
En La Haya incuba la guerra.
Los reyes han terror profundo.
Huele a podrido en todo el mundo.
No hay aromas en Galaad.
Desembarcó el marqués de Sade
procedente de Seboím.
Cambia de curso el *gulf-stream.*
París se flagela de placer.
Un cometa va a aparecer.
Se cumplen ya las profecías
del viejo monje Malaquías.
En la iglesia el diablo se esconde.
Ha parido una monja... (¿En dónde?...)
Barcelona ya no está bona
sino cuando la bomba sona...
China se corta la coleta.
Henry de Rothschild es poeta.
Madrid abomina la capa.
Ya no tiene eunucos el papa.

Se organizará por un bill
la prostitución infantil.
La fe blanca se desvirtúa
y todo negro *continúa*.
En alguna parte está listo
el palacio del Anticristo.
Se cambian comunicaciones
entre lesbianas y gitones.
Se anuncia que viene el Judío
errante... ¿Hay algo más, Dios mío?...

De **Poema del otoño y otros poemas**

Poema del otoño

Tú, que estás la barba en la mano
meditabundo,
¿has dejado pasar, hermano,
la flor del mundo?

Te lamentas de los ayeres
con quejas vanas:
¡aun hay promesas de placeres
en los mañanas!

Aun puedes casar la olorosa
rosa y el lis,
y hay mirtos para tu orgullosa
cabeza gris.

El alma ahíta cruel inmola
lo que la alegra,
como Zingua, reina de Angola,
lúbrica negra.

Tú has gozado de la hora amable,
y oyes después

la imprecación del formidable
Eclesiastés.

El domingo de amor te hechiza;
mas mira cómo
llega el miércoles de ceniza;
Memento, homo...

Por eso hacia el florido monte
las almas van,
y se explican Anacreonte
y Omar Kayam.

Huyendo del mal, de improviso
se entra en el mal,
por la puerta del paraíso
artificial.

Y, no obstante, la vida es bella,
por poseer
la perla, la rosa, la estrella
y la mujer.

Lucifer brilla. Canta el ronco
mar. Y se pierde
Silvano oculto tras el tronco
del haya verde.

Y sentimos la vida pura,
clara, real,
cuando la envuelve la dulzura
primaveral.

¿Para qué las envidias viles
y las injurias,
cuando retuercen sus reptiles
pálidas furias?

¿Para qué los odios funestos
de los ingratos?
¿Para qué los lívidos gestos
de los Pilatos?

¡Si lo terreno acaba, en suma,
cielo e infierno,
y nuestras vidas son la espuma
de un mar eterno!

Lavemos bien de nuestra veste
la amarga prosa;
soñemos en una celeste,
mística rosa.

Cojamos la flor del instante;
¡la melodía
de la mágica alondra cante
la miel del día!

Amor a su fiesta convida
y nos corona.
Todos tenemos en la vida
nuestra Verona.

Aun en la hora crepuscular
canta una voz:
«¡Ruth, risueña, viene a espigar
para Booz!»

Mas coged la flor del instante,
cuando en Oriente
nace el alba para el fragante
adolescente.

¡Oh! Niño que con Eros juegas,
niños lozanos,

danzad como las ninfas griegas
y los silvanos.

El viejo tiempo todo roe
y va de prisa;
sabed vencerle, Cintia, Cloe
y Cidalisa.

Trocad por rosas, azahares,
que suena el són
de aquel Cantar de los Cantares
de Salomón.

Príapo vela en los jardines
que Cipris huella;
Hécate hace aullar los mastines;
mas Diana es bella,

y apenas envuelta en los velos
de la ilusión,
baja a los bosques de los cielos
por Endimión.

¡Adolescencia! Amor te dora
con su virtud;
goza del beso de la aurora,
¡oh juventud!

¡Desventurado el que ha cogido
tarde la flor!
Y ¡ay de aquel que nunca ha sabido
lo que es amor!

Yo he visto en tierra tropical
la sangre arder,
como en un cáliz de cristal,
en la mujer.

Y en todas partes la que ama
y se consume
como una flor hecha de llama
y de perfume.

Abrasaos en esa llama
y respirad
ese perfume que embalsama
la Humanidad.

Gozad de la carne, ese bien
que hoy nos hechiza,
y después se tornará en
polvo y ceniza.

Gozad del sol, de la pagana
luz de sus fuegos;
gozad del sol, porque mañana
estaréis ciegos.

Gozad de la dulce armonía
que a Apolo invoca;
gozad del canto, porque un día
no tendréis boca.

Gozad de la tierra, que un
bien cierto encierra;
gozad, porque no estáis aún
bajo la tierra.

Apartad el temor que os hiela
y que os restringe;
la paloma de Venus vuela
sobre la Esfinge.

Aun vencen muerte, tiempo y hado
las amorosas;

en las tumbas se han encontrado
mirtos y rosas.

Aun Anadiómena en sus lidias
nos da su ayuda;
aun resurge en la obra de Fidias
Friné desnuda.

Vive el bíblico Adán robusto,
de sangre humana,
y aun siente nuestra lengua el gusto
de la manzana.

Y hace de este globo viviente
fuerza y acción
la universal y omnipotente
fecundación.

El corazón del cielo late
por la victoria
de este vivir, que es un combate
y es una gloria.

Pues aunque hay pena y nos agravia
el sino adverso,
en nosotros corre la savia
del universo.

Nuestro cráneo guarda el vibrar
de tierra y sol,
como el ruido de la mar
el caracol.

La sal del mar en nuestras venas
va a borbotones;
tenemos sangre de sirenas
y de tritones.

A nosotros encinas, lauros,
frondas espesas;
tenemos carne de centauros
y satiresas.

En nosotros la Vida vierte
fuerza y calor.
¡Vamos al reino de la Muerte
por el camino del Amor!

De *Canto a la Argentina y otros poemas*.

La Cartuja

Este vetusto monasterio ha visto,
secos de orar y pálidos de ayuno,
con el breviario y con el Santo Cristo,
a los callados hijos de San Bruno.

A los que en su existencia solitaria,
con la locura de la cruz y al vuelo
místicamente azul de la plegaria,
fueron a Dios en busca de consuelo.

Mortificaron con las disciplinas
y los cilicios la carne mortal
y opusieron, orando, las divinas
ansias celestes al furor sexual.

La soledad que amaba Jeremías,
el misterioso profesor de llanto,
y el silencio, en que encuentran armonías
el soñador, el místico y el santo,

fueron para ellos minas de diamantes
que cavan los mineros serafines
a la luz de los cirios parpadeantes
y al són de las campanas de maitines.

Gustaron las harinas celestiales
en el maravilloso simulacro,
herido el cuerpo bajo los sayales,
el espíritu ardiente en amor sacro.

Vieron la nada amarga de este mundo,
pozos de horror y dolores extremos,
y hallaron el concepto más profundo
en el profundo *De morir tenemos.*

Y como a Pablo e Hilarión y Antonio,
a pesar de cilicios y oraciones,
les presentó, con su hechizo, el demonio
sus mil visiones de fornicaciones.

Y fueron castos por dolor y fe,
y fueron pobres por la santidad,
y fueron obedientes porque fue
su reina de pies blancos la humildad.

Vieron los belcebúes y satanes,
que esas almas humildes y apostólicas
triunfaban de maléficos afanes
y de tantas acedias melancólicas.

Que el *Mortui estis* del candente Pablo
les forjaba corazas arcangélicas
y que nada podría hacer el diablo
de halagos finos o añagazas bélicas.

¡Ah!, fuera yo de esos que Dios quería,
y que Dios quiere cuando así le place,
dichosos ante el temeroso día
de losa fría y *¡Requiescat in pace!*

Poder matar el orgullo perverso
y el palpitar de la carne maligna,

todo por Dios, delante el Universo,
con corazón que sufre y se resigna.

Sentir la unción de la divina mano,
ver florecer de eterna luz mi anhelo,
y oír como un Pitágoras cristiano
la música teológica del cielo.

Y al fauno que hay en mí, darle la ciencia,
que al Angel hace estremecer las alas.
Por la oración y por la penitencia
poner en fuga a las diablesas malas.

Darme otros ojos, no estos ojos vivos
que gozan en mirar, como los ojos
de los sátiros locos medio-chivos,
redondeces de nieve y labios rojos.

Darme otra boca en que queden impresos
los ardientes carbones del asceta;
y no esta boca en que vinos y besos
aumentan gulas de hombre y de poeta.

Darme una manos de disciplinante
que me dejen el lomo ensangrentado,
y no estas manos lúbricas de amante
que acarician las pomas del pecado.

Darme una sangre que me deje llenas
las venas de quietud y en paz los sesos,
y no esta sangre que hace arder las venas,
vibrar los nervios y crujir los huesos.

¡Y quedar libre de maldad y engaño
y sentir una mano que me empuja
a la cueva que acoge al ermitaño,
o al silencio y la paz de la Cartuja!

De *Obra poética dispersa*

A Juan Ramón Jiménez

Atrio

¿Tienes, joven amigo, ceñida la coraza
para empezar, valiente, la divina pelea?
¿Has visto si resiste el metal de tu idea
la furia del mandoble y el peso de la maza?

¿Te sientes con la sangre de la celeste raza
que vida con los números pitagóricos crea?
¿Y, como el fuerte Herakles al león de Nemea,
a los sangrientos tigres del mal darías caza?

¿Te enternece el azul de una noche tranquila?
¿Escuchas pensativo el sonar de la esquila
cuando el Angelus dice el alma de la tarde?...

¿Tu corazón las voces ocultas interpreta?
Sigue, entonces, tu rumbo de amor. Eres poeta.
La belleza te cubra de luz y Dios te guarde.

A Amado Nervo

La tortuga de oro camina por la alfombra
y traza por la alfombra un misterioso estigma;
sobre su carapacho hay grabado un enigma
y un círculo enigmático se dibuja en su sombra.

Esos signos nos dicen al Dios que no se nombra
y ponen en nosotros su autoritario estigma:
ese círculo encierra la clave del enigma
que a Minotauro mata y a la Medusa asombra.

Ramo de sueños, mazo de ideas florecidas
en explosión de cantos y en floración de vidas,
sois mi pecho suave, mi pensamiento parco.

Y cuando hayan pasado las sedas de la fiesta,
decidme los sutiles efluvios de la orquesta
y lo que está suspenso entre el violín y el arco.

En las constelaciones

En las constelaciones Pitágoras leía,
yo en las constelaciones pitagóricas leo:
pero se han confundido dentro del alma mía
el alma de Pitágoras con el alma de Orfeo.

Sé que soy, desde el tiempo del Paraíso, reo;
sé que he robado el fuego y robé la armonía;
que es abismo mi alma y huracán mi deseo;
que sorbo el infinito y quiero todavía...

Pero ¿qué voy a hacer, si estoy atado al potro
en que, ganado el premio, siempre quiero ser otro,
y en que, dos en mí mismo, triunfa uno de los dos?

En la arena me enseña la tortuga de oro
hacia dónde conduce de las musas el coro
y en dónde triunfa augusta la voluntad de Dios.

RICARDO JAIMES FREYRE

(Bolivia, 1868-1933). Perteneció a una familia en la que se contaban algunos cultivadores notables de las letras: su padre, Julio Lucas Freyre, había sido un destacado periodista y prosista boliviano del siglo XIX, que publicara abundantes *tradiciones* de su país en la manera de Ricardo Palma; y su madre, la escritora peruana Carolina Freyre, fue también una animadora de cultura que dirigió una revista femenina de su tiempo. Estas circunstancias contribuyeron de un modo efectivo a la sólida formación humanística del hijo, y al encauzamiento de su vocación literaria. Pasó éste una gran parte de su vida en la Argentina; y pronto se asoció al cenáculo modernista que, en Buenos Aires, capitaneaba Rubén Darío (establecido allí desde 1893). Con él, y en aquella misma ciudad, fundó Jaimes Freyre en 1894 la *Revista de América*, de muy corta duración pero cuya página de presentación, firmada por los dos poetas, contenía una expresiva declaración de principios del modernismo hispanoamericano («trabajar por el brillo de la lengua española en América y, al par que por el tesoro de sus riquezas antiguas, por el engrandecimiento de esas mismas riquezas, en vocabulario, rítmica, plasticidad y matiz...»; y también: «servir... a la aristocracia intelectual de las repúblicas de lengua española»). Más adelante, y ya radicado en la ciudad de Tucumán, al norte de la Argentina, se dedica allí a la enseñanza de la literatura y la filosofía en importantes centros de educación superior y universitaria; y funda también y dirige la *Revista de Letras y Cien-*

cias Sociales (1904). Llevó a cabo numerosos trabajos de investigación histórica sobre la provincia de Tucumán, que luego fue dando periódicamente a las prensas. De regreso a Bolivia, ocupó altos puestos administrativos; la representó, como delegado, en la Sociedad de las Naciones de Ginebra; y después, como Embajador, en Chile, los Estados Unidos y Brasil. Con los años, fue madurando en él una recta conciencia social y política, de signo anchamente humanista (en la tradición que abriera Martí y la cual, entre los escritores del modernismo, no volvería a reaparecer hasta principios del siglo XX). Fue así un fervoroso admirador del utopismo social-cristiano de Tolstoi; y hasta pudo después, sin haber sido un militante, demostrar sus simpatías por el espíritu que animara a la Revolución Rusa de 1917. En una ocasión se llegó a pensar en proponerlo como candidato a la presidencia de la República de Bolivia, a lo cual declinó. Vuelto a la Argentina, transcurrió aquí la última etapa de su vida. Murió en Buenos Aires.

Jaimes Freyre intentó episódicamente otros géneros literarios —el teatro, la narración corta—, en esfuerzos de escasa significación dentro de su obra. Mayor la tiene el hecho de haber sido, entre todos los poetas modernistas, quien introduce definitivamente el verso libre, de tanta importancia en el desarrollo ulterior de la poesía contemporánea. Y por haberse interesado incluso científicamente en los problemas de la metrificación. Con su gran bagaje cultural y, sobre todo, ayudado por su fina intuición poética, preparó y publicó sus *Leyes de la versificación castellana* (1912), libro que encontró una estimulante acogida en todo el mundo hispánico (habiendo merecido un alto elogio de Miguel de Unamuno). Pasando previa revisión crítica a las diversas teorías anteriores sobre el mecanismo del verso castellano, lo que allí se proponía al cabo descubrir Jaimes Freyre era «la ley del ritmo», mediante la cual «pudieran explicarse no sólo todos los ritmos conocidos, sino también los que creara más tarde la intuición de los poetas...». Esa ley consistía, medularmente, en la abolición del principio de la cantidad silábica como base (que consideraba «absurda») de la versificación, y su sustitución por el «principio verdadero», que para él era el del período prosódico; esto es, el de las *unidades rítmicas acentuales*. De un modo más resumido: la superioridad del ritmo acentual, como determinante del verso, sobre el improductivo conteo mecánico de la duración silábica. Ello implicaba una corroboración teórica de las posibilidades del versolibrismo, que él mismo había ya practicado en su obra de creación.

La poesía de Jaimes Freyre, muy breve en extensión (y sólo comparable, en tal sentido, a la del colombiano Guillermo Valencia), no asimiló del parnasismo más que algunos rasgos más bien exteriores: el interés temático en leyendas y motivos lejanos, y el cuidadoso trabajo de la forma. Pero la suya era una poesía que tocaba otras cuerdas, más interiores y de sugestión más musical que plástica. Federico de Onís la describe así: «poesía esencialmente poética, es decir, desligada de la realidad, creación de modos imaginarios y fantásticos...». Y Max Henríquez Ureña, en su *Breve historia del modernismo*, habla de «su música arrobadora, impalpable como un aroma [que] gira en torno a una idea vaga e imprecisa, semejante a la bruma de un ensueño». Con estas apreciaciones, ambos críticos apuntan, sin declararlo explícitamente, a lo que es fundamental en esta poesía: su enraizamiento innegable en los principios últimos del simbolismo. Sin estar en verdad tan totalmente desligada de la realidad como permitiría suponerlo la anotación de Onís (aunque en algunas piezas el referente poemático parece casi desdibujarse), lo que sucede es que el poeta confía esencialmente, para la corporización de sus intuiciones, en el poder evocador y sugerente —mágico y musical— de las palabras en su significación suprasensible, tal como lo entendió y practicó el simbolismo.

Una más sistemática y correcta vinculación de sus personales modos de dicción con la sensibilidad simbolista, puede encontrarse en el libro de Mireya Jaimes Freyre que se indica en la Bibliografía. De ese estudio, sin embargo, hay que descartar, hoy, el hecho de haber sido planteado desde la superada dicotomía entre generación del 98 y modernismo; el entendimiento falaz de este último, todavía, en términos estrictos de «insustancialidad» y «superficialidad»; y la consecuente voluntad de adscribir a Jaimes Freyre, por la ausencia de decadentismos implicada en su visión poética, en la órbita generacionista del 98. Lo que, contrariamente acaso a sus propósitos, y por fortuna, prueba de modo cumplido la autora en su libro, es precisamente la pertenencia de este poeta al más hondo y sustancial espíritu del simbolismo.

Dentro de la variedad de sus temas, no excesiva en atención a lo reducido de su obra, destacan (principal, no excluyentemente) dos categorías: los asuntos medievales; y los mitos y leyendas tomados del mundo nórdico (escandinavo, islandés). Estos últimos, particularmente, vienen a definir el modo de exotismo personal y original de Jaimes Freyre, en una época —la modernista— cuando lo común era el saqueo en la mitología luminosa y más conocida del helenismo clásico, ya fácilmente racionalizable y traducible por el uso. Y era que ese mundo del Norte —tenebroso, lejano, extraño y misterioso— se avenía mejor, como punto poético de arranque, al modo de creación sugerente y de medias tintas que el autor favorecía. Por el interés en ambos núcleos temáticos (el medieval y el nórdico) se ha asociado a este poeta americano con el parnasiano Leconte de Lisle, en sus *Poèmes barbares* (1854). Pero el tratamiento poético en ambos es bien diferente: los motivos que resultaban en las maneras discursivas, descriptivas y objetivas del francés, eran en el boliviano (donde la descripción rigurosa está muy atenuada) «pretextos» para textos adensados de sugestiones líricas —con ayuda ocasional de la pincelada impresionista— y vaguedades simbolistas de más afilada penetración poética.

Castalia bárbara es la suite poemática (13 composiciones) que cede su título al primer libro de Jaimes Freyre, donde otras tensiones se aprietan en las demás zonas del mismo. De aquellas composiciones nuestra selección recoge sólo seis: desde «El camino de los cisnes» hasta «Aeternum Vale», la inicial y la última de dicho conjunto. El poeta, en esas piezas, trató de captar líricamente el momento histórico —el «ocaso de los dioses» que narran los Eddas o sagas de esos pueblos— cuando aquel mundo heroico, violento y rudo de los hombres del Norte cede a la invasión del cristianismo; lo cual desarrolla ejemplarmente, o más bien sugiere, «Aeternum Vale» —con ese Dios silencioso que tiene los brazos abiertos (Cristo) ante quien, en ese «adiós para siempre» que el título anuncia, retroceden y enmudecen los dioses de aquel olimpo bárbaro. Dioses como *Freya*, la hija de *Nhor*, que lo era del amor y la belleza; *Odín*, el primero y más grande de todos, y en particular de la sabiduría (con los dos *Cuervos*, el del Pensamiento y la Memoria, siempre posados sobre sus hombros); *Thor*, del trueno y de la guerra. Otro poema («Los elfos») recreará a estos genios de la mitología germánica, que simbolizan la tierra, jugando junto a los cisnes de *Iduna*, la diosa de la Primavera. Y aun «El Walhalla» nos dará la imagen igualmente feroz que era para aquellos hombres feroces su paraíso o *Walhalla*. (Y se accede a la anterior identificación parcial para ayudar en algo al lector de los poemas en el entendimiento de esos mitos y referencias, que nos son hoy tan lejanos).

Muy desde otra perspectiva, el interés de Jaimes Freyre por los problemas socio-políticos de su tiempo también pasó a su verso y dio cuerpo temático a la serie *Las víctimas*, que se lee como sección final de su segundo y último libro *Los sueños son vida*. De los tres más representativos de esos poemas (los otros dos son «El clamor» y «La verdad eterna») se escoge, en nuestra muestra, el titulado «Rusia». Su fecha de redacción, en 1906, le concede un valor de anticipo profético de lo que fue la realidad histórica de diez años después.

Pero la imagen definitiva de Ricardo Jaimes Freyre ha de quedar, junto a su incorporación decisiva del versolibrismo, por esos poemas («Siempre...», «Lustral», «Lo fugaz», tanto como por algunos de inspiración medieval y nórdica) donde la materia verbal, en un alto grado de ascesis y casi de elipsis, parecería desvanecerse, en gracias a la maestría desrealizadora y de gran potencialidad lírica de su palabra sabia en matices y músicas. Son piezas de gran poder de evocación, que se acercan grandemente a la alta capacidad de sugerencia de cierta poesía moderna —y por donde entra en crisis la opuesta dirección rotunda, declarativa y enfática del *otro* modernismo. Jaimes Freyre, y poco después José María Eguren, se colocan así en las antípodas del *chocanismo* que padeció, por esos mismos años, la poesía hispanoamericana. Obra de proporciones en sí limitadas, su asimilación personal de las virtudes de acendramiento que constituían la riqueza mayor del simbolismo, hace al injustamente olvidado autor de *Castalia bárbara* y de *Los sueños son vida* un poeta más resistente y esencial que muchos otros *bardos* populares de la época.

BIBLIOGRAFIA

OBRA POETICA.

Castalia bárbara (1899). *Los sueños son vida* (1917). *Poesías completas*, pról. Eduardo Jobín Colombres (Buenos Aires, Claridad, 1944). *Poesías completas*, pról. Fernando Díez de Medina (La Paz, Ministerio de Educación y Bellas Artes, 1957). *Poemas/Leyes de la versificación castellana*, pról. y notas Antonio Castro Leal (México, Aguilar, 1974).

ESTUDIOS CRITICOS

Barreda, Ernesto Mario: «R.J.F. (un maestro del simbolismo)», *Nosotros*, 78 (1933).
Botelho Gosálvez, Raúl: «R.J.F. en el modernismo americano», *Cuadernos Americanos*, 156 (1968).
Carilla, Emilio: *Ricardo Jaimes Freyre*, Buenos Aires, Ministerio de Educación y Justicia, 1962.

Díez-Canedo, Enrique: «Poetas de Bolivia», *Letras de América*, México, El Colegio de México, 1944.

Jaimes-Freyre, Mireya: *Modernismo y 98 a través de Ricardo Jaimes Freyre*, Madrid, Gredos, 1969.

Jaimes-Freyre, Raúl: *Anecdotario de Ricardo Jaimes Freyre*, Potosí, Editorial Potosí, 1953.

Lugones, Leopoldo: «Prólogo» a *Castalia bárbara y otros poemas*.

Monguió, Luis: «Recordatorio de R.J.F.»., *Estudios sobre literatura española e hispanoamericana*, México, Andrea, 1958.

Onís, Federico: «R.J.F.», *España en América* (véase Bibliografía General).

Terán, Juan B.: «R.J.F.», *Nosotros*, 78 (1933).

Torrendell, Juan: «Castalia bárbara», *Crítica menor*, Buenos Aires, Editorial Tor, 1933.

Torres Rioseco, Arturo: «R.J.F. (1868-1933)», *Ensayos sobre literatura latinoamericana*, México, Fondo de Cultura Económica, 1958.

SELECCION

De **Castalia bárbara**

Siempre...

Peregrina paloma imaginaria
que enardeces los últimos amores;
alma de luz, de música y de flores
peregrina paloma imaginaria.

Vuela sobre la roca solitaria
que baña el mar glacial de los dolores;
haya, a tu paso, un haz de resplandores
sobre la adusta roca solitaria...

Vuela sobre la roca solitaria,
peregrina paloma, ala de nieve
como divina hostia, ala tan leve

como un copo de nieve; ala divina,
copo de nieve, lirio, hostia, neblina,
peregrina paloma imaginaria...

El camino de los cisnes

Crespas olas adheridas a las crines
de los ásperos corceles de los vientos;
alumbradas por rojizos resplandores
cuando en yunque de montañas su martillo bate el trueno.

Crespas olas que las nubes oscurecen
con sus cuerpos desgarrados y sangrientos,
que se esfuman lentamente en los crepúsculos.
Turbios ojos de la noche, circundados de misterio.

Crespas olas que cobijan los amores
de los monstruos espantables en su seno,
cuando entona la gran voz de las borrascas
su salvaje epitalamio como un himno gigantesco.

Crespas olas que se arrojan a las playas
coronadas por enormes ventisqueros,
donde turban con sollozos convulsivos
el silencio indiferente de la noche de los hielos.

Crespas olas que la quilla despedaza
bajo el rayo de los ojos del guerrero,
que ilumina las entrañas palpitantes
del Camino de los Cisnes para el Rey del Mar abierto.

Los héroes

Por sanguinario ardor estremecido,
hundiendo en su corcel el acicate,
lanza el bárbaro en medio del combate
su pavoroso y lúgubre alarido.

244

Semidesnudo, sudoroso, herido,
de intenso gozo su cerebro late,
y con su escudo al enemigo abate
ya del espanto y del dolor vencido.

Surge de pronto claridad extraña,
y el horizonte tenebroso baña
un mar de fuego de purpúreas ondas,

y se destacan, entre lampos rojos,
los anchos pechos, los sangrientos ojos
y las hirsutas cabelleras blondas.

La muerte del héroe

Aún se estremece y se yergue y amenaza con su espada,
cubre el pecho destrozado su rojo y mellado escudo,
hunde en la sombra infinita su mirada
y en sus labios expirantes cesa el canto heroico y rudo.

Los dos cuervos silenciosos ven de lejos su agonía
y al guerrero las sombrías alas tienden,
y la noche de sus alas, a los ojos del guerrero, resplandece como el
día,
y hacia el pálido horizonte reposado vuelo emprenden.

Los elfos

Envuelta en sangre y polvo la jabalina,
en el tronco clavada de añosa encina,
a los vientos que pasan cede y se inclina
envuelta en sangre y polvo la jabalina.

Los elfos de la oscura selva vecina
buscan la venerable, sagrada encina.
Y juegan. Y a su peso cede y se inclina
envuelta en sangre y polvo la jabalina.

Con murmullos y gritos y carcajadas
llena la alegre tropa las enramadas,
y hay rumores de flores y hojas holladas,
y murmullos y gritos y carcajadas.

Se ocultan en los árboles sombras calladas,
en un rayo de luna pasan las hadas:
llena la alegre tropa las enramadas
y hay rumores de flores y hojas holladas.

En las aguas tranquilas de la laguna,
más que en el vasto cielo, brilla la luna;
allí duermen los albos cisnes de Iduna,
en la margen tranquila de la laguna.

Cesa ya la fantástica ronda importuna,
su lumbre melancólica vierte la luna,
y los elfos se acercan a la laguna
y a los albos, dormidos cisnes de Iduna.

Se agrupan silenciosos en el sendero,
lanza la jabalina brazo certero;
de los dormidos cisnes hiere al primero
y los elfos lo espían desde el sendero.

Para oír al divino canto postrero
blandieron el venablo del caballero,
y escuchan, agrupados en el sendero,
el moribundo, alado canto postrero.

El Walhalla

Vibra el himno rojo. Chocan los escudos y las lanzas
con largo fragor siniestro.
De las heridas sangrientas por la abierta boca brotan
ríos purpúreos.
Hay besos y risas.
Y un cráneo lleno
de hidromiel, en donde apagan,
abrasados por la fiebre, su sed los guerreros muertos.

«Aeternum vale»

Un Dios misterioso y extraño visita la selva.
Es un Dios silencioso que tiene los brazos abiertos.
Cuando la hija de Nhor espoleaba su negro caballo
le vio erguirse, de pronto, a la sombra de un añoso fresno.
Y sintió que se helaba su sangre
ante el Dios silencioso que tiene los brazos abiertos.

De la fuente de Imer, en los bordes sagrados, más tarde,
la noche a los dioses absortos reveló el secreto;
el águila negra y los cuervos de Odín escuchaban,
y los cisnes que esperan la hora del canto postrero;
y a los dioses mordía el espanto
de ese Dios silencioso que tiene los brazos abiertos.

En la selva agitada se oían extrañas salmodias,
mecía la encina y el cauce quejumbroso viento,
el bisonte y el alce rompían las ramas espesas,
y a través de las ramas espesas huían mugiendo.
En la lengua sagrada de Orga
despertaban del canto divino los divinos versos.

Thor, el rudo, terrible guerrero que blande la maza
—en sus manos es arma la negra montaña del hierro—
va a aplastar, en la selva, a la sombra del árbol sagrado,
a ese Dios silencioso que tiene los brazos abiertos.
Y los dioses contemplan la maza rugiente,
que gira en los aires y nubla la lumbre del cielo.

Ya en la selva sagrada no se oyen las viejas salmodias
ni la voz amorosa de Freya cantando a lo lejos;
agonizan los dioses que pueblan la selva sagrada
y en la lengua de Orga se extinguen los divinos versos.

Solo, erguido a la sombra de un árbol,
hay un Dios silencioso que tiene los brazos abiertos.

Rosa ideal

I

Eres la rosa ideal
que fue la princesa-rosa,
en la querella amorosa
de un menestral provenzal.

Si tú sus trovas quisieras,
llegarían, como un ruego,
los serventesios de fuego
en armoniosas hogueras.

Darías al vencedor
los simbólicos trofeos,
en los galantes torneos
de la ciencia del amor.

Incensado por el aura
de la dulce poesía
en tus manos dejaría
su cetro Clemencia Isaura.

II

Serías el lirio humano
que halló un rey bajo su tienda,
en la brumosa leyenda
de un *minnesinger* riniano.

En ti vería el guerrero
perlas y rocío, como
en el tesoro del gnomo
que descubrió un hechicero.

Tendrías un camarín
por las hadas adornado,
en un palacio encantado
de las márgenes del Rin.

Y en las noches de las citas,
bajo el rayo de la luna,
envidiaran tu fortuna
Loreleys y Margaritas.

III

Mientras pensativo y triste,
junto a la cruz de un sendero,
estrechara un caballero
la banda azul que le diste,

en tu ventana ojival
dulcemente reclinada,
oirías la balada
del ardido Parsifal.

Y de un juglar, que ha traído
su arpa cubierta de flores,
la historia de los amores,
de Crimilda y de Sigfrido.

En tu blanco camarín
por las hadas adornado,
resonaría el sagrado
cántico de Lohengrín...

Ya mi pálida quimera
se ha enredado, como una ave
en la onda, crespa y suave,
de tu blonda cabellera.

Lustral

Llamé una vez a la visión
y vino.

Y era pálida y triste, y sus pupilas
ardían como hogueras de martirios.
Y era su boca como una ave negra,
de negras alas.
             En sus largos rizos
había espinas. En su frente arrugas.
Tiritaba.
         Y me dijo:
—¿Me amas aún?
            Sobre sus negros labios
posé los labios míos,
en sus ojos de fuego hundí mis ojos
y acaricié la zarza de sus rizos.
Y uní mi pecho al suyo, y en su frente
apoyé mi cabeza.
           Y sentí frío
que me llegaba al corazón. Y el fuego
en los ojos.
        Entonces
se emblanqueció mi vida como un lirio.

Las voces tristes

Por las blancas estepas
se desliza el trineo;
los lejanos aullidos de los lobos
se unen al jadeante resoplar de los perros.

Nieva.
Parece que el espacio se envolviera en un velo,
tachonado de lirios
por las olas del cierzo.

El infinito blanco...
Sobre el vasto desierto
flota una vaga sensación de angustia,
de supremo abandono, de profundo y sombrío desaliento.

Un pino solitario
dibújase a lo lejos,
en un fondo de brumas y de nieve,
como un largo esqueleto.

Entre los dos sudarios
de la tierra y el cielo
avanza en el naciente
el helado crepúsculo de invierno...

De *Los sueños son vida*

Lo fugaz

La rosa temblorosa
se desprendió del tallo
y la arrastró la brisa
sobre las aguas turbias del pantano.

Una onda fugitiva
le abrió su seno amargo,
y estrechando a la rosa temblorosa
la deshizo en sus brazos.

Flotaron sobre el agua
las hojas como miembros mutilados,
y confundidas con el lodo negro,
negras, aún más que el lodo, se tornaron.

Pero en las noches puras y serenas
se sentía vagar en el espacio
un leve olor de rosa
sobre las aguas turbias del pantano.

Eros

Lluvia de azahares
sobre un rostro níveo.

Lluvia de azahares
frescos de rocío,
que dicen historias
de amores y nidos.

Lluvia de azahares
sobre un blanco lirio
y un alma que tiene
candidez de armiño.

Con alegres risas
Eros ha traído
una cesta llena
de rosas y mirtos,

y las dulces Gracias
—amoroso símbolo—
lluvia de azahares
para un blanco lirio.

Rusia

¡Enorme y santa Rusia, la tempestad te llama!
Ya agita tus nevados cabellos, y en tus venas
la sangre de Rurico, vieja y heroica inflama...
Desde el Neva hasta el Cáucaso con tu rugido llenas
las selvas milenarias, las estepas sombrías...

—Mujik, tu arado hiere; tu hoz, mujik, hiere y mata;
como la negra tierra los pechos abrirías;
tiñéranse en tus manos las hoces de escarlata...
—Padre Zar, ese pueblo te llama padre. Tiene
callosas las rodillas y las manos callosas;

252

si hasta el umbral de mármol de tu palacio viene
con manos y rodillas se arrastrará en sus losas.

—Allá lejos, muy lejos, donde el sol nace, luchan,
mujik, mujik, tus hijos, desfallecen y mueren...
—Padre Zar, los esclavos tu sacra voz no escuchan
aunque las rojas lenguas del knut sus flancos hieren.

—Mujik, en tus entrañas el hambre ruge...
                                        —El cielo,
señor, te dio su vida...
                        —Mujik, cuando las fieras
sienten el hambre, aguzan sus garras en hielo.
Tú... ¡que el pastor te entregue la cervatilla esperas!
—Padre Zar, los gusanos quieren ser hombres. Miran
de frente al sol. Te miran de frente... ¿Qué malignos
genios sus tentaciones de rebelión inspiran
cuando son de tu misma misericordia indignos?

—Llenas están de sangre las lúgubres prisiones,
llenos están de aullidos los hondos subterráneos...
De la vida y la muerte, tú como Dios, dispones;
¡ya saben el camino las hachas de los cráneos!

—Mujik, las muchedumbres que tu señor domina,
que tiemblan si al mirarlas sus ojos centellean,
van del brumoso Báltico a la apartada China
y las naciones todas a sus pies serpentean.

¡Ay, si de cada pecho brotara un solo grito!
¡Si un solo golpe diera cada afrentada mano,
su empuje arrancaría la mole de granito,
como el de los millones de gotas del oceano!

¡Enorme y santa Rusia! De tu dolor sagrado
como de un nuevo Gólgota, fe y esperanza llueve...
La hoguera que consuma los restos del pasado
saldrá de las entrañas del país de la nieve.

El pueblo con la planta del déspota en la nuca,
muerde la tierra esclava con sus rabiosos dientes
¡y tíñese entretanto la sociedad caduca
con el sangriento rojo de todos los ponientes!

AMADO NERVO

(México, 1870-1919). Nacido en un pueblo del estado de Jalisco, Nervo inició tempranamente estudios hacia la carrera sacerdotal, que pronto abandonó. Ya establecido en la capital, en 1894, colabora en el grupo de la revista *Azul,* de Gutiérrez Nájera, como lo hará diez años después en la *Revista Moderna* —dos de los más importantes voceros, desde México, del triunfante modernismo hispanoamericano. En 1900 va a Francia, como corresponsal del diario *El Imparcial,* para reseñar la Exposición Internacional de París; y en esta ciudad conoce a Rubén Darío, con quien establecerá una sólida y permanente amistad, y a Ana Cecilia Luisa Dailliez, la compañera de su vida y cuya muerte, en 1912, ha de motivar su libro póstumo *La amada inmóvil.* De vuelta a México, se dedica a tareas profesorales pero sin abandonar sus copiosas colaboraciones en periódicos y revistas. En 1905, y ya como miembro del servicio diplomático de su país, se traslada a España. Su estancia en Madrid, que se prolongó hasta 1918 —fue el modernista americano que más larga y continuadamente residió en la Península—, corresponde a los años de plenitud de su obra de creación (y este período de su vida ha sido cuidadosamente documentado por Donald F. Fogelquist en su libro *Españoles de América y americanos de España*). Allí murió Ana Cecilia; y allí prosiguió su incesante labor poética —en Madrid vio la luz la mayor parte de los libros capitales de su última época— y su aún más numeroso trabajo periodístico, que enviaba regularmente a varias publicaciones de la América Hispana. Otra vez de regreso a México, es nombrado, en 1918, Ministro Plenipotenciario en la Argentina, Uruguay y Paraguay. Al año siguiente murió en Montevideo; y el traslado de sus restos, a su país natal, alcanzó honores continentales. Nervo estaba entonces en el cenit de su fama y prestigio.

Fue un cultivador incansable de la prosa, principalmente de la prosa periodística: crónicas, ensayos, artículos y notas de viaje que, por su estilo ameno y fluido, se granjeaban muchos lectores y contribuyeron grandemente a la difusión de su nombre. También de la narración: novelas cortas como *Pascual Aguilera* (originalmente escrita en 1892), *El bachiller* (1895), *El donador de almas* (1899); y los muchos cuentos, que iba escribiendo desde su juventud y luego fueron reunidos en colecciones posteriores: *Almas que pasan* (1906), *Cuentos misteriosos* (1921). Nervo fue un narrador hábil y natural; y en algunas de estas piezas, y bajo la influencia de su admirado H.G. Wells, se han notado sus anticipos hacia la moderna literatura fantástica e incluso la *science fiction*. Ejerció aún con mayor continuidad la crítica literaria: *Juana de Asbaje,* publicado en 1910 con motivo del centenario de la Independencia, es el trabajo más importante suyo en este campo; pero son incontables los estudios, crónicas teatrales, semblanzas y apuntes breves que dejó sobre temas y figuras de toda la literatura hispánica. Muchas de sus crónicas —especialmente las de *El éxodo y las flores del camino* (1902)— estaban escritas en la prosa poética característica del modernismo; pero más voluntariamente practicó ese tipo de escritura (aunque sin los artificios a que ésta fue a veces proclive durante la época) en las páginas que anteceden a los poemas de *La amada inmóvil* y en las prosas que incluyó en su volumen *Plenitud*. Más de un tomo y medio, de los dos de que consta la más reciente edición de sus *Obras completas* (la de Aguilar), se destinan a su labor en prosa.

Al llegar a su obra poética, el lector de hoy (más si se ve desdoblado en crítico o, simplemente, en antólogo) puede enfrentar cierta perplejidad: cómo explicarse que sus versos, fáciles y amables pero en general de poco calado y escasísimo riesgo, pudieran alcanzar el gran favor de que gozaron en vida de su autor, y hacer a éste uno de los poetas más populares de su tiempo. Esas calidades suyas, que apelaban a la comunicatividad más inmediata, difícilmente resistieron, tras su muerte, el radical cambio estético que, a raíz de la primera guerra mundial, condujo al arte de la palabra poética por caminos de más extremosa aventura y, a la vez, de mayor acendramiento y rigor. No es de extrañar, así, que Nervo haya venido a quedar como uno de los más inactuales modernistas (a una enorme distancia de algunos de sus compañeros generacionales: el Darío maduro, Lugones, Herrera y Reissig, Eguren, por una razón u otra tan vivos y resistentes). El poeta de *La amada inmóvil* ciertamente satisfacía el *medio gusto* —de algún modo habrá que llamarlo— de ciertos sectores de lectura en nuestras estragadas burguesías hispánicas de principios de siglo; pero una vez remitida aquella sensibilidad (de nuevo: si es que le cabe esta denominación), se impuso fatalmente una baja precipitada y total en su estimativa —aunque la inefable Berta Singerman, declamara, hasta 1955 por lo menos, su *Gratia plena.*

En 1974, muy poco después de los cincuenta años de su muerte y del centenario de su nacimiento (efemérides que se prestaron para celebraciones y homenajes), Ernesto Mejía Sánchez confiaba en que tales celebraciones «contribuirán sin duda positivamente a rescatar al poeta abandonado en el ángulo más oscuro de nuestras letras». Y algo antes, y en su *Antología del modernismo,* José Emilio Pacheco venía a coincidir: «La reputación de Nervo llegó a su punto más bajo en 1950. Ahora el libro de Manuel Durán [publicado en 1968, y que se consigna en la Bibliografía] y la magnitud del homenaje en el cincuentenario de su muerte parecen demostrar que Nervo salió del "purgatorio" por donde atraviesa todo autor que fue célebre...». Intenciones generosas, que no parecen llamadas a cumplirse al menos en cuanto al rescate *total* del poeta; porque, a pesar de ellas, estos dos últimos críticos citados no pueden honestamente eludir valoraciones negativas —y ciertas— sobre Nervo: cursilería, hiperfecundidad, sentimentalismo, ausencia de autocrítica (Pacheco); vaguedad, falta de rigor crítico (otra vez), lacrimosidad, almibarado sentimentalismo (Durán). Y sin embargo, operando sobre una rigurosísima selección antológica —Durán propone algo así como una veintena de poemas de Nervo— se nos ha devuelto una imagen interesante del poeta; pero habrá enseguida que aclarar que esa imagen se sostiene, más que por la obra en sí, por el valor de representatividad que su mundo interior exhibe respecto a ciertas coordenadas esenciales de la época modernista, tal como a ésta hemos comenzado a apreciar en los últimos tiempos.

La espiritualidad del modernismo fue de signo dramáticamente dialéctico, y nadie la encarnó mejor que Darío en su agónica poesía. Y los términos con que tendríamos que describir (temáticamente al menos, y al margen de los valores estéticos) la conflictividad de Nervo, se acuerdan casi arquetípicamente con esa dialéctica: lucha entre la carne y el espíritu, la sensualidad y la religiosidad, el impulso erótico y el afán de trascendencia, la fe rota y la necesidad de creer, el desasosiego de los humanos límites (a veces plasmado en logros poéticos meritorios: «Espacio y tiempo») y la voluntad de una proyección de infinitud y paz para el espíritu. Nervo se asomaba, con temblor y resignación a la vez, al misterio; y en la búsqueda de alguna solución, de alguna fórmula de sabiduría suficiente, abrazaba sincréticamente, eclécticamente —otro rasgo unificador, por lo hondo, de la aventura modernista—, doctrinas e ideas heteróclitas y aun heterodoxas. Nunca del todo desasido de su raíz cristiana, abrevaba a la vez en el panteísmo, en un vago misticismo a lo Maeterlinck, en la teosofía y el espiritismo, en las filosofías orientales (budistas, hinduistas). No fue un místico, como algunos lo han presentado por el uso indebido de esta noción y despistados tal vez por el título (*Místicas*) de uno de sus primeros libros. Pero quería asomarse a la divinidad, a alguna

258

suerte de divinidad, y encontrar en ella un apoyo trascendente. Y cuando una vez quiso nombrar a Dios, y todavía en un poema mediocre de su juventud pero muy significativo ya de ese sincretismo modernista, llama a Aquél con nombres muy diversos: Cristo, Brahma, Alá, Jove, Adonái. Y con los años, ese crisol interior, donde tantas procedencias divergentes se integraban, se va acendrando aún más en Nervo, haciéndose *todo* más *uno* —y más, con ello, expresivo de la vivencia espiritual última del alma modernista. En los versos de ese poema no menciona a Buda; pero en la destrucción del deseo, principio básico del budismo, aspiraba tenazmente a encontrar su fuerza y su sostén (y a Siddharta Gautama invoca explícitamente en «Renunciación»). Y la idea de la aniquilación del yo, del ser personal, en el arcano de la realidad cósmica y universal, que es igualmente fundamental en el pensamiento espiritualista del Oriente, da cuerpo a muchos de sus poemas («Al cruzar los caminos», por ejemplo). Y al mismo tiempo, por los mismos años, Nervo iba sembrando de ideas ortodoxamente cristianas las composiciones de algunos de sus libros últimos: *Serenidad, Elevación, Plenitud.*

De ese modo, nuestra comprensión actual del modernismo en sus entretelas espirituales más profundas (como época de agudas contradicciones e incluso de bizarros sincretismos) es quien en verdad viene a arrojar sobre ciertos aspectos de la poesía (o del pensamiento poético) de Amado Nervo un relativo pero indudable interés. Así, en su caso, aunque sin desatender del todo algunas de sus otras motivaciones, nuestra selección (guiada oportunamente por los estudios de Manuel Durán y T. Earle Hamilton) ha puesto particular énfasis en aquellas piezas suyas que más fuertemente reafirman ese interés.

BIBLIOGRAFIA

OBRA POETICA

Perlas negras (1898). *Místicas* (1898). *Poemas* (1901). *La hermana agua* (¿1901?). *El éxodo y las flores del camino,* verso y prosa (1902). *Lira heroica* (1902). *Los jardines interiores* (1905). *En voz baja* (1909). *Serenidad* (1914). *Elevación* (1917). *Plenitud,* prosa y verso (1918). *El estanque de los lotos* (1919). *El arquero divino* (1920). *La amada inmóvil* (1920). *Mañana del poeta* (1938). *La última luna* (1943). *Poesías completas,* pról. Genaro Estrada (Madrid, Biblioteca Nueva, 1935). *Obras completas,* 2 vols., estudios de Francisco González Guerrero (prosa) y Alfonso Méndez Plancarte (poesía) (Madrid, Aguilar, 1962).

ESTUDIOS CRITICOS

Castagnino, Raúl: *Imágenes modernistas* (véase Bibliografía General).

Coester, Alfred: *Amado Nervo y su obra,* Montevideo, Editorial Claudio García, 1922.

Davidson, Ned: «El frío como símbolo en "Los pozos", de A.N.», *Revista Iberoamericana,* 26 (1961).

Durán, Manuel: *Genio y figura de Amado Nervo,* Buenos Aires, EUDEBA, 1968.

Fogelquist, Donald F.: «A.N.», *Españoles de América y americanos de España* (véase Bibliografía General).

Hamilton, T. E.: «A.N. and Hinduism», *Hispanic Review,* 17 (1949).

Leal, Luis: «La poesía de A.N.: a cuarenta años de distancia», *Hispania,* 43 (1960).

Meléndez, Concha: *Amado Nervo,* New York, Instituto de las Españas en los Estados Unidos, 1926.

Morgan, Patricia: «A.N.: su vida y su obra», *Atenea,* 121 (1955).

Ortiz de Montellano, Bernardo: *Figura, amor y muerte de Amado Nervo,* México, Ediciones Xochitl, 1943.

Pacheco, José Emilio: «A.N.», *Antología del modernismo* (véase Bibliografía General).

Reyes, Alfonso: *Tránsito de Amado Nervo,* Santiago de Chile, Erci-
lla, 1937.

Sánchez, Luis Alberto: *Escritores representativos de América,* 2.ª serie, vol. I (véase Bibliografía General).

Wellman, Esther T.: *Amado Nervo, Mexico's Religious Poet,* New
York, Instituto de las Españas, 1936.

Umphrey, George W.: «A.N. and Maeterlinck: on Death and Inmor-
tality», *Romanic Review* (Columbia University, New York), 40
(1949).

SELECCION

De *Místicas*

A Felipe II

Ignoro qué corriente de ascetismo,
qué relación, qué afinidad oscura
enlazó tu tristura y mi tristura
y adunó tu idealismo y mi idealismo;

mas sé por intuición que un astro mismo
surgió de nuestra noche en la pavura,
y que en mí como en ti riñe la altura
un combate mortal con el abismo.

¡Oh rey, eres mi rey! Hosco y sañudo
también soy; en un mar de arcano duelo
mi luminoso espíritu se pierde,

y escondo como tú, soberbio y mudo,
bajo el negro jubón de terciopelo,
el cáncer implacable que me muerde.

A Kempis

Sicut nubes, quasi naves, velut umbra...

Ha muchos años que busco el yermo,
ha muchos años que vivo triste,
ha muchos años que estoy enfermo,
¡y es por el libro que tú escribiste!

¡Oh Kempis, antes de leerte, amaba
la luz, las vegas, el mar Oceano;
mas tú dijiste que todo acaba,
que todo muere, que todo es vano!

Antes, llevado de mis antojos,
besé los labios que al beso invitan,
las rubias trenzas, los grandes ojos,
¡sin acordarme que se marchitan!

Mas como afirman doctores graves,
que tú, maestro, citas y nombras,
que el hombre pasa *como las naves,
como las nubes, como las sombras...,*

huyo de todo terreno lazo,
ningún cariño mi mente alegra,
y con tu libro bajo del brazo
voy recorriendo la noche negra...

¡Oh Kempis, Kempis, asceta yermo,
pálido asceta, qué mal me hiciste!
¡Ha muchos años que estoy enfermo,
y es por el libro que tú escribiste!

A la católica majestad de Paul Verlaine

Para Rubén Darío

Padre viejo y triste, rey de las divinas canciones:
son en mi camino focos de una luz enigmática
tus pupilas mustias, vagas de pensar y abstracciones,
y el límpido y noble marfil de tu *testa socrática.*

Flota, como el tuyo, mi afán entre dos aguijones:
alma y carne; y brega con doble corriente simpática
por hallar la ubicua beldad en nefandas uniones,
y después expía y gime con lira hierática.

Padre, tú que hallaste por fin el sendero que, arcano,
a Jesús nos lleva, dame que mi numen doliente
virgen sea, y *sabio*, a la vez que *radioso y humano.*

Tu virtud lo libre del mal de la antigua serpiente,
para que, ya salvos al fin de la dura pelea,
laudemos a Cristo en vida perenne. Así sea.

De **Poemas**

Andrógino

[LUBRICIDADES TRISTES]

Por ti, por ti clamaba, cuando surgiste,
infernal arquetipo, del hondo Erebo,
con tus neutros encantos, tu faz de efebo,
tus senos *pectorales,* y a mí viniste.

Sombra y luz, yema y polen a un tiempo fuiste,
despertando en las almas el crimen nuevo,
ya con virilidades de dios mancebo,
ya con mustios halagos de mujer triste.

Yo te amé porque, a trueque de ingenuas gracias,
tenías las supremas aristocracias:
sangre azul, alma huraña, vientre infecundo;

porque sabías mucho y amabas poco,
y eras síntesis rara de un siglo loco
y floración malsana de un viejo mundo.

De *El éxodo y las flores del camino*

Diafanidad

Yo soy un alma pensativa. ¿Sabes
lo que es un alma pensativa? —Triste,
pero con esa fría
melancolía
de las suaves
diafanidades. Todo lo que existe,
cuando es diáfano, es sereno y triste.
—¡Sabino peregrino
que contempla en las vivas
transparencias del agua vocinglera
todas las fugitivas
metamorfosis de su cabellera,
peregrino sabino!
—Nube gemela de su imagen, nube
que navega en las fuentes y que en el cielo sube.
Dios en hondo mutismo,
viéndose en el espejo de sí mismo.

La vida toca
como una loca
trasnochadora:
«¡Abridme, es hora!»
«Desplegad los oídos, rimadores,
a todos los rüidos —exteriores.»
«Despliega tus oídos

a todos los rüídos.»
Mi alma no escucha, duermen mis sentidos.
Mi espíritu y mi oreja están dormidos...

—El pecado del río es su corriente;
la quietud, alma mía,
es la sabiduría
de la fuente.
Los astros tienen miedo
de naufragar en el perenne enredo
del agua que se riza en espirales;
cuando el agua está en éxtasis, bajan a sus cristales.

Conciencia,
sé clara;
pero con esa rara
inconsistencia
de toda proyección en un espejo,
devuelve a la importuna
vida, sólo un reflejo
de su paso furtivo ante tu luna.
Alma, tórnate onda
para que cada flor y cada fronda
copien en ti su fugitiva huella;
para que cada estrella
y cada nube hirsuta
se equivoquen de ruta,
y en tu claro caudal encuentren una
prolongación divina de su abismo:
que así, merced a singular fortuna,
el infinito y tú seréis lo mismo.

De *Los jardines interiores*

Pasas por el abismo de mis tristezas...

Pasas por el abismo de mis tristezas
como un rayo de luna sobre los mares,

ungiendo lo infinito de mis pesares
con el nardo y la mirra de tus ternezas.

Ya tramonta mi vida, la tuya empiezas;
mas, salvando del tiempo los valladares,
como un rayo de luna sobre los mares
pasas por el abismo de mis tristezas.

No más en la tersura de mis cantares
dejará el desencanto sus asperezas;
pues Dios que dio a los cielos sus luminares,
quiso que atravesaras por mis tristezas
como un rayo de luna sobre los mares...

De *En voz baja*

Vieja llave

Esta llave cincelada
que en un tiempo fue, colgada
(del estrado a la cancela,
de la despensa al granero),
del llavero de la abuela,
y en continuo repicar
inundaba de rumores
los vetustos corredores:
esta llave cincelada,
si no cierra ni abre nada,
¿para qué la he de guardar?

Ya no existe el gran ropero,
la gran arca se vendió:
sólo en un baúl de cuero,
desprendida del llavero,
esta llave se quedó.

Herrumbrosa, orinecida,
como el metal de mi vida,

como el hierro de mi fe,
como mi querer de acero,
esta llave sin llavero
¡nada es ya de lo que fue!

Me parece un amuleto
sin virtud y sin respeto;
nada abre, no resuena...
¡me parece un alma en pena!

Pobre llave sin fortuna
...y sin dientes, como una
vieja boca: si en mi hogar
ya no cierras ni abres nada,
pobre llave desdentada,
¿para qué te he de guardar?

Sin embargo, tú sabías
de las glorias de otros días:
del mantón de seda fina
que nos trajo de la China
la gallarda, la ligera
española nao fiera.
Tú sabías de tibores
donde pájaros y flores
confundían sus colores;
tú, de lacas, de marfiles
y de perfumes sutiles
de otros tiempos, tu cautela
conservaba la canela,
el cacao, la vainilla,
la suave mantequilla,
los grandes quesos frescales
y la miel de los panales,
tentación del paladar;
mas si hoy, abandonada,
ya no cierras ni abres nada,
pobre llave desdentada,

¿para qué te he de guardar?

Tu torcida arquitectura
es la misma del portal
de mi antigua casa oscura
(que en un día de premura
fue preciso vender mal).

Es la misma de la ufana
y luminosa ventana
donde Inés, mi prima, y yo
nos dijimos tantas cosas
en las tardes misteriosas
del buen tiempo que pasó...

Me recuerdas mi morada,
me retratas mi solar:
mas si hoy, abandonada,
ya no cierras ni abres nada,
pobre llave desdentada,
¿para qué te he de guardar?

De *Serenidad*

Renunciación

¡Oh, Siddharta Gautama!, tú tenías razón:
las angustias nos vienen del deseo; el edén
consiste en no anhelar, en la renunciación
completa, irrevocable, de toda posesión;
quien no desea nada, dondequiera está bien.

El deseo es un vaso de infinita amargura,
un pulpo de tentáculos insaciables, que al par
que se cortan, renacen para nuestra tortura.
El deseo es el padre del esplín, de la hartura,
¡y hay en él más perfidias que en las olas del mar!

Quien bebe como el Cínico el agua con la mano,
quien de volver la espalda al dinero es capaz,
quien ama sobre todas las cosas al Arcano,
¡ése es el victorioso, el fuerte, el soberano,
y no hay paz comparable con su perenne paz!

De **Elevación**

Espacio y tiempo

> *...Esta cárcel, estos hierros*
> *en que el alma está metida!*
> Santa Teresa

Espacio y tiempo, barrotes
de la jaula
en que el ánima, princesa
e n c a n t a d a,
está hilando, hilando cerca
de las ventanas
de los ojos (las únicas
aberturas por donde
suele asomarse, lánguida).

Espacio y tiempo, barrotes
de la jaula:
ya os romperéis, y acaso
muy pronto, porque cada
mes, hora, instante, os mellan,
¡y el pájaro de oro
acecha una rendija para tender las alas!

La princesa, ladina,
finge hilar, pero aguarda
que se rompa una reja...
En tanto, a las lejanas
estrellas dice: «Amigas,

tendedme vuestra escala
de luz sobre el abismo».

Y las estrellas pálidas
le responden: «Espera,
espera, hermana,
y prevén tus esfuerzos:
¡ya tendemos la escala!».

De *El estanque de los lotos*

Al cruzar los caminos

Al cruzar los caminos, el viajero decía
—mientras, lento, su báculo con tedioso compás
las malezas hollaba, los guijarros hería—;
al cruzar los caminos, el viajero decía:
«¡He matado al Anhelo, para siempre jamás!

«¡Nada quiero, ya nada, ni el azul ni la lluvia,
ni las moras de agosto ni las fresas de abril,
ni amar yo a la trigueña ni que me ame la rubia,
ni alabanza de docto ni zalema de vil!

«Nada quiero, ya nada, ni salud ni dinero,
ni alegría, ni gloria, ni esperanza, ni luz.
¡Que me olviden los hombres, y en cualquier agujero
se deshaga mi carne sin estela ni cruz!

«Nada quiero, ya nada, ni el laurel ni la rosa,
ni cosecha en el campo ni bonanza en el mar,
ni sultana ni sierva, ni querida ni esposa,
ni amistad ni respeto... Sólo pido una cosa:
¡Que me libres, oh Arcano, del horror de pensar!

«Que me libres, ¡oh Arcano!, del demonio consciente;
que a fundirse contigo se reduzca mi afán,

y el perfume de mi alma suba a Ti mudamente.
Sea yo como el árbol y la espiga y la fuente,
que se dan en silencio, sin saber que se dan.»

Heráclito

Mira todas las cosas curioso, embelesado,
mas sin querer asirlas: como ves el reflejo
de la luna en las aguas del estero encantado;
como la sombra trémula de una nube en un prado;
como la imagen móvil de un rostro en un espejo.

Y acertarás, sin duda, porque nada se plasma
fuera de ti; ninguna forma realidad es,
y aun cuando su ilusoria corporeidad te pasma,
si vas resueltamente a su encuentro, el fantasma
te dejará que pases de su engaño a través.

De **La amada inmóvil**

Gratia plena

Todo en ella encantaba, todo en ella atraía:
su mirada, su gesto, su sonrisa, su andar...
El ingenio de Francia de su boca fluía.
Era *llena de gracia,* como el Avemaría;
¡quien la vio no la pudo ya jamás olvidar!

Ingenua como el agua, diáfana como el día,
rubia y nevada como margarita sin par,
al influjo de su alma celeste, amanecía...
Era *llena de gracia,* como el Avemaría;
¡quien la vio no la pudo ya jamás olvidar!

Cierta dulce y amable dignidad la investía
de no sé qué prestigio lejano y singular.
Más que muchas princesas, princesa parecía:

271

era *llena de gracia,* como el Avemaría;
¡quien la vio no la pudo ya jamás olvidar!

Yo gocé el privilegio de encontrarla en mi vía
dolorosa: por ella tuvo fin mi anhelar,
y cadencias arcanas halló mi poesía.
Era *llena de gracia,* como el Avemaría;
¡quien la vio no la pudo ya jamás olvidar!

¡Cuánto, cuánto la quise! ¡Por diez años fue mía;
pero flores tan bellas nunca pueden durar!
Era *llena de gracia,* como el Avemaría;
y a la Fuente de gracia de donde procedía,
se volvió... ¡como gota que se vuelve a la mar!

«Le trou noir»

Y todos los modernos sobrentienden
quiénes más, quiénes menos,
esa inmortalidad del otro lado
del agujero negro.

Flaubert:
Correspondence.

¡Para el que sufre como yo he sufrido,
para el cansado corazón ya huérfano,
para el triste ya inerme ante la vida,
bendito agujero negro!

¡Para el que pierde lo que yo he perdido
(luz de su luz y hueso de sus huesos),
para el que ni recobra ya, ni olvida,
bendito agujero negro!

¡Agujero sin límites, gigante
y medroso agujero,
cómo intriga a los tontos y a los sabios
la insondabilidad de tu misterio!

¡Mas si hay alma, he de hallar la suya errante;
si no, en la misma nada fundiremos
nuestras áridas bocas, ya sin labios,
en tu regazo, fúnebre agujero!

De **El arquero divino**

Y tú esperando...

Pasan las hoscas noches cargadas de astros,
pasan los cegadores días bermejos,
pasa el gris de las lluvias, huyen las nubes
...¡y tú, esperando!

¡Tú, esperando y las horas no tienen prisa!
¡Con qué pereza mueven las plantas torpes!
Las veinticuatro hermanas llevar parecen
zuecos de plomo.

Esa rosa encencida ya se presiente,
entre los gajos verdes de su justillo.
Entre los gajos verdes su carne santa
es un milagro.

¡Pero cuándo veremos la rosa abierta!
Dios eterno, Tú nunca te precipitas;
mas el hombre se angustia porque es efímero.
¡Señor, cuándo veremos la rosa abierta!

Siempre

¿Y cómo harás en lo futuro versos?
Haré mis versos sin hacerlos..., casi
fluidos, casi inmateriales, tenues,
sin palabras apenas,
o palabras que formen leve reja,

delgada reja, tras la cual asome,
tembloroso, mi espíritu desnudo;
mi espíritu sediento
y hambriento de supremas realidades,
ávido de saber la sola cosa
que hay que saber en vísperas
de la gran travesía...

—¿Y no amarás?
                    —¡Ay!, sí, porque he nacido
para amar... Bien quisiera
que a lo invisible abriese su corola
únicamente el alma;
pero no puedo aún: ¡Eva sonríe,
y tras ella, prendido mi deseo
en el rayo de sol de su sonrisa,
vuela, incapaz de detenerse, amigo!

Me temo, pues, que mi postrero canto
sea un canto de amor.

ENRIQUE GONZALEZ MARTINEZ

(México, 1871-1952). Habiendo seguido la carrera de medicina, González Martínez la practicó, todavía muy joven, en algunas ciudades de provincia. Después de publicados sus cuatro primeros libros de versos, que merecieron una pronta y favorable acogida de público y crítica, se instala en la capital hacia 1911, y abandona el ejercicio de su profesión. Se dedica entonces, y a lo largo de los turbulentos años de la Revolución Mexicana, al periodismo; a actividades culturales, como la presidencia del prestigioso Ateneo de México; a tareas profesorales (enseñanza de la literatura española y francesa en varios centros de estudios); y al desempeño de altos cargos administrativos, políticos y educacionales. En 1920 entró en el servicio diplomático, y como Ministro Plenipotenciario representó a México en Chile, la Argentina, y en España y Portugal. En Madrid residió desde 1924 a 1931, recibiendo en esta fecha con alegría el advenimiento de la República española, ya que le unía una amistad personal con Manuel Azaña. Su vida desde entonces transcurrió en México, y discurrió entre la ocupación de puestos burocráticos y culturales de importancia y la publicación continuada y regular de sus numerosos volúmenes poéticos. Profundo conocedor de la lírica francesa moderna, en 1915 había dado a la luz, bajo el título de *Jardines de Francia*, una colección de excelentes versiones al español de un abundante número de poetas de aquella lengua (desde Baudelaire, Heredia y Verlaine hasta Maeterlinck, Jammes, y Rodenbach, para citar sólo a algunos).

Y ya en su alta madurez escribió dos volúmenes de recuentos autobiográficos: *El hombre del búho* (1944) y *La apacible locura* (1951), de gran interés para conocer su trayectoria espiritual y literaria. Murió a una avanzada edad, inmediatamente después de las incontables celebraciones que se sucedieron en México con motivo de sus ochenta años.

Fue, así, de todos los modernistas, quien más se adentra en el siglo XX; y resultó testigo, por ello, de los cambios de sensibilidad poética y de los graves sucesos históricos y las grandes conmociones de nuestra centuria. Aquellos cambios poco afectaron, en general, a su poesía, salvo en algún episódico esfuerzo suyo por apropiárselos (visible, por ejemplo, en *Las señales furtivas*, de 1925). Y de las inestabilidades colectivas, que tan seriamente amenazaban al hombre contemporáneo, algunas dieron materia temática a dos libros de su etapa final: *El diluvio del fuego* (1938) y *Babel* (1949). Estas entregas, contentivas de composiciones de gran extensión y difíciles por tanto de representar en una muestra antológica, evidencian que este noble poeta ensimismado no era insensible a la historia, y que ocasionalmente pero con sinceridad se empeñó por situarse, no «al margen del tiempo» (como él mismo subtitulase el último poemalibro citado) sino, aunque siempre desde sus resistentes posiciones espirituales y sus naturales condicionamientos expresivos, *a la altura de las circunstancias*, según habría podido decir su admirado Antonio Machado.

No resultó del todo ajeno, en sus volúmenes iniciales (*Preludios* y *Lirismo*), a la influencia de motivos y del léxico que el Parnaso auspiciaba. Pero ya en el primero de ellos, escrito por consiguiente a una edad muy juvenil, hay una pieza, poco lograda por su tono aún muy rotundamente declarativo, la titulada «A un poeta», en que conmina a éste a dejar *la amanerada lira* y *el canto irrisorio y decadente: el enfermizo canto/que lanzas como cisne moribundo*. Por aquí se perfilaba la actitud definitoria de González Martínez, que ya muy pronto, en *Silenter* y en *Los senderos ocultos*, va a fijar la imagen central (y casi única) de su personalidad poética y a asegurarle la posición histórica definitiva que habría de alcanzar en la evolución interior del modernismo. Tal actitud puede quedar descrita así: alejamiento programado de la afectación retórica —*la amanerada lira*— de los virtuosismos meramente decorativos en que había ido a dar una línea de aquel movimiento; y la búsqueda consecuente de una palabra tersa, despojada y diáfana, puesta al servicio de una introspección serena, de signo panteísta, que trata de acordar el alma del hombre con el alma de las cosas, la conciencia personal y la realidad universal de todo lo creado.

Lo que sustancialmente ocurre en la base de este giro, al nivel de la historia de los estilos, ya lo señaló Pedro Henríquez Ureña, en un artículo suyo de 1915 a propósito de este poeta, como resultado de haberse llegado en Hispanoamérica «al fin, a la posición espiritual del simbolismo», más allá de la simple adecuación a los aspectos formales de este modo de sensibilidad. En efecto: no la violencia del romántico ni la impasibilidad del parnasiano, sino la voluntad esencializadora, depurada y sugerente que propiciaba la actitud simbolista en el arte (a la cual se acogerá desde entonces, y para siempre, Enrique González Martínez).

Y con tanta callada energía se aplicó a esta voluntad de depuración interior y asordinamiento de la voz, que su lección fue decisiva para el encauzamiento de aquella «reacción hacia la sencillez lírica» que, según la sistematización de Federico de Onís, nutrió una de las corrientes del posmodernismo en la poesía hispánica. A ello débese que Max Henríquez Ureña le considere «el último modernista y el primer posmodernista»; y aun que algunos antólogos, como el que aquí ahora le presenta, hayan colocado a González Martínez a la cabeza de la reacción posmodernista. Sin que nada de grave falsificación pueda encontrarse en el señalamiento de esta ulterior proyección suya, bien mirado *todo* el modernismo (como hoy lo podemos apreciar) tanto como *toda* la órbita de este poeta, puede a la vez reconocerse que su recta ubicación cae, y con alto grado de ejemplaridad, dentro de la estética modernista. De un lado, porque la *sencillez lírica* no le fue extraña a esa estética desde sus mismos inicios (recuérdese la poética severa y antirretórica de Martí, y la palabra sugeridora y musical pero nada artificiosa de Silva), como no le fueron extrañas tampoco las mismas motivaciones espirituales últimas de González Martínez. Ni mucho menos su repertorio expresivo —léxico, simbología, aun su propia mitología personal— que atraviesa incólume, casi sin contaminarse, más de treinta años de vanguardias y modernidad. De otro, porque el esguince que propone (hacia una poesía más natural, honda y preocupada por el destino esencial del hombre) había aflorado, aún antes que él y con más intensa gravedad, en el maestro mayor del modernismo y en su momento cenital —el Darío de *Cantos de vida y esperanza* (1905)— y, aunque a gran distancia valorativa, en los libros «interiorizantes» de Amado Nervo, aparecidos antes del célebre «Tuércele el cuello al cisne» (1911), cuyos solos títulos son ya tan significativos en esa dirección: *Los jardines interiores* (1905) y *En voz baja* (1909).

La mención de esa pieza clave, «Tuércele el cuello al cisne», incluido por González Martínez en su libro *Los senderos ocultos* (del año indicado, 1911) merece una aclaración que prácticamente pudiera parecer ya innecesaria, por la mucha literatura rectificadora sobre el tema que se ha acumulado en los últimos años. Prontamente se identificó aquella exhortación suya —que por modo directo procede del «Prends l'éloquence et tords lui le cou» de Verlaine en su «Art poétique», recogido en su libro *Jadis et Naguère* de 1885 pero escrito ocho años antes— como una censura frontal al modernismo y especialmente a Rubén Darío. Como es sabido, la poesía de éste, y luego casi mecánicamente la de sus seguidores, se había ido poblando de innúmeros cisnes —haciendo bueno, como ya advirtió Xavier Villaurrutia, aquel verso profético de Gutiérrez Nájera en un poema («De blanco») de 1888: *de cisnes intactos el lago se llena*. Pero incluso el ave prestigiosa había evolucionado en la misma simbología dariana; y ya en «Los cisnes» (de sus *Cantos...*) la interrogación que hace su *cuello divino* le había servido al poeta para lanzar su grave pregunta sobre el destino de toda una raza y una cultura. El propio González Martínez aclaró, en *La apacible locura*, el sentido de aquella exhortación suya, que en verdad iba dirigida —puntualiza— contra los imitadores del nicaragüense que prolongaba «lo que podríamos llamar exterioridad y procedimiento». La cuestión quedó zanjada en las palabras mismas del mexicano: «Nada contra Darío, salvo las inevitables discrepancias personales; nada contra su poesía fascinadora y estimulante». Pero de todos modos, la reacción que se oponía a las *maneras* superficiales y decorativas de un cierto modernismo, cifradas en la gracia displicente del cisne, quedó concretada en ese soneto famoso: reacción, desde luego, más modesta, menos arriesgada y novadora, que las que por esos mismos años ensayaban, en el Cono Sur, Lugones y Herrera y Reissig; y sólo muy poco después, ya en México, Ramón López Velarde y José Juan Tablada.

Poesía, pues, la de González Martínez, de talante meditativo, reflexivo (como la mirada del *sapiente búho* con que él quiere sustituir la gracia del engañoso cisne). Pero más que los resultados de sus cogitaciones, que no fueron ni muy hondos ni lograban sustanciarse definitivamente, lo que de él queda es su gesto o su ademán, el de un poema *que invita* al pensamiento, y el índice didáctico-moral de su palabra admonitoria, que va repitiendo siempre los mismos consejos. Surgen así, como temas recurrentes, la necesidad para refugiarse en la soledad introspectiva y en el silencio nocturno, para desde allí escrutar el latido profundo de las cosas y el secreto de la vida; y para intentar, bajo ese marco, la comunión panteísta con todos los seres de la Creación. De ese modo, con unos pocos asuntos, envueltos además en un repertorio igualmente limitado de símbolos (la noche, el lago, la fuente escondida, el romero...), y a través de una palabra sobria y elegante, compuso, pieza tras pieza y libro tras libro, un solo y largo y reiterativo poema, haciendo de la suya, al cabo, una poesía monotonal y aun monótona (sólo interrumpida hacia su final por la nota elegíaca personal —la muerte de su esposa, y la de su hijo, el también poeta Enrique González Rojo— y por el acuerdo de su conciencia con la historia, en los libros anteriormente aludidos).

Fue, por tanto, férreamente leal a sí mismo y a su estética; y esta lealtad concluyó por darle al modernismo, al extenderlo hasta fechas tan avanzadas, la perspectiva o dimensión de un clasicismo vivo. Hizo más, y en este juicio de Octavio Paz parecería resumirse el valor mayor que desde hoy podemos atribuirle a su obra: «le otorga [al modernismo] conciencia de sí mismo y de su oculta significación». Y al así hacerlo, añade Paz (dándole a este movimiento la adecuada óptica ampliamente hispánica e integral con que se debe de modo correcto entenderlo), no se convierte en el negador del modernismo, «sino en el único poeta realmente modernista que tuvo México —en el sentido en que fueron modernistas Darío y Lugones en América, Machado y Jiménez en España».

BIBLIOGRAFIA

OBRA POETICA

Preludios (1903). *Lirismos* (1907). *Silenter* (1909). *Los senderos ocultos* (1911). *La muerte del cisne* (1915). *El libro de la fuerza, de la bondad y del ensueño* (1917). *Parábolas y otros poemas* (1918). *La palabra del viento* (1921). *El romero alucinado* (1923). *Las señales furtivas* (1925). *Poemas truncos* (1935). *Ausencia y canto* (1937). *El diluvio de fuego* (1938). *Tres rosas en el ánfora* (1939). *Poesía, 1898-1939*, 3 vols. (1939-1940). *Bajo el signo mortal* (1942). *Poesías completas* (México, Asociación de Libreros y Editores Mexicanos, 1944). *Segundo despertar* (1945). *Vilano al viento* (1948). *Babel* (1949). *El nuevo Narciso y otros poemas* (1952). *Obras completas*, ed. y pról. de Antonio Castro Leal (México, El Colegio Nacional, 1971).

Aub, Max: «E.G.M. y su tiempo», *Cuadernos Americanos,* 64 (1952).

Blanco, José Joaquín: «E.G.M.», *Crónica de la poesía mexicana*, México, Editorial Katún, 1981.

Brushwood, John S.: *Enrique González Martínez*, New York, Twayne, 1969.

Cardona Peña, Alfredo: «E.G.M.», *Pablo Neruda y otros ensayos*, México, Andrea, 1955.

Castro Leal, Antonio: «Prólogo a E.G.M., *Preludios, Lirismo, Silenter, Los senderos ocultos*, México, Porrúa (2.ª ed.), 1971.

Colegio Nacional de México: *La obra de Enrique González Martínez*, Estudios prologados por A. Castro Leal y reunidos por José Luis Martínez, México, Editorial Cultura (edición del Colegio Nacional), 1951.

Díez-Canedo, Enrique: «E.G.M.», *Letras de América*, México: El Colegio de México, 1944.

Henríquez Ureña, Pedro: «La poesía de E.G.M.» [1915], *El simbolismo,* ed. J.O. Jiménez (véase Bibliografía General).

Luisi, Luisa: «La poesía de E.G.M.», *A través de libros y autores*, Buenos Aires, Ediciones «Nuestra América», 1955.

Onís, Federico de: «E.G.M.», *España en América* (véase Bibliografía General).

Pacheco, José Emilio: «E.G.M.», *Antología del modernismo* (véase Bibliografía General).

Reyes, Alfonso: «Dos Tributos a E.G.M.», *Obras completas,* vol.1, México, Fondo de Cultura Económica, 1955.

Salinas, Pedro: «El cisne y el búho», *Literatura española siglo XX*, Madrid, Alianza Editorial, 1970.

Sánchez, Luis Alberto: «E.G.M.», *Escritores representativos de América*, 2.ª serie, vol. I (véase Bibliografía General).

Torres Bodet, Jaime: «La obra de E.G.M.» (véase arriba: Colegio Nacional).

Topete, José M.: «G.M. y la crítica», *Revista Iberoamericana*, 16 (1951).

Topete, José M.: «La muerte del cisne (?)», *Hispania*, 36 (1953).

SELECCION

De **Silenter**

Silenter

En mármoles pentélicos, en bloques de obsidiana
o en bronces de Corinto esculpe tu presea,
el orto de Afrodita, el triunfo de Frinea
o un lance cinegético de las ninfas de Diana.

No importa que ante el símbolo de tu visión pagana
se abata o regocije la turba que vocea;
dales forma a tus ansias, cristaliza tu idea
y aguarda altivamente una aurora lejana.

Que un sagrado silencio del bullicio te aparte;
enciérrate en los muros del recinto del arte
y tu idea repule titánico o pequeño;

sírvate la belleza de coraza y escudo,
y sordo ante el aplauso y ante la befa mudo,
envuélvete en la nube prestigiosa del sueño.

Irás sobre la vida de las cosas...

Irás sobre la vida de las cosas
con noble lentitud; que todo lleve
a tu sensorio luz: blancor de nieve,
azul de linfas o rubor de rosas.

Que todo deje en ti como una huella
misteriosa grabada intensamente;
lo mismo el soliloquio de la fuente
que el flébil parpadeo de la estrella.

Que asciendas a las cumbres solitarias
y allí, como arpa eólica, te azoten
los borrascosos vientos, y que broten
de tus cuerdas rugidos y plegarias.

Que esquives lo que ofusca y lo que asombra
al humano redil que abajo queda,
y que afines tu alma hasta que pueda
escuchar el silencio y ver la sombra.

Que te ames en ti mismo, de tal modo
compendiando tu ser cielo y abismo,
que sin desviar los ojos de ti mismo
puedan tus ojos contemplarlo todo.

Y que llegues, por fin, a la escondida
playa con tu minúsculo universo,
y que logres oír tu propio verso
en que palpita el alma de la vida.

De **Los senderos ocultos**

Busca en todas las cosas

Busca en todas las cosas un alma y un sentido
oculto; no te ciñas a la apariencia vana;
husmea, sigue el rastro de la verdad arcana,
escudriñante el ojo y aguzado el oído.

No seas como el necio que, al mirar la virgínea
imperfección del mármol que la arcilla aprisiona,
queda sordo a la entraña de la piedra que entona
en recóndito ritmo la canción de la línea.

Ama toda lo grácil de la vida, la calma
de la flor que se mece, el color, el paisaje;

ya sabrás poco a poco descifrar su lenguaje...
¡Oh, divino coloquio de las cosas y el alma!

Hay en todos los seres una blanda sonrisa,
un dolor inefable o un misterio sombrío.
¿Sabes tú si son lágrimas las gotas de rocío?
¿Sabes tú qué secretos va contando la brisa?

Atan hebras sutiles a las cosas distantes;
al acento lejano corresponde otro acento...
¿Sabes tú dónde lleva los suspiros el viento?
¿Sabes tú si son almas las estrellas errantes?

No desdeñes al pájaro de argentina garganta
que se queja en la tarde, que salmodia a la aurora;
es un alma que canta y es un alma que llora...
¡Y sabrá por qué llora y sabrá por qué canta!

Busca en todas las cosas el oculto sentido;
lo hallarás cuando logres comprender su lenguaje;
cuando sientas el alma colosal del paisaje
y los ayes lanzados por el árbol herido...

Psalle et sile

No turbar el silencio de la vida,
ésa es la ley... Y sosegadamente
llorar, si hay que llorar, como la fuente
escondida.

Quema a solas —(¡a solas!)— el incienso
de tu santa inquietud, y sueña, y sube
por la escala del ensueño... Cada nube
fue desde el mar hasta el azul inmenso...

Y guarda la mirada
que divisaste en tu sendero... (una
a manera de ráfaga de luna
que filtraba el tamiz de la enramada):
el perfume sutil de un misterioso
atardecer, la voz cuyo sonido
te murmuró mil cosas al oído,
el rojo luminoso
de una cumbre lejana,
la campana
que daba al viento su gemido vago...

La vida debe ser como un gran lago
cuajado al soplo de invernales brisas,
que lleva en su blancura sin rumores
las estelas de todas las sonrisas
y los surcos de todos los dolores.

Cada emoción sentida,
en lo más hondo de tu ser impresa
debe quedar, porque la ley es ésa:
no turbar el silencio de la vida,
y sosegadamente
llorar, si hay que llorar, como la fuente
escondida...

Tuércele el cuello al cisne...

Tuércele el cuello al cisne de engañoso plumaje
que da su nota blanca al azul de la fuente;
él pasea su gracia no más, pero no siente
el alma de las cosas ni la voz del paisaje.

Huye de toda forma y de todo lenguaje
que no vayan acordes con el ritmo latente
de la vida profunda... y adora intensamente
la vida, y que la vida comprenda tu homenaje.

Mira al sapiente búho cómo tiende las alas
desde el Olimpo, deja el regazo de Palas
y posa en aquel árbol el vuelo taciturno...

El no tiene la gracia del cisne, mas su inquieta
pupila, que se clava en la sombra, interpreta
el misterioso libro del silencio nocturno.

De *La muerte del cisne*

Mi amigo el silencio

Llegó una vez, al preludiar mi queja
bajo el amparo de la tarde amiga,
y posó su piedad en mi fatiga,
y desde aquel entonces no me deja.

Con blanda mano, de mi labio aleja
el decidor afán y lo mitiga,
y a la promesa del callar obliga
la fácil voz de la canción añeja.

Vamos por el huir de los senderos,
y nuestro mudo paso de viajeros
no despierta a los pájaros... Pasamos

solos por la región desconocida;
y en la vasta quietud, no más la vida
sale a escuchar el verso que callamos.

Mañana los poetas

Mañana los poetas cantarán en divino
verso que no logramos entonar los de hoy:
nuevas constelaciones darán otro destino
a sus almas inquietas con un nuevo temblor.

Mañana los poetas seguirán su camino
absortos en ignota y extraña floración,
y al oír nuestro canto, con desdén repentino
echarán a los vientos nuestra vieja ilusión.

Y todo será inútil, y todo será en vano;
será el afán de siempre y el idéntico arcano
y la misma tiniebla dentro del corazón.

Y ante la eterna sombra que surge y se retira,
recogerán del polvo la abandonada lira
y cantarán con ella nuestra misma canción.

De **El libro de la fuerza, de la bondad y del ensueño**

Viento sagrado

Sobre el ansia marchita,
sobre la indiferencia que dormita,
hay un sagrado viento que se agita;

un milagroso viento,
de fuertes alas y de firme acento,
que a cada corazón le infunde aliento.

Viene del mar lejano,
y en su bronco rugir hay un arcano
que flota en medio del silencio humano.

Viento de profecía,
que a las tinieblas del vivir envía
la evangélica luz de un nuevo día;

viento que en su carrera
sopla sobre el amor, y hace una hoguera
que enciende en caridad la vida entera;

viento que es una aurora
en la noche del mal, y da la hora
de la consolación para el que llora...

Los ímpetus dormidos
despiertan al pasar, y en los oídos
hay una voz que turba los sentidos.

Irá desde el profundo
abismo hasta la altura, y su fecundo
soplo de redención llenará el mundo.

Producirá el espanto
en el pecho rebelde, y en el santo
un himno de piedad será su canto.

Vendrá como un divino
hálito de esperanza en el camino,
y marcará su rumbo al peregrino;

dejará en la conciencia
la flor azul de perdurable esencia
que disipa el dolor con la presencia.

Hará que los humanos
en solemne perdón, unan las manos
y el hermano conozca a sus hermanos;

no cejará en su vuelo
hasta lograr unir, en un consuelo
inefable, la tierra con el cielo;

hasta que el hombre, en celestial arrobo,
hable a las aves y convenza al lobo;

hasta que deje impreso
en las llagas de Lázaro su beso;

hasta que sepa darse, en ardorosas
ofrendas, a los hombres y a las cosas,
y en su lecho de espinas sienta rosas;

hasta que la escondida
entraña, vuelta manantial de vida,
sangre de caridad como una herida...

¡Ay de aquel que en la senda
cierre el oído ante la voz tremenda!
¡Ay del que oiga la voz y no comprenda!

De *El romero alucinado*

Las tres cosas del Romero

Sólo tres cosas tenía
para su viaje el Romero;
los ojos abiertos a la lejanía,
atento el oído y el paso ligero.

Cuando la noche ponía
sus sombras en el sendero,
él miraba cosas que nadie veía,
y en su lejanía
brotaba un lucero.

De la soledad que huía
bajo el silencio agorero,
¡qué canción tan honda la canción que oía
y que repetía
temblando el viajero!

En la noche y el día,
por el llano y el otero,
aquel caminante no se detenía,
al aire la frente, y el ánimo entero
como el primer día...

Porque tres cosas tenía
para su viaje el Romero:
los ojos abiertos a la lejanía,
atento el oído y el paso ligero.

Un fantasma

El hombre que volvía de la muerte
se llegó a mí, y el alma quedó fría,
trémula y muda... De la misma suerte
estaba mudo el hombre que volvía
de la muerte...

Era sin voz, como la piedra... Pero
había en su mirar ensimismado
el solemne pavor del que ha mirado
un gran enigma, y torna mensajero
del mensaje que aguarda el orbe entero...
El hombre mudo se posó a mi lado.

Y su faz y mi faz quedaron juntas,
y me subió del corazón un loco
afán de interrogar... Mas, poco a poco,
se helaron en mi boca las preguntas...

Se estremeció la tarde como un fuerte
gemido de huracán... Y, paso a paso,
perdióse en la penumbra del ocaso
el hombre que volvía de la muerte...

De **Tres rosas en el ánfora**

Romance del muerto vivo

Hay horas en que imagino
que estoy muerto;

que sólo percibo formas
amortajadas de tiempo;
que soy apenas fantasma
que algunos miran en sueños;
que soy un pájaro insomne
que más canta por más ciego;
que me fugué —no sé cuándo—
a donde *ella* y *él* se fueron;
que los busco,
que los busco y no los veo,
y que soy sombra entre sombras
en una noche sin término.

Pero de pronto la vida
prende su aurora de incendio,
y oigo una voz que me llama
como ayer, a grito abierto;
y en la visión se amotina
la turba de los deseos,
y se encrespan los sentidos
como leones hambrientos...
Y hay un alma que está aquí,
tan cercana, tan adentro,
que fuera arrancar la mía
arrancármela del pecho...
Y soy el mismo de enantes,
y sueño que estoy despierto
y cabalgando en la vida
como en un potro sin freno...

Sólo tú, la que viniste
a mí como dón secreto,
tú por quien la noche canta
y se ilumina el silencio;
sólo tú, la que dejaste
con vuelo de amor el centro
de tu círculo glorioso
para bajar a mi infierno;

sólo tú, mientras tus manos
alborotan mis cabellos
y me miras a los ojos
en el preludio del beso,
sólo tú podrás decirme
si estoy vivo o estoy muerto.

De **Vilano al viento**

La cita

La sentí llegar. Vi sus ojos
de un gris azul, entre humo y cielo;
su palidez era de luna
sobre la noche del desierto;
sus manos largas ascendían
por la escala de los cabellos
cual si ensayaran tenues ritmos
sobre las arpas del silencio...
Poco después, posó en mis hombros
la crispatura de sus dedos,
y me miró, con las pupilas
vagas y absortas de los ciegos...
No me habló; pero de sus labios
sin color, delgados y trémulos,
brotó un murmurio imperceptible,
un misterioso llamamiento
como de voces irreales
que sólo oímos entre sueños,
como la palabra extinguida
de aquellas almas que se fueron
sin dejar signo de su paso
en los arenales del tiempo...

De sus labios y de sus ojos
fluía un mensaje secreto;
pero su mirar era sombra
y su voz fantasma del viento.

Me conturbaba y me atraía,
a la par memoria y deseo.
Quise apartarme de su lado
y me sentí su prisionero.
La codiciaba y la temía;
quise besarla y tuve miedo
de atarme al nudo de sus brazos
y morir de su abrazo eterno...

Se alejó de mí... Quedé solo;
mas yo supe que aquel encuentro
era anuncio de que vendría
pronto a visitarme de nuevo...
Y con un guiño misterioso,
bajo las antorchas del cielo,
concertamos la cita próxima,
sin fijar el sitio ni el tiempo,
sin más aviso que sus pasos
entre los árboles del huerto,
en la claridad opalina
de algún plenilunio de invierno.

De *El nuevo Narciso*

Estancias

1

Tropel de sombras; mas el ojo lleva
en su retina la visión del viaje.
Alcé mi voz al astro que se eleva;
cantando espero que la noche baje,
Del coro soy; ni resonancia nueva
ni raro timbre de inicial mensaje;
me seduce la eterna melodía
que, por ser la de todos, es más mía.

2

Roble, laurel, espina, poco importa;
lo que vale es vivir; en la tortura,
igual que en el placer, la vida es corta;
voluntad de vivir es lo que dura.
La frente al aire y la mirada absorta,
mil veces renovara mi aventura
de andar y desandar este camino
a fuer de voluntario peregrino.

3

Sonrisa, lentitud. ¡Feliz quien sabe,
a la hora solemne e imprecisa
en que es forzoso que la vida acabe,
asociar el adiós con la sonrisa
y lentamente conducir la nave!
Semeja fuga navegar de prisa.
Llegue la barca al límite supremo
arriando lonas y a compás del remo.

4

En marcha desigual y prolongada,
nada pasa por mí sin dejar huella;
agua que corre y agua congelada,
el cocuyo lo mismo que la estrella,
a la vez el camino y la posada,
el beso de hoy y el ósculo de aquella
que en horas de quebranto vespertino
partió mi pan y me brindó su vino.

5

Vive mi sueño selvas encantadas
por donde tiendo la mirada y veo
ninfas que se dispersan en bandadas,

sátiros en el rijo del deseo,
mansedumbre de fieras dominadas
por el hechizo musical de Orfeo,
y fuentes que revelan al oído
la eficacia secreta del sonido.

6

Cruza también —acompasada ronda—
el vuelo de las aves agoreras;
trinos que se despiertan en la fronda
evocan mis lejanas primaveras;
no hay un leve rumor que no responda
en clave de palabras mensajeras,
y ven mis ojos, siervos de mis pasos,
nacer auroras y morir ocasos.

7

Torvo fantasma acecha con la muda
presencia marginal; su comentario
de impasible silencio rige y muda
el mapa del borroso itinerario.
Un tiempo fue pavor, amago, duda,
hoy consejero fiel y amigo diario;
presidiendo las horas, nos advierte
que brotan del rosal rosas de muerte.

8

Causa dolor dejar interrumpida
la vieja historia y en sordina el canto
que a toda voz alzamos a la vida
con risa fácil o con doble llanto;
mas esta suavidad adormecida
de rapsodia final, tiene su encanto:
define el ojo y el oído ausculta
la forma vaga y la palabra oculta.

9

¡Mágico mar de mis contemplaciones
que recorrí sonámbulo y despierto;
velas que el huracán hizo jirones
y hube de renovar en cada puerto;
náutica rosa de las tentaciones
a todos rumbos y sin rumbo cierto!...
¿Qué testigos insomnes a mi lado
dirán que la aventura ha terminado!

10

Uno fui ayer. Mañana ¿quién pudiera
decir lo que seré? Se está forjando
esta vida mortal y no sé cuándo
terminen mi labor y mi carrera.
En mi mal y mi bien ejerzo mando
y en mi mano está ser ángel o fiera.
Cetrero y domador, dar he sabido
suelta al azor y látigo al rugido.

11

Estoy en soledad bajo los pinos,
enfrente el viejo mar que duerme y brama,
el mar que pinta y borra los caminos;
la altura atrás, hoy nieve y ayer flama.
Tras de mí, los impulsos repentinos;
delante, la aventura que me llama;
delante lo que toco y lo que veo;
detrás, la incertidumbre del deseo.

12

Frente a mí, la videncia de horizontes,
la flor campestre en musgo de esmeralda,
y traspasando el filo de los montes,

el reino de las sombras a mi espalda.
Atrás, las altas cúspides bifrontes
cuyos hielos al sol mojan la falda;
y en mitad de la altura y del abismo,
la profunda ignorancia de mí mismo.

13

Con el ala ligera y temblorosa,
Ariel, alma del aire, roza el viento
y es iris con disfraz de mariposa
en el jardín azul del firmamento.
Me digo: ¿por qué voy de cosa en cosa
en perpetuo y activo movimiento
cual si tuviera el alma repartida
en una inmensa donación de vida?

14

Desde la aurora de preludios rojos
una obsesión de altura me enardece;
y cuando el sol escapa de mis ojos
y en brazos de la noche desfallece,
sigue el ansia de vuelo sus antojos,
crece el afán mientras la sombra crece,
y voy a tientas por la selva oscura
como niño que corre a la ventura.

15

¿A la ventura? No. La vida clama
y el alma se conturba al llamamiento;
todos piden merced y el eco brama
sobre las alas trémulas del viento;
el torrente del odio se derrama,
huye la grey en trágico lamento,
¡y es fuerza compartir esa agonía
que, por ser la de todos, es más mía!

16

Cabe la excelsa austeridad del pino
y el espiral abrazo de la hiedra,
estoy forjando a golpes mi destino
—estatua y escultor, cincel y piedra—.
Grietado fuste en tumbo repentino,
truncado capitel, nada me arredra;
prestos acuden al tropiezo humano
bloque y martillo en la nerviosa mano.

17

Hace tres lustros me engañó la vida
—¡cómo me duele la traición!— y creo
que de su propio engaño arrepentida,
ofreció nuevo dón a mi deseo.
Aún escuecen los labios de la herida
y un hilo rojo en mi costado veo;
mas resignado el escozor soporto
y bebiendo mi sangre me conforto.

18

¡Estrella clara, compasiva estrella
que tras la celosía de la nube
me hiciste guiños en la noche aquella!
Como sobre las alas de un querube,
vi discurrir por la celeste huella
llanto que baja y oración que sube.
¡Tocó mi frente el rayo diamantino
y todo se hizo canto en el camino!

19

Mi torpe balbucir halló el secreto
de la palabra; fue purificado
el beso matinal; violado el veto

que confunde el amor con el pecado;
tornóse manso el corazón inquieto,
y las rosas del huerto constelado
entornaron de noche su corola
por que brillaras tú límpida y sola.

20

¡Oh, poesía, santa poesía,
samaritana luz en mi sendero,
flor en mi duelo, dardo en mi alegría!
Por ti debo morir y por ti muero,
te quisiera decir como decía
el bardo de la lira y del acero.
¡Puede esgrimir la muerte su guadaña
si tu amor en el trance me acompaña!

21

Donadora del ritmo y de la rima,
quiero decirte adiós, pues ya cercana
anuncia que la hora se aproxima
la profética voz de la campana.
Viento renovador ruge en la cima
del alto monte de cabeza cana;
oigo el fragor; mas nada me amedrenta
porque escucho mi canto en la tormenta.

22

Arbol caduco; greñas el ramaje;
ulcerada corteza; pluma y trinos
en fuga por los árboles vecinos;
desnudez espectral frente al boscaje.

Pudor que espera que la noche ataje
el confuso tropel de los caminos
de que otrora cansancios peregrinos

demandaron frescura y hospedaje.

Arroyo fiel en pertinaz murmullo;
de la penuria verde en la cimera,
desmedrado mechón que finge orgullo.

Y en la piadosa lluvia, mensajera
de un nuevo amanecer, flor en capullo,
¡último dón de tarda primavera!

GUILLERMO VALENCIA

(Colombia, 1873-1943). Aristocrático y señorial en sus gustos y su estilo de vida, y aun en su poesía, Valencia se inserta de lleno, sin embargo, en esa característica tradición del intelectual hispanoamericano que, desde muy temprano en la historia republicana del continente, inauguran Andrés Bello y Domingo Faustino Sarmiento: la del hombre de estudios y de letras quien, a su vez, participa activamente en los quehaceres civilistas y públicos de su país. Servicios parlamentarios (varias veces miembro de la Cámara de Representantes y el Senado); participación en la carrera diplomática (primer secretario de la Legación de Colombia en Francia, Suiza y Alemania), lo que le permitió, con gran provecho y goce suyo, hacer la experiencia de la vida cultural europea más avanzada de principios de siglo; altos puestos administrativos (secretario de Educación del Departamento de Cundinamarca, y jefe civil y militar del de Cauca); y hasta candidato en dos ocasiones —siempre por el Partido Conservador, y sin éxito en ninguna de ellas— a la Presidencia de la República. Había recibido una sólida educación clásica y humanista, que se refleja visiblemente en su obra; y a pesar de su asendereada actividad pública y política, no cortó nunca las raíces con su ciudad natal, la ilustre y patricia Popayán, una de las más tradicionalmente hispanas del Nuevo Mundo. Allí solía recogerse, en el retiro de su residencia de Belalcázar, la cual ha sido vista en cierto modo como una concreción real de la «torre de marfil» a que aspiraban los artistas de la época.

301

Ampliamente versado en lenguas clásicas y modernas, es Valencia tal vez el escritor modernista de América que haya traducido a un más variado número de poetas de otras literaturas. En publicaciones periódicas de entonces iban apareciendo esas traducciones suyas (que ocupan un espacio importante en su labor literaria, al tiempo que acreditan la universalidad y amplitud de sus intereses estéticos) de Keats, Hugo, Flaubert, Heine, Baudelaire, Gautier, Leconte de Lisle, Verlaine, D'Annunzio, Stefan George, Hofmannsthal, Tagore y otros. De Oscar Wilde, a quien conoció personalmente en París y por el que mucho se interesó (reafirmando así esa amplitud aludida), tradujo *La balada de la cárcel de Reading,* debiendo haber sido la suya una de las primeras rendiciones al español de esta obra del gran esteta inglés. Y en este capítulo de su trabajo como traductor hay que situar realmente su libro *Catay,* aparecido en 1929, colección de personalísimas versiones de poetas chinos (Li-Tai-Po, Tu-Fu, Wang-Hei) que Valencia practicó a partir de las traducciones en prosa francesa publicadas por Franz Toussaint bajo el título de *La Flûte de Jade* (1879). La poesía depurada y concentrada de los chinos, apoyada en el manejo de sólo unos pocos símbolos de gran sugestión lírica, agradaba al temperamento clásico de Valencia; quien supo advertir también —y así lo asentó en el prólogo a su libro— cómo aquella poesía oriental se acordaba naturalmente con la nueva sensibilidad, más estilizada, que venía condicionando los gustos poéticos de los años veinte (tras la frondosidad verbal de la escritura modernista). Era la década, recuérdese, cuando José Juan Tablada y otros se daban a trasladar a nuestra lengua los primores del *hai-kú* japonés.

En su obra original de creación, a Valencia le distingue, desde lo más exterior, un gesto también de sesgo clásico y por ello poco común entre sus coetáneos, por lo general tan abundosos: su parquedad y mesura. Un solo libro de versos, *Ritos,* ampliado en su segunda edición, y posteriormente algunos poemas más (no demasiados) que fue dando a conocer en revistas y periódicos. Pero a esa brevedad de su ejercicio poético le acompaña una nota tampoco muy frecuente en el período: su voluntaria gravedad y profundidad ideológica, su intensa carga de pensamiento, que al apretarse en un lenguaje ceñido y altamente simbólico resulta en la evidente densidad (y aun en una cierta plúmbea morosidad) de su escritura, que se hace más sensible en sus textos de mayor longitud. Y de aquí la variedad de rotulaciones críticas que, no sin contradicción entre sí, ha propiciado la imagen de Valencia como poeta: desde «espíritu francés» (Unamuno), alejandrino y cosmopolita, hasta latino, clásico y parnasiano. Esta última ha sido la que se ha formulado con mayor insistencia —«el primer parnasiano de América», se le suele llamar frecuentemente— al repararse sobre todo en el acendrado y terso lenguaje del colombiano. Pero es acaso, por esa insistencia (y aun no siendo totalmente errónea, pero sólo en lo que atañe a la pulcritud y tensión de la forma), la que más en peligro ha puesto la recta y justa comprensión de su misma poesía, pues nada más lejano de Valencia que el ideal de impersonalidad objetiva que es definitorio y esencial en el verdadero parnasismo (del cual, en verdad, están más cercanas ciertas zonas de Casal y de Santos Chocano). Y ha actuado tal etiqueta, la de parnasista, como turbio cristal que impide apreciar la rica densidad simbólica, los seguros avances hacia el simbolismo que también, y con mayor significatividad, se dieron en su verso.

En vista de tal parcialización deformadora, hay que empeñarse en contemplar a Guillermo Valencia como un *modernista* cabal; y por ello sincrético, ecléctico, totalizador: «con corazón romántico, ojos de parnasiano y oído de simbolista», como le ha resumido certeramente Enrique Anderson Imbert. Y la más correcta y comprensiva valoración de su ejecutoria poética, es la que nos ha ofrecido Baldomero Sanín Cano, amigo entrañable de Valencia y profundo conocedor de su obra. Este crítico y notable polígrafo colombiano, al poner énfasis en la independencia personal del poeta frente a las escuelas de la época, ha sabido destacar, con especial precisión, la aproximación del autor de *Ritos* al simbolismo, «por el valor de símbolo que quiso darles, con singular penetración, a los signos escritos y a algunas ideas moribundas».

Dejando a un lado particularizaciones temáticas, en su conjunto el mundo espiritual de Valencia se muestra escindido en una pugna dialéctica entre los principios negativos y positivos que rigen la existencia: la carne y el espíritu, el vicio y la virtud, la concepción pagana de la vida y los valores perdurables del cristianismo. Y ante esa polaridad, que se hizo crudamente sensible a los hombres del fin de siglo y define la marca candente de la espiritualidad conflictiva de la época (la poesía de Darío no es sino la historia de ese drama), Valencia apuntó siempre hacia los más altos objetivos. Su mirada pareció abrazarlo todo: desde las injusticias sociales (su muy extenso poema *Anarkos,* que no es precisamente lo mejor de su obra, y el cual por ello y por su longitud no se recoge aquí, le dio gran popularidad e incluso le acompañó casi como *slogan* en sus campañas políticas) hasta la estimación sutil de los valores del arte más refinado y decadente: *sacrificar un mundo para pulir un verso,* como sentenció en una línea (de «Leyendo a Silva») que sólo parcialmente podría haber hecho lema suyo. Porque esta inclinación del esteta, que de cierto no desdeñó (estetas eran sus poetas preferidos, y rigurosamente estética fue su actitud ante el trabajo de la palabra), no conspiró nunca en él contra su insobornable nervatura moral. Y así sus momentos más intensos, como ha notado Robert J. Glickman, «demuestran que el propósito fundamental de Valencia era celebrar "ritos literarios" que pudieran contrarrestar el influjo de las fuerzas negativas que sin tregua intentan impedir la elevación espiritual del individuo y de la sociedad». Y en virtud de este impulso vertical y trascendente (que de hecho no le fue privativo en la época) queda iluminada, al margen de preciosismos y decorativismos exteriores, la pertenencia raigal de este poeta a la tradición más honda y esencial del modernismo.

BIBLIOGRAFIA

OBRA POETICA

Ritos (1899); 2.ª ed. aumentada, pról. de Baldomero Sanín Cano (1914). *Catay* (traducciones), 1929. *Sus mejores versos,* pról. de Rafael Maya (1944). *Obras poéticas completas,* pról. de B. Sanín Cano (Madrid: Aguilar, 1948).

ESTUDIOS CRITICOS

Acosta Polo, Benigno: *La poesía de Guillermo Valencia,* Barranquilla (Colombia), Imprenta Departamental del Atlántico, 1965.

De la Fuente, Alberto: Comentario a «Los Camellos», *Antología comentada del modernismo,* ed. Porrata y Santana (véase Bibliografía General).

Duarte French, Alberto: *Guillermo Valencia,* Bogotá: Editorial Jotadé, 1941.

Echeverri Mejía, Oscar: *Guillermo Valencia. Estudio y Antología,* Madrid, Compañía Bibliográfica Española, 1965.

García Prada, Carlos: «G.V.», *Poetas modernistas hispanoamericanos,* Madrid, Ediciones Cultura Hispánica, 1968.

García Prada, Carlos: «El paisaje en la poesía de G.V.», *Estudios hispanoamericanos,* México, El Colegio de México, 1945.

Glickman, Robert J.: *Guillermo Valencia and the Poetic World of «Ritos». Interpretations Based upon the Use of a Concordance,* Los Angeles, University of California, 1963.

Glichman, Robert J.: «G.V.: A Psycho-Philosophical Evaluation», *Revista de Letras* (Puerto Rico), 6, 21 (1964).

Karsen, Sonja P.: *Guillermo Valencia, Colombian Poet,* New York, Hispanic Institute in the United States, 1951.

Maya, Rafael: «G.V.», *Estampas de ayer y retratos de hoy,* Bogotá, Editorial Kelly, 1954.

Sanín Cano, Baldomero: «G.V.», *Letras colombianas,* México, Fondo de Cultura Económica, 1944.

Schade, George: «La mitología en la poesía de G.V.», *Revista Iberoamericana,* 24 (1959).

Torres, Hernán, ed.: *Estudios. Edición en Homenaje a Guillermo Valencia,* Cali (Colombia, Carvajal y Cía, 1976. (Sobre la poesía de G.V., artículos de R.J. Glickman, Gerardo Valencia, Ivan A. Schulman, Otto Olivera, Marta LaFolette Miller y otros).

Uribe Ferrer, René: «G.V.», *Modernismo y poesía contemporánea,* Medellín (Colombia), Imprenta Departamental de Antioquia, 1962.

SELECCION

De **Ritos**

Leyendo a Silva

Vestía traje suelto, de recamado biso,
en voluptosos pliegues de un color indeciso,

y en el diván tendida, de rojo terciopelo,
sus manos, como vivas parásitas de hielo,

sostenían un libro de corte fino y largo,
un libro de poemas delicioso y amargo.

De aquellos dedos pálidos la tibia yema blanda
rozaba tenuamente con el papel de Holanda,

por cuyas blancas hojas vagaron los pinceles
de los más refinados discípulos de Apeles:

era un lindo manojo que en sus claros lucía
los sueños más audaces de la Crisología:

sus cuerpos de serpiente dilatan las mayúsculas
que desde el ancho margen acechan las minúsculas,

o trazan por los bordes caminos plateados
los lentos caracoles, babosos y cansados.

Para el poema heroico se vía allí la espada
con un león por puño y contera labrada,

donde evocó las formas del cielo legendario
con sus torres y grifos un pincel lapidario.

Allí, la dama gótica de rectilínea cara
partida por las rejas de la viñeta rara;

allí, las hadas tristes de la pasión excelsa:
la férvida Eloísa, la suspirada Elsa.

Allí, los metros raros de musicales timbres:
ya móviles y largos como jugosos mimbres,

ya diáfanos, que visten la idea levemente
como las albas guijas de un río transparente.

Allí, la Vida llora, y la Muerte sonríe,
y el Tedio, como un ácido, corazones deslíe...

Allí, cual casto grupo de núbiles Citeres,
cruzaban en silencio figuras de mujeres

que vivieron sus vidas, invioladas y solas
como la espuma virgen que circunda las olas:

La rusa de ojos cálidos y de bruno cabello
pasó con sus pinceles de marta y de camello;

la que robó al piano en las veladas frías
parejas voladoras de blancas armonías

que fueron por los vientos perdiéndose una a una
mientras, envuelta en sombras, se atristaba la luna...

Aquésa, el pie desnudo, gira como una sombra
que sin hacer ruido pisara por la alfombra

de un templo... y como el ave que ciega el astro diurno
con miradas nictálopes ilumina el *Nocturno*

do al fatigado beso de las vibrantes clines
un aire triste y vago preludian dos violines...

... ...

La luna, como un nimbo de Dios, desde el Oriente
dibuja sobre el llano la forma evanescente

de un lánguido mancebo que el tardo paso guía,
como buscando un alma, por la pampa vacía.

Busca a su hermana; un día la negra Segadora
—sobre la mies que el beso primaveral enflora—,

abatiendo sus alas, sus alas de murciélago,
hirió a la virgen pálida sobre el dorado piélago,

que cayó como un trigo... Amiguitas llorosas
la vistieron de lirios, la ciñeron de rosas;

céfiro de las tumbas, un bardo israelita
le cantó cantos tristes de la raza maldita

a ella, que en su lecho de gasas y de blondas
se asemejaba a Ofelia mecida por las ondas:

por ella va buscando su hermano, entre las brumas,
de unas alitas rotas las desprendidas plumas,

y por ella... «Pasemos esta doliente hoja
que mi ser atormenta, que mi sueño acongoja»,

dijo entre sí la dama del recamado viso
en voluptuosos pliegues de color indeciso,

y prosiguió del libro las hojas volteando,
que ensalza en áureas rimas de son calino y blando

los perfumes de Oriente, los vívidos rubíes
y los joyeros mórbidos de sedas carmesíes.

Leyó versos que guardan como gastados ecos
de voces muertas: cantos a ramilletes secos

que hacen crujir, al tacto, cálices inodoros;
metros que reproducen los gemebundos coros

de las locas campanas que en el *día de difuntos*
despiertan con sus voces los muertos cejijuntos,

lanzados en racimos entre las sepulturas
a beberse la sombra de sus noches oscuras...
... ...

...Y en el diván tendida, de rojo terciopelo,
sus manos, como vivas parásitas de hielo,

doblaron lentamente la página postrera
que en gris mostraba un cuervo sobre una calavera.

Y se quedó pensando, pensando en la amargura
que acendran muchas almas; pensando en la figura

del bardo, que en la calma de una noche sombría,
puso fin al poema de su melancolía:

exangüe como un mármol de la dorada Atenas,
herido como un púgil de itálicas arenas,

¡unió la faz de un Numen dulcemente atediado
a la ideal belleza del estigmatizado!...

Ambicionar las túnicas que modelaba Grecia,
y los desnudos senos de la gentil Lutecia;

pedir en copas de ónix del ático nepentes;
querer ceñir en lauros las pensativas frentes;

ansiar para los triunfos el hacha de un Arminio;
buscar para los goces el oro del triclinio;

amando los detalles, odiar el universo;
sacrificar un mundo para pulir un verso;

querer remos de águila y garras de leones
con que domar los vientos y herir los corazones;

para gustar lo exótico, que el ánimo idolatra,
esconder entre flores el áspid de Cleopatra;

seguir los ideales en pos de Don Quijote,
que en el Azul divaga de su rocín al trote;

esperar en la noche las trémulas escalas
que arrebatan ligeras a las etéreas salas;

oír los mudos ecos que pueblan los santuarios,
amar las hostias blancas; amar los incensarios

(poetas que diluyen en el espacio inmenso
sus ritmos perfumados de vagoroso incienso);

sentir en el espíritu brisas primaverales
ante los viejos monjes y los rojos misales;

tener la frente en llamas y los pies entre lodo;
querer sentirlo, verlo y adivinarlo todo:

eso fuiste, ¡oh poeta! Los labios de tu herida
blasfeman de los montes, blasfeman de la vida,

modulan el gemido de las desesperanzas,
¡oh místico sediento que en el raudal te lanzas!
... ...

¡Oh Señor Jesucristo! Por tu herida del pecho,
¡perdónalo, perdónalo! ¡Desciende hasta tu lecho

de piedra a despertarlo! Con tus manos divinas
enjuga de su sangre las ondas purpurinas...

Pensó mucho: sus páginas suelen robar la calma;
sintió mucho: sus versos saben partir el alma.

¡Amó mucho! Circulan ráfagas de misterio
entre los negros pinos del blanco cementerio...
... ...

No manchará su lápida epitafio doliente;
tallad un verso en ella, pagano y decadente,

digno del fresco Adonis en muerte de Afrodita:
un verso como el hálito de una rosa marchita,

que llore su caída, que cante su belleza,
que cifre sus ensueños, ¡que diga su tristeza!
... ...

¡Amor!, dice la dama del recamado viso
en voluptuosos pliegues de color indeciso;

¡Dolor!, dijo el poeta. Los labios de su herida
blasfeman de los hombres, blasfeman de la vida,

modulan el gemido de la desesperanza;
fue el místico sediento que en el raudal se lanza;

su muerte fue la muerte de una lánguida anémona,
se evaporó su vida como la de Desdémona;

ebrio del vino amargo con que el dolor embriaga
y a los fulgores trémulos de un cirio que se apaga...

¡Así rindió su aliento, bajo un sitial de seda,
el último nacido del viejo Cisne y Leda!...

Los camellos

Lo triste es así...

PETER ALTENBERG.

Dos lánguidos camellos, de elásticas cervices,
de verdes ojos claros y piel sedosa y rubia,
los cuellos recogidos, hinchadas las narices,
a grandes pasos miden un arenal de Nubia.

Alzaron la cabeza para orientarse, y luego
el soñoliento avance de sus vellosas piernas
—bajo el rojizo dombo de aquel cenit de fuego—
pararon silenciosos al pie de las cisternas.

Un lustro apenas cargan bajo el azul magnífico,
y ya sus ojos quema la fiebre del tormento:
tal vez leyeron, sabios, borroso jeroglífico
perdido entre las ruinas de infausto monumento.

Vagando taciturnos por la dormida alfombra,
cuando cierra los ojos el moribundo día,
bajo la virgen negra que los llevó en la sombra
copiaron el desfile de la Melancolía...

Son hijos del desierto: prestóles la palmera
un largo cuello móvil que sus vaivenes finge,
y en sus marchitos rostros, que esculpe la Quimera,
¡sopló cansancio eterno la boca de la Esfinge!

312

Dijeron las Pirámides que el viejo sol rescalda:
«Amamos la fatiga con inquietud secreta...»,
y vieron desde entonces correr sobre una espalda
tallada en carne, viva, su triangular silueta.

Los átomos de oro que el torbellino esparce
quisieron en sus giros ser grácil vestidura,
y unidos en collares por invisible engarce,
vistieron del giboso la escuálida figura.

Todo el fastidio, toda la fiebre, toda el hambre,
la sed sin agua, el yermo sin hembras, los despojos
de caravanas..., huesos en blanquecino enjambre...,
todo en el cerco bulle de sus dolientes ojos.

Ni las sutiles mirras, ni las leonadas pieles,
ni las volubles palmas que riegan sombra amiga,
ni el ruido sonoroso de claros cascabeles,
alegran las miradas al rey de la fatiga:

¡Bebed dolor en ellas, flautistas de Bizancio
que amáis pulir en dáctilo al son de las cadenas!
¡Sólo esos ojos pueden deciros el cansancio
de un mundo que agoniza sin sangre entre las venas!

¡Oh artistas! ¡Oh camellos de la Llanura vasta
que vais llenando a cuestas el sacro Monolito!
¡Tristes de Esfinge, novios de la Palmera casta!
¡Sólo calmáis vosotros la sed de lo infinito!

¿Qué pueden los ceñudos? ¿Qué logran las melenas
de las zarpadas tribus cuando la sed oprime?
Sólo el poeta es lago sobre este mar de arenas;
sólo su arteria rota la Humanidad redime.

Se pierde ya a lo lejos la errante caravana
dejándome —camello que cabalgó el Excidio...—

¡Cómo buscar sus huellas al sol de la mañana,
entre las olas grises de lóbrego fastidio!

¡No! Buscaré dos ojos que he visto, fuente pura
hoy a mi labio exhausta, y aguardaré paciente
hasta que suelta en hilos de mística dulzura
refresque las entrañas del lírico doliente:

y si a mi lado cruza la sorda muchedumbre,
mientras el vago fondo de esas pupilas miro,
dirá que vio un camello con honda pesadumbre,
mirando silencioso dos fuentes de zafiro...

Nihil

Es ésta la doliente y escuálida figura
de un ser que hizo en treinta años mayores desatinos
que el mismo don Alonso Quijano, sin molinos
de viento, ni batanes, ni bachiller, ni cura.

Que por huir del vulgo, corrió tras la aventura
del Ideal, y avaro lector de pergaminos,
dedujo de lo estéril de todos los destinos
humanos, el horóscopo de su mala ventura.

Mezclando con sus sueños el rey de los metales,
halló combinaciones tristes, originales
—inútiles al sino del alma desolada—.

Nauta de todo cielo, buzo de todo oceano,
como el fakir idiota de un oriente lejano,
sólo repite ahora una palabra: ¡Nada!

Palemón el Estilita

Enfuriado el Maligno Spiritu de la devota e sancta vida
que el dicho ermitaño facía, entróle fuertemientre deseo de
facerlo caer en grande y carboniento pecado. Ca estos e non
otros son sus pensamientos e obras.

(*Apeles Mestres*. GARÍN.)

Palemón el Estilita, sucesor del viejo Antonio,
que burló con tanto ingenio las astucias del demonio,
antiquísima columna de granito
se ha buscado en el desierto por mansión,
y en un pie sobre la *stela*
ha pasado muchos días
inspirando a sus oyentes
el horror a las judías
que endiosaron, ¡Dios del Cielo!,
que endiosaron a una hermosa
de la vida borrascosa,
que llamaban Herodías.

Palemón el Estilita «era un santo». Su retiro
circuían mercadantes de Lycoples y de Tiro,
judaizantes de apartadas sinagogas
que anhelaban de sus labios escuchar
la palabra de consuelo,
la palabra de verdad
que nos salve del castigo
y de par en par el Cielo
nos entregue; solo abrigo
contra el pérfido enemigo
que nos busca sin cesar
y nos tienta con el fuego de unos ojos
que destellan bajo el lino de una toca,
con la púrpura de frescos labios rojos
y los pálidos marfiles de una boca.

Al redor de la columna que habitaba el Estilita,
como un mar efervescente, muchedumbre ingente agita
los turbantes, los bastones y los brazos
y demanda su sermón al solitario
cuya hueca voz de enfermo
fuerzas cobra ante la mies
que el Señor ha deparado
a su hoz, y cruza el yermo
que turbaron otros tiempos los timbales de Ramsés.

Y les habla de las obras de piedad y sacrificio,
de las rudas tentaciones del Apóstol, y del vicio
que llevamos en nosotros del ayuno; y el cilicio,
del vivir año tras año con las fieras
bajo rotos quitasoles de palmeras;
y les cuenta lo que es sed y lo que es hambre,
lo que son las noches cálidas de Libia,
cuando bulle de planetas un enjambre,
y susurra en los palmares la aura tibia,
que provocan en el ánimo cansado
de una vida muerta y loca
los recuerdos tormentosos que en los días pesarosos,
que en los días soñolientos
de tristezas y de calma
nos golpean en el alma
con sus mágicos acentos
cual la espuma débil
toca
la cabeza dura y fría
de la roca.

De la turba que le oía
una linda pecadora
destacóse: parecía
la primera luz del día,
y en lo negro de sus ojos
la mirada tentadora
era un áspid: amplia túnica de grana

dibujaba las esferas de su seno;
nunca vieran los jardines de Ecbatana
otro talle más airoso, blanco y lleno;
bajo el arco victorioso de las cejas
era un triunfo la pupila quieta y brava,
y, cual conchas sonrosadas, las orejas
se escondían bajo un pelo que temblaba
como oro derretido:
de sus manos, blancas, frescas,
el purísimo diseño
semejaba lotos vivos
de alabastro,
irradiaba toda ella
como un astro:
era un sueño
que vagaba
con la turba adomercida
y cruzaba
—la sandalia al pie ceñida—
cual la muda sombra errante
de una sílfide,
de una sílfide seguida por su amante.

Y el buen monje
la miraba,
la miraba,
la miraba,
y, queriendo hablar no hablaba,
y sentía su alma esclava
de la bella pecadora de mirada tentadora,
y un ardor nunca sentido
sus arterias encendía,
y un temblor desconocido
su figura
larga
y flaca
y amarilla

sacudía;
¡era amor! El monje adusto
en esa hora sintió el gusto
de los seres y la vida;
su guarida
de repente abandonaron
pensamientos tenebrosos
que en la mente
se asilaron
del proscrito
que, dejando su columna
de granito,
y en coloquio con la bella
cortesana,
se marchó por el desierto
despacito...
a la vista de la muda,
¡a la vista de la absorta caravana!...

Cigüeñas blancas

Ciconia pietatis cultrix...
PETRONIO.

De cigüeñas la tímida bandada
recogiendo las alas blandamente,
paró sobre la torre abandonada
a la luz del crepúsculo muriente;

hora en que el Mago de feliz paleta
vierte bajo la cúpula radiante
pálidos tintes de fugaz violeta
que riza con su soplo el aura errante.

Esas aves me inquietan: en el alma
reconstruyen mis rotas alegrías,

evocan en mi espíritu la calma,
la augusta calma de mejores días.

Afrenta la negrura de sus ojos
el abenuz de tonos encendidos,
y van los picos de matices rojos
a sus gargantas de alabastro unidos.

Vago signo de mística tristeza
es el perfil de su sedoso flanco
que evoca, cuando el sol se despereza,
las lentas agonías de lo Blanco.

Con la veste de mágica blancura,
con el traje de lánguido diseño,
semeja en el espacio su figura
el pálido estandarte del Ensueño.

Y si, huyendo la garra que la acecha,
el ala encoge, la cabeza extiende,
parece un arco de rojiza flecha
que oculta mano en el espacio tiende.

A los fulgores de sidérea lumbre,
en el vaivén de su cansado vuelo,
fingen, bajo la cóncava techumbre
bacantes del azul ebrias de cielo...

*

Esas aves me inquietan: en el alma
reconstruyen mis rotas alegrías;
evocan en mi espíritu la calma,
la augusta calma de mejores días.

Y restauro del mundo los abriles
que ya no volverán, horas risueñas
en que ligó sus ansias juveniles
al lento crotorar de las cigüeñas.

Ora dejando las heladas brumas,
a Grecia piden su dorado asilo;
ora baten el ampo de sus plumas
en las fangosas márgenes del Nilo.

Ya en el Lacio los cármenes de Oriente
olvidan con sus lagos y palmares
para velar en éxtasis ardiente
al Dios de la piedad en sus altares.

Y junto al numen que el romano adora
abre las alas de inviolada nieve;
en muda admiración, hora tras hora,
ni canta, ni respira, ni se mueve.

Y en reposo silente sobre el ara,
con su pico de púrpura encendida
tenue lámpara finge de Carrara,
sobre vivos corales sostenida.

¡Ostro en el pico y en tu pie desnudo
ostro también! ¿Corriste desalada
allá do al filo de puñal agudo
huye la sangre en trémula cascada?...

Llevas las vestiduras sin mancilla
—prez en el Circo— de doncella santa,
cuando cortó la bárbara cuchilla
la red azul de su gentil garganta.

*

Todo tiene sus aves: la floresta,
de mirlos guarda deliciosos dúos;
el torreón de carcomida testa
oye la carcajada de los búhos:

la Gloria tiene el águila bravía:
albo coro de cisnes los Amores;
tienen los montes que la nieve enfría
la estirpe colosal de los condores;

y de lo Viejo en el borroso escudo
—reliquia de volcado poderío—
su cuello erige en el espacio mudo
ella, ¡la novia lánguida del Frío!

La cigüeña es el alma del Pasado,
es la Piedad, es el Amor ya ido;
mas su velo también está manchado
y el numen del candor, envejecido...

¡Perlas, cubrid el ceñidor oscuro
que ennegrece la pompa de sus galas!
¡Detén, Olvido, el oleaje impuro
que ha manchado la albura de sus alas!

*

Turban sus vuelos la voluble calma
del arenal —un cielo incandescente—,
y en el dorado límite, la palma
que tuesta el rojo luminar: ¡Oriente!

Tú que adorabas la cigüeña blanca,
¿supiste su virtud? Entristecida
cuando una mano pérfida le arranca
su vagorosa libertad, no anida.

Sacra vestal de cultos inmortales
con la nostalgia de su altar caído,
se acoge a las vetustas catedrales
y entre sus grietas enmaraña el nido;

abandona las húmedas florestas
para buscar las brisas del verano,
y remonta veloz llevando a cuestas
el dulce peso de su padre anciano.

Es la amiga discreta de Cupido,
que del astro nocturno a los fulgores,
oye del rapazuelo entretenido
historias de sus íntimos amores:

con la morena de ceñida boca,
altos senos, febril y apasionada,
que exangües manos y mirar de loca
que enerva como flor emponzoñada;

o con la niña de pupilas hondas
—luz hecha carne, ¡floración del cielo!...—,
que al viento esparce las guedejas blondas
y es la carnal animación del hielo;

con la rubia de cutis perla y grana,
semítica nariz y azul ojera,
que parece, al través de su ventana,
casta virgen de gótica vidriera...

*

Esas aves me inquietan: en el alma
reconstruyen mis rotas alegrías;
evocan en mi espíritu la calma,
la augusta calma de mejores días.

Símbolo fiel de artísticas locuras,
arrastrarán mi sueño eternamente
con sus remos que azotan las alturas,
con sus ojos que buscan el Oriente.

Ellas, como la tribu desolada
que boga hacia el país de la Quimera,
atraviesan en mística bandada
en busca de amorosa Primavera:

y no ven, cual los pálidos cantores
—más allá de los agrios arenales—,
gélidos musgos en lugar de flores
y en vez de Abril, las noches invernales.

Encarnecida raza de poscritos,
la sien quemada por divino sello;
náufragos que perecen dando gritos
entre faros de fúlgido destello.
... ...

Si pudiesen, asidos de tu manto,
ir, en las torres a labrar el nido;
si curase la llaga de su canto
el pensamiento de futuro olvido;

¡ah!, si supiesen que el soñado verso,
el verso de oro que les dé la palma
y conquiste, vibrando, el universo,
¡oculto muere sin salir del alma!

Cantar, soñar..., conmovedor delirio,
deleite para el vulgo; amargas penas
a que nadie responde; atroz martirio
de Petronio cortándose las venas...

¡Oh poetas! Enfermos escultores
que hacen la forma con esmero pulcro,
¡y consumen los prístinos albores
cincelando su lóbrego sepulcro!

Aves que arrebatáis mi pensamiento
al limbo de las formas; divo soplo

traiga desde vosotras manso viento
a consagrar los filos de mi escoplo:

amo los vates de felina zarpa
que acendran en sus filos amargura
y lívido corcel, mueven el arpa,
a la histérica voz de su locura.

Dadme el verso pulido en alabastro,
que, rígido y exangüe, como el ciego
mire sin ojos para ver: un astro
de blanda luz cual cinerario fuego.

¡Busco las rimas en dorada lluvia;
chispa, fuentes, cascada, lagos, ola!
¡Quiero el soneto cual león de Nubia:
de ancha cabeza y resonante cola!

*

Como el oso nostálgico y ceñudo,
de ojos dolientes y velludas garras,
que mira sin cesar el techo mudo
entre la cárcel de redondas barras,

esperando que salte la techumbre
y luz del cielo su pestaña toque;
con el delirio de subir la cumbre
o de flotar en el nevado bloque:

del fondo de mi lóbrega morada,
coronado de eneldo soporoso,
turbia la vista, en el azul clavada,
alimento mis sueños, como el oso;

y digo al veros de mi reja inmota
pájaros pensativos de albas penas:
quién pudiera volar a donde brota
la savia de tus mármoles. Atenas.

*

De cigüeñas la tímida bandada,
despegando las alas blandamente,
voló desde la torre abandonada
a la luz del crepúsculo naciente,

y saludó con triste algarabía
el perezoso despertar del día;
y al esfumarse en el confín del cielo,
palideció la bóveda sombría
con la blanca fatiga de su vuelo...

Las dos cabezas

Omnis plaga tristia cordis est et omnis malitia, nequitia
mulieris.

El Eclesiástico

JUDITH Y HOLOFERNES
(Tesis)

Blancos senos, redondos y desnudos, que al paso
de la hebrea se mueven bajo el ritmo sonoro
de las ajorcas rubias y los cintillos de oro,
vivaces como estrellas sobre la tez del raso.

Su boca, dos jacintos en indecible vaso,
da la sutil esencia de la voz. Un tesoro
de miel hincha la pulpa de sus carnes. El lloro
no dio nunca a esa faz languideces de ocaso.

Yacente sobre un lecho de sándalo, el Asirio
reposa fatigado; melancólico cirio
los objetos alarga y proyecta en la alfombra...

Y ella, mientras reposa la bélica falange,
muda, impasible, sola, y escondido el alfanje,
para el trágico golpe se recata en la sombra.

*

Y ágil tigre que salta de tupida maleza,
se lanzó la israelita sobre el héroe dormido,
y de doble mandoble, sin robarle un gemido,
del atlético tronco desgajó la cabeza.

Como de ánforas rotas, con urgida presteza,
desbordó en oleadas el carmín encendido,
y de un lago de púrpura y de sueño y de olvido,
recogió la homicida la pujante cabeza.

En el ojo apagado, las mejillas y el cuello,
de la barba, en sortijas, al ungido cabello
se apiñaban las sombras en siniestro derroche

sobre el lívido tajo de color de granada...,
y fingía la negra cabeza destroncada
una lúbrica rosa del jardín de la Noche.

SALOME Y JOAKANANN
(Antítesis)

Con un aire maligno de mujer y serpiente,
cruza en rápidos giros Salomé la gitana
al compás de los crótalos. De su carne lozana
vuela equívoco aroma que satura el ambiente.

Danza todas las danzas que ha tejido el Oriente:
las que prenden hogueras en la sangre liviana
y a las plantas deshojan de la déspota humana
o la flor de la vida, o la flor de la mente.

Inyectados los ojos, con la faz amarilla,
el caduco Tetrarca se lanzó de su silla
tras la hermosa, gimiendo con febril arrebato:

«Por la miel de tus besos te daré Tiberiades»;
y ella dícele: «En cambio de tus muertas ciudades,
dame a ver la cabeza del Esenio en un plato.»

*

Como viento que cierra con raquítico arbusto,
en el viejo magnate la pasión se desata,
y al guiñar de los ojos, el esclavo que mata
apercibe el acero con su brazo robusto.

Y hubo grave silencio cuando el cuello del Justo,
suelto en cálido arroyo de fugaz escarlata,
ofrecieron a Antipas en el plato de plata
que él tendió a la sirena con medroso disgusto.

Una lumbre que viene de lejano infinito
da a las sienes del mártir y a su labio marchito
la blancura llorosa de cansado lucero.

Y —del mar de la muerte melancólica espuma—
la cabeza sin sangre del Esenio se esfuma
en las nubes de mirra de sutil pebetero.

Croquis

Bajo el puente y al pie de la torcida
y angosta callejuela del suburbio,
como un reptil en busca de guarida,
pasa el arroyo turbio...
                    Mansamente
bajo el arco de recia contextura
que el tiempo afelpa de verdosa lama
sus ondas grises la corriente apura,
y en el borde los ásperos zarzales
prenden sus redes móviles
al canto de los yertos peñascales.

Al rayar de un crepúsculo, el mendigo
que era un loco tal vez, quizá un poeta,
bajo el candil de amarillenta lumbre
que iluminaba su guarida escueta,
lloró mucho...
                    Con honda pesadumbre
corrió al abismo, se lanzó del puente,
cruzó como un relámpago la altura,
y entre las piedras de la sima oscura
se rompió con estrépito la frente.

Era al amanecer. En el vacío
temblaba un astro de cabeza rubia,
y con la vieja ráfaga de hastío
que despierta a los hombres en sus lechos
vagaba un viento desolado y frío;
se crispaban los frágiles helechos
de tallos cimbradores; lluvia densa
azotaba los techos:
enmudecía la ciudad inmensa
y me dije: ¡quién sabe
si aquellas tenues gotas de rocío,
si aquella casta lluvia
son lágrimas que vienen del vacío
desde los ojos de la estrella rubia!

Rubia estrella doliente,
solitario testigo
de la fuga del pálido mendigo,
¿fuiste su ninfa ausente?
¿eres su novia muerta,
que a los albores de otra luz despierta?
Rubia estrella, testigo
de la muerte del pálido mendigo,
cuéntame a solas su pasión secreta:
¿fue él acaso tu férvido poeta?
¿en las noches doradas,
bajo el quieto follaje de algún tilo,

tus manos delicadas
le entornaron el párpado tranquilo,
mientras volaba por su faz inquieta
tu fértil cabellera de violeta?
Rubia estrella doliente,
solitario testigo
de la fuga del pálido mendigo...

Va cayendo la tarde. Soplo vago
de insólita pavura
mana del fondo de la sima oscura,
y el cadáver, ya frío,
se ha llevado en sus ímpetus el río.

Entre la zarza un can enflaquecido
lame con gesto de avidez suprema
el sílex negro que manchó el caído
con el raudal de sus arterias rotas;
luego el áspero hocico relamido
frunce voraz, y con mirada aviesa,
temeroso que surja entre la gente
alguien que anhele compartir su presa,
clava los turbios ojos en el puente...

Hay un instante...

Hay un instante del crepúsculo
en que las cosas brillan más,
fugaz momento palpitante
de una morosa intensidad.

Se aterciopelan los ramajes,
pulen las torres su perfil,
burila un ave su silueta
sobre el plafondo de zafir.

Muda la tarde, se concentra
para el olvido de la luz,
y la penetra un dón suave
de melancólica quietud.

Como si el orbe recogiera
todo su bien y su beldad,
toda su fe, toda su gracia,
contra la sombra que vendrá...

Mi ser florece en esa hora
de misterioso florecer;
llevo un crepúsculo en el alma,
de ensoñadora placidez;

en él revientan los renuevos
de la ilusión primaveral
y en él me embriago con aromas
de algún jardín que hay *¡más allá!*

LEOPOLDO LUGONES

(Argentina, 1874-1938). Este escritor, que puso voluntariamente fin a su vida cuando era ya una de las figuras más reco-
nocidas aunque polémicas en su país, recorrió un camino ideológico que va desde un juvenil y brioso socialismo —fundó en
Córdoba, su ciudad natal, el primer centro socialista de la
Argentina— hasta la defensa, en su madurez, de posiciones na-
cionalistas y militaristas (lo que le valió, en sus últimos años,
el distanciamiento y la censura de sus compatriotas). Por todo
se interesó con avidez e intensidad: la literatura, pero también
la ciencia, la historia, la política, el folklore (palabra que detes-
taba por su naturaleza foránea), las religiones y el ocultismo,
habiendo sido miembro de la Sociedad Teosófica Argentina. Y
todo ello está, de un modo u otro, en su obra. No poca importancia tiene, dentro de ella, su trabajo en prosa. Y en este campo, reduciendo mucho la nómina, hay que citar sus contribu-
ciones a la literatura narrativa: *La guerra gaucha* (1905), sobre
un episodio de la historia argentina hacia 1814, libro no exento
de la ampulosidad y el artificio estilístico a que pudo llegar la
prosa artística de la época; *Las fuerzas extrañas* (1906), esplén-
dida colección de cuentos en que entra lo fantástico y aun lo
que pudiera entenderse como *ciencia-ficción*, y que, por la tensión del estilo en sí y por todo lo que adelanta, es una pieza
impar en la bibliografía lugoniana y de todo el modernismo;
Cuentos fatales (1924), de menor interés que los anteriores; y
hasta una novela, fallida: *El ángel de la sombra* (1926). Estu-

dios históricos, entre otros: *El imperio jesuítico* (1904), *Historia de Sarmiento* (1911). Y un libro capital, tal vez el mejor de los suyos en prosa: *El payador* (1906), sugestivo ensayo de reivindicación moral y estética del gaucho que centró en su valoración de la grandeza épica del *Martín Fierro*.

Al llegar a su labor en verso, la dificultad de resumirla estriba en que hubo varios Lugones, sucesivos y aun contradictorios. Se inició con una poesía que se quería profética, visionaria, a ratos blasfema e incluso con algunas notas del repertorio decadentista: *Las montañas de oro*, donde resuenan la elocuencia sonora de Victor Hugo y el ímpetu de Walt Whitman. Aquí aparecen ya algunas tempranas muestras del afán de Lugones por asombrar con la novedad de sus recursos, incluso gráficos: junto a textos totalmente en prosa natural («El himno de las torres»), piezas donde los versos se disponen en continuidad, sólo separados por guiones, para dar apariencia de prosa («A Histeria»); y su enemistad con la *y* , que convertía siempre en *i*, lo cual en rigor no era novedad de Lugones y que lógicamente no respetarán ediciones posteriores del poeta. Después, en cambio agudísimo: *Los crepúsculos del jardín*, aquí de la mano de Samain, quien también se hizo sentir en el otro gran poeta rioplatense del modernismo, el uruguayo Julio Herrera y Reissig (dando lugar, por esta comunidad de lecturas e influencias, a un cierto parecido entre zonas de sus respectivas obras, lo que originó una polémica de prioridades, zanjada definitivamente a favor del argentino). En *Los crepúsculos*, Lugones se muestra en posesión de un verso refinado y exquisito que combina la perfección escultórica del gusto parnasista con la sugerencia de visiones interiores propiciadas por el simbolismo («Delectación morosa», «Oceánica», «Holocausto»), marcando en tal sentido uno de los productos más acabados de esta modalidad artísticamente quintaesenciada de la poesía modernista. Pero ya allí, en otras composiciones («Emoción aldeana»), anticipa, al poetizar experiencias cotidianas en un lenguaje más agreste, el acento del que será el próximo estadio de su trayectoria poética.

Y viene entonces el Lugones de mayor oportunidad histórica: el de *Lunario sentimental*, libro en que vuelve a unir versos y prosas y donde el reflejo mayor será el de *L'imitation de Notre-Dame la Lune* del irónico simbolista francés Jules Laforgue (quien, a través de Lugones, continuará su descendencia americana en la poesía del mexicano Ramón López Velarde). Aquí el autor salta velocísimamente los principios estéticos del modernismo inicial, centrado en el respeto altísimo a la palabra armoniosa y plena, y prefigura, no sólo el posterior ultraísmo argentino, como ha reconocido Borges, sino todo el espíritu de la vanguardia y la poesía moderna. Y ello principalmente por la defensa teórica (en el prólogo) y por la práctica extremada en el verso de la metáfora audaz y sorprendente, bronca y chocante, dentro de un habla voluntariamente coloquial y que rehuía los amaneramientos del lenguaje «poético» —de ese casi *dialecto* poético que llegaron a implantar ciertos modernistas, y que era el mismo de Lugones en *Los crepúsculos del jardín*— tanto como por la adjetivación no menos insólita y en muchos casos igualmente metafórica. El ataque frontal a los módulos tradicionales de belleza, que propugnarán poco después las escuelas de vanguardia, quedaba de golpe instalado gracias al atrevimiento imaginativo y léxico del *Lunario*. Sobre todo ello, y sobre la significación del verso libre, se extiende en las páginas prologales que redactase para el libro; pero, y en este punto sí discrepando de la poesía que vendrá, seguirá considerando allí mismo la rima como «elemento esencial del verso moderno» (y de ella, consecuentemente, no abjuró nunca). Muy avanzado también es el barrenamiento crítico —es decir: irrespetuoso— a que somete las entidades más sacralmente poéticas, y no sólo la luna, dándonos de ellas muy originales versiones paródicas y caricaturescas. Pero todo esto, tanto como su voracidad lingüística (por la que quería hacer entrar en el verso todas las palabras del idioma), lo radicaliza Lugones a un punto tal que, insistiendo en la importancia histórica de *Lunario sentimental*, en él abundan los pasajes, y los poemas, que resultan lejanos para la sensibilidad de quien, hoy, no busque en la poesía sólo la novedad y la sorpresa a ultranza. Tan lejanos, al menos, como los más alquitarados momentos del archipreciosismo modernista, ya resabido; escapando de ciertos manierismos, Lugones vino a sustituirlos por otros (sólo que estos últimos comienzan con él su carrera en la historia de la poesía americana, y cierta crítica posterior los ha revestido por ello de un prestigio casi mítico).

Y muy en seguida, al año siguiente —1910: celebración del centenario de la declaración de independencia argentina— un cambio aún más inesperado: sus *Odas seculares*. Son composiciones extensas, de molde neoclásico e intención geórgica y nacionalista, en las que Lugones ensaya su primer acercamiento poético a la historia, la tierra y las gentes de la patria («A los gauchos»). Pareciera como si aquí adelantase su gesto de despedida ante la tesitura barroca —y en cierto modo «literaria», aunque en el *Lunario* la hubiese practicado *al revés*— que hasta entonces le había sostenido más característicamente.

Así, y sin perder nunca su fuerza expresiva y la exactitud de su lenguaje, la palabra inicia su camino hacia la sencillez y el despojamiento; y se la siente menos envarada por el prurito de elocuencia, embellecimiento u originalidad que sucesiva, y en cada caso exacerbadamente, le había guiado. Condicionando este ajuste de la palabra, está el hecho de que sus preocupaciones se harán ahora más inmediatas y entrañables: el amor conyugal («El canto de la angustia»); o los seres de la naturaleza viva y concreta de su país, con sus árboles («La palmera») y, sobre todo —motivo muy de Lugones en esta etapa—, sus aves («El jilguero»). El acento —íntimo o confidencial a veces, deliberada y eficazmente popular otras— nos permite comprobar la espontaneidad de un lirismo más natural, que progresivamente irá recogiéndose (hasta un punto casi total) en formas estróficas igualmente populares, y el cual va conformando una serie de volúmenes nacidos bajo esa misma disposición: *El libro fiel, El libro de los paisajes, Las horas doradas*. Pero en estas colecciones tienen aún cabida momentos de altísima vibración poética, bien por lo misterioso de sus sugerencias, bien por su soberbia intensidad plástica: «La blanca soledad» y «Salmo pluvial» respectivamente, dos de sus mejores poemas. Y por esa voluntad de la sencillez, ahora en giro nuevamente extremoso (Lugones no conocía otro pulso que la extremosidad), incidirá directamente en asuntos y aun personajes de la realidad campestre argentina: *Romancero, Poemas solariegos* —donde aparece esta tirada de minipoemas, cercanos al haikú y a las greguerías: «Los ínfimos»—, y sus póstumos *Romances del Río Seco*. Y aquellos asuntos serán tratados entonces con una cierta anonimia, como si el poeta quisiera que su voz personal quedase subsumida en el canto coral de la tradición.

En conjunto, y ciñéndonos en este juicio a sus dos libros que más fama le han dado (*Los crepúsculos del jardín* y *Lunario sentimental*), diríase que en Lugones predominó la maestría del artista, y aun del artífice, a la hondura y el temblor genuino del lírico. No le fue dado, o no le importó, estructurar un mundo poético coherente y consistentemente distintivo, aunque fue personalísimo en cuantos temas tocase y en cuantas actitudes ensayara. Porque parecería que la voluntariosa ambición de arte y de novedad constante le ahogaba ese impulso raigalmente interior por el que medimos la *fatalidad* de un poeta, no el riesgo o la excelencia (o la oportunidad) de su escritura. De esta impresión sólo nos salva el tramo último de su evolución, que por modo curioso, al marcar un retroceso respecto a lo que estéticamente antes había aportado, es de menor significación en la *historia* de la poesía hispanoamericana. Borges ha resumido con certeza el mayor crédito poético de Lugones, e implícitamente su limitación, al afirmar que su genio «es fundamentalmente verbal». Y Enrique Anderson Imbert, sin dejar de reconocer (y muy elogiosamente, como es de rigor), a cuán alto nivel se alzó en el ejercicio de ese inagotable poderío retórico suyo, ha matizado con precisión su *debe* y su no menor *haber* en tanto que poeta: «Sin embargo, hay en Lugones algo no logrado. Su intensidad vital, su riqueza de percepciones, su frescura de intuición poética —todo en grado excepcional— cedieron a la vanidad, casi deportiva, de lucirse con palabras, formas y técnicas». Quiso deslumbrar con su virtuosismo; y como éste, en uno de sus modos —el de *Lunario sentimental*—, avanzaba en la misma dirección de los tiempos, pudo ejercer una gran influencia, lo que acota con precisión el más alto valor que hoy puede concedérsele —que es un valor histórico, por todo cuanto ayudó a abrir. Sin mengua de ello, y dentro de la perspectiva interior del modernismo, Lugones es la otra gran figura de su generación que puede ladearse, y acompañar, a Rubén Darío. Y es ésta una estimativa generalizada, e indudablemente justa.

BIBLIOGRAFIA

OBRA POETICA

Las montañas del oro. Poema (1897). *Los crepúsculos del jardín* (1905). *Lunario sentimental* (1909). *Odas seculares* (1910). *El libro fiel* (1912). *El libro de los paisajes* (1917). *Las horas doradas* (1922). *Romancero* (1924). *Poemas solariegos* (1928). *Romances del Río Seco* (1938). *Antología poética*, ed. Carlos Obligado, 9.ª ed. (Madrid, Austral, 1965). *Obras poéticas completas*, Pról. Pedro Miguel Obligado, 3.ª ed. (Madrid, Aguilar, 1974). *Antología poética*, Pról. Jorge Luis Borges (Madrid, Alianza Editorial, 1982).

ESTUDIOS CRITICOS

Ara, Guillermo: *Leopoldo Lugones*, Buenos Aires, La Mandrágora, 1958.
Ara, Guillermo: *Leopoldo Lugones, uno y múltiple*, Buenos Aires, Maru, 1967.
Borges, Jorge Luis y Betina Edelberg: *Leopoldo Lugones*, Buenos Aires, Troquel, 1955.

Cambours Ocampo, Arturo: *Lugones. El escritor y su lenguaje*, Buenos Aires, Theoria, 1957.

Capdevila, Arturo: *Lugones*, Buenos Aires, Aguilar, 1973.

Carilla, Emilio: «Sobre la elaboración poética en Lugones», *Humanitas*, Tucuman, II, 5 (1954).

Cúneo, Dardo: *Lugones, su itinerario lírico,* La Plata, Hostería Volante, 1963.

Ghiano, Juan Carlos: *Lugones, escritor*, Buenos Aires, Raigal, 1955.

Irazusta, Julio: *Genio y figura de Leopoldo Lugones*, Buenos Aires, Eudeba, 1969.

Jiménez, José Olivio: «Una metáfora del tiempo en la poesía de L.L.», *Revista Hispánica Moderna*, XXXII, 1-2 (1966).

Jitrik, Noé: *Leopoldo Lugones. Mito nacional,* Buenos Aires, Palestra, 1960.

Magis, Carlos Horacio: *La poesía de Leopoldo Lugones*, México, Ateneo, 1960.

Martínez Estrada, Ezequiel: *Leopoldo Lugones (Retrato sin retocar)*, Buenos Aires, Emece, 1968.

Omil, Alba: *Leopoldo Lugones. Poesía y prosa,* Buenos Aires, Nove, 1968.

Phillis, Allen W.: «Novedad y lenguaje en tres poetas: Laforgue, Lugones y López Velarde», *El simbolismo*, ed. J.O. Jiménez (véase Bibliografía General).

Roggiano, Alfredo Angel: «Bibliografía de y sobre Leopoldo Lugones», *Revista Iberoamericana*, 53 (1962).

Yurkievich, Saúl: «L.L. o la pluralidad operativa», *Celebración del modernismo* (véase Bibliografía General).

SELECCIÓN

De **Las montañas del oro**

La voz contra la roca
(Fragmentos)

El poeta es el astro de su propio destierro.
El tiene su cabeza junto a Dios, como todos.

Pero su carne es fruto de los cósmicos lodos
de la Vida. Su espíritu del mismo yugo es siervo.
Pero en su frente brilla la integridad del verbo.
Cada vez que una de esas columnas, que en la historia
trazan nuevos caminos de esfuerzo y de victoria,
emprende su jornada, dejando detrás de ella,
rastros de lumbre como los pasos de una estrella,
noches siniestras, ecos de lúgubres clarines,
huracanes colgados de gigantescas crines
y montes descarnados como imponentes huesos:
uno de esos engendros del prodigio, uno de esos
armoniosos doctores del Espíritu Santo,
alza sobre la cumbre de la noche su canto.

(La alondra y el Sol tienen en común estos puntos:
que reinan en los cielos y se levantan juntos.)
El canto de esos grandes es como un tren de guerra
cuyas sonoras llantas surcan toda la tierra.
Cantan por sus heridas, ensangrentadas bocas
de trompeta, que mueven el alma de las rocas
y de los mares. Hugo, con su talón fatiga
los olímpicos potros de su imperial cuadriga;
y, como de un océano que el Sol naciente dora,
de sus grandes cabellos se ve surgir la aurora.
Dante alumbra el abismo con su alma. Dante piensa.
Alza entre dos crepúsculos una portada inmensa,
y pasa, transportando su empresa y sus escombros:
una carga de montes y noches en los hombros.
Whitman entona un canto serenamente noble.
Whitman es el glorioso trabajador del roble.
El adora la vida que irrumpe en toda siembra,
el grande amor que labra los flancos de la hembra;
y todo cuanto es fuerza, creación, universo,
pesa sobre las vértebras de su verso.
Homero es la pirámide sonora que sustenta
los talones de Júpiter, goznes de la tormenta.
Es la boca de lumbre surgiendo del abismo.
Tan de cerca le ha hablado Dios, que él habla lo mismo.

... ...

　　　　　　　　　　¡Un poeta!
¿Un poeta? Es preciso. Dios no trabaja en vano.
Cuando sobre las cumbres del pensamiento humano
la noche se constela de lejanos fulgores,
cuando las grandes lenguas del viento dan rumores
inauditos, y cuando sobre esas cumbres flota
la inefable caricia de una armonía ignota,
la luz presiente al astro, la fe presiente al alma.

Dios trabaja en el seno de una inmutable calma.
Pero las grandes voces: el trueno, el mar, el viento,
dicen las predicciones de aquel advenimiento.
—Yo escuché esas tres grandes voces: Dios ha querido
que esas tres grandes voces sonaran en mi oído.
... ...

—Los astros centellaban de fulgores divinos,
y daban fuertes sones como un bosque de pinos
flameantes, cabalgado por el huracán, sones
que flotaban cual nubes sobre los escuadrones
de aquella gran columna blasfema. El mar oía,
oía la montaña, oía la selva, el antro, el día
presintiendo un lejano temblor de cataclismo
ante esas formidables alarmas del abismo.
Aquellos sones eran las palabras de una ira
tenebrosa que hablaba como el viento en la lira.
«¡El alma está en peligro!» clamaban. Desde el cielo
caían sordas lágrimas de sangre y luz; el duelo
de las sombras pesaba sobre la tierra inerte
como un árbol sobre una meditación de muerte.
La cruz austral radiaba desde la enorme esfera
con sus cuatro flamígeros clavos, cual si quisiera
en sus terribles brazos crucificar al polo.
En medio de aquel trágico horror, yo estaba solo
entre mi pensamiento y la eternidad. Iba
cruzando con dantescos pasos la noche. Arriba,

los astros continuaban levantando sus quejas
que ninguno sentía sonar en sus orejas.
Rugían como bestias luminosas, heridas
en el flanco, mas nadie sujetaba las bridas;
nadie alzaba los ojos para mirar aquellas
gigantes convulsiones de las locas estrellas;
nadie les preguntaba sus divinos secretos;
nadie urdía la clave de su largo alfabeto;
nadie seguía el curso sangriento de sus rastros...

Y decidí ponerme de parte de los astros.

A Histeria

¡Oh, cómo te miraban las tinieblas, — cuando ciñendo el nudo
de tu brazo — a mi garganta, mientras yo espoleaba — el formidable
ijar de aquel caballo, — cruzábamos la selva temblorosa — llevando
nuestro horror bajo los astros! — Era una selva larga, toda negra:
— la selva dolorosa cuyos gajos — echaban sangre al golpe de las hachas, — como los miembros de un molusco extraño. — Era una selva
larga, toda triste, — y en sus sombras reinaba nuestro espanto. —
El espumante potro galopaba — mojando de sudores su cansancio.
— i ya hacía mil años que corría — por aquel bosque lúgubre. ¡Mil
años! — I aquel bosque era largo, largo i triste, — i en sus sombras
reinaba nuestro espanto. — I era tu abrazo como nudo de horca, —
i eran glaciales témpanos tus labios, —i eran agrios alambres mis ten-
dones, — i eran zarpas retráctiles mis manos, — i era el enorme potro
un viento negro, — furioso en su carrera de mil años.
Caímos a un abismo tan profundo — que allí no había Dios: montes lejanos — levantaban sus cúspides, casqueadas — de nieve, bajo
el brillo de los astros, — como enormes cabezas de kalifas; — describía Saturno un lento arco — sobre el tremendo asombro de la noche
— los solemnes reposos del Océano — desnivelaba la siniestra luna,
— i las ondas, hirviendo en los peñascos, — hablaban como lenguas,
con el grito — de las vidas humanas que tragaron. — Entonces, desa-
tando de mi cuello — el formidable nudo de tu abrazo, — buscaste
ansiosa con tus ojos mártires, — mis torvos ojos, que anegó el espan-

to. — ¡Oh, no mires mis ojos, hai un vértigo — dormido en sus tinieblas; hai relámpagos — de fiebre en sus honduras misteriosas, — i la noche de mi alma más abajo: — una noche cruzada de cometas — que son gigantes pensamientos blancos! — ¡Oh, no mires mis ojos, que mis ojos — están sangrientos como dos cadalsos; — negros como dos héroes que velan — enlutados al pie de un catafalco! — I aparecieron dos ojeras tristes — como flores del Mal bajo tus párpados, — i yo besaba las siniestras flores — i se apretaban tus heladas manos — sobre mi corazón, brasa lasciva, — i alzábanse tus ojos en espasmo, — i yo apartaba mis terribles ojos, — i en tus ojos de luz había llanto, — i mis ojos cerrábanse, implacables, — i tus ojos abríanse, sonámbulos, — i quería mis ojos tu locura, — i huía de tus ojos mi pecado: — i al fin mis fieros ojos, como un crimen, — sobre tus ojos tímidos brillaron, — i al sumerjir en mis malditos ojos — el rayo triste de tus ojos pálidos, — en mis brazos quedaste, amortajada — bajo una eterna frialdad de mármol.

El himno de las torres
(Fragmentos)

I

Canto: las altas torres, gloria del siglo, y decoro del suelo. Las torres que ven las distancias; las torres que cantan la gloria de las buenas artes del hierro y de la piedra. Las torres gigantes que tienen cien lenguas intactas: cien lenguas, que son las campanas, sapientes de un májico idioma que dice a los astros las preces del culto extinguido, con frases de bronce y de fe.

II

Las piedras están empapadas de música sacra; las piedras cuya alma es unísona, cuya alma es un eco. Las piedras cuya alma despiertan los órganos con su fluido lenguaje de flautas, cuando su noble mecánica inventa los salmos que, bajo los eruditos dedos de un pálido músico, parecen una galería de arcos iris, ante cuyo triunfo, en colores de fama, pasan reyes de reales melenas, y obispos de tiaras suntuarias, en caballos blancos, cuyas herraduras tienen un armonioso compás. Bajo los dedos de un pálido músico: bien Pedro Luis de Preneste, dicho el Palestrina *(grande en su Misa del Papa Marcelo)*, bien Sebastián Bach.

VIII

Y mi alma —golondrina ideal— desde su torre sigue mirando; y mira que ya viene el alba, y que una muchacha fresca ríe, y que en su risa se desparrama un puñado de sortijas de plata. Y mira despedirse las naves que van para los Continentes, para las tierras rojas, para las tierras negras donde el Sol se acuesta entre palmeras; donde hay serpientes que parecen joyas venenosas y flores más bien pintadas que los tigres; y bisontes, y elefantes, y jirafas, y pájaros del Paraíso y luciérnagas, y resinas, y esencias, y bálsamos, y corales, y perlas —éstas en conchas de valvas rosadas, como hostias intactas entre labios que comulgan—, y dulces nueces, y polvo de oro; y tambores, y calabazas, y tinajas, que hacen la música de los dioses; y princesas desnudas que aman los besos de los amantes blancos. Y va Cristóbal Colón, con una cruz y una espada bien leal; y Marco Polo, con un tratado cosmográfico de Cosmas en la mano; y Vasco de Gama con un astrolabio en el mástil; y Hernando de Magallanes con una hacha al cinto; y la *May-Flower* con la carta del rey Juan; y Dumont d'Urville con un planisferio y una áncora; y Tasman con una brújula: y Stanley con el lápiz del *New York Herald* y su casco de corcho; y Livingstone, el padre del Nilo.

X

Y mi alma —golondrina ideal— desde su torre sigue mirando: y mira que nace otro día, todo en sangre, otro día, y que los hombres niegan a Dios y se hacen pequeños y malos. Y hay no obstante otros hombres, sabios, que hacen libros, como quien siembra una selva, para tener maderos con que arbolar naves futuras: Darwin y Claudio Ber-

nard, Crookes y el profesor Roentgen, Pasteur, Edison, Ernesto He-
llo y Nietzsche, Karl Marx y Fabre d'Olivet, Eliphas Lévi, Champo-
llion, Augusto Comte, Maury, Vogt y Ralph Waldo Emerson. Y mira mi alma cómo la vieja ciencia de las Pirámides resucita; y el sueño
parlante que ve a la distancia con oscura mirada y los tres elementos
que son las tres llaves de la ciencia de las Generaciones. Y mira cómo
se llena de amor el metal, tocándole el alma por medio del rayo; y
cómo se ordena la armonía de los átomos; y cómo en la carne de los
seres se modela la futura estatua que ha de ser el coronamiento de
los Reinos: la triple estatua de talones de piedra, cintura de árbol y
cabeza elocuente; y cómo en el sereno mar de sangre de las matrices
está de la maternidad la flor callada, en el sueño de su corola de nueve pétalos; y cómo los carros sonantes corren por la paralela de hierro, en pos del corcel de hierro, cuya alma es un trueno de hierro,
y cuyos bronquios de hierro tosen el huracán, y cuyo corazón de hierro va tempestado de brasas; ¡gran caballo, negro, negro, negro, gran
caballo comedor de fuego, gran caballo en temblor de enormes músculos lanzado, con una nube en las narices a los jadeantes trotes del
millar de leguas: gran caballo negro, gran caballo negro, gran caballo
negro al cual no se ve sudar!

XI

Y mi alma —golondrina ideal— desde su torre sigue mirando: y
mira que la tarde viene con un paso lijero, armoniosamente, a caer
en la mar, como una poetisa ciega que sobrelleva su palidez tocando
el arpa. Y sobre una torre de oro aparecen, con los cabellos coronados de laureles y espinas, algunos hombres: Hugo, Verlaine, La Place, Herschel, Wronski, Wagner, Botthe, Klopstock, Poe, Whitman
y Adam Mickiewisch. Y la Torre tiene nueve pisos: y en el segundo
están los que son coronados de diamante, y en el tercero los que son
coronados de plata, y en el cuarto los que son coronados de hierro,
y en el quinto los que son coronados de rojo cobre, y en el sexto los
que son coronados de estaño, y en el séptimo los que son coronados
de ébano, y en el octavo los que son coronados de marfil, y en el no-
veno los que son coronados de verbena. Y los nueve pisos de la Torre
son los lechos de nueve estrellas —nueve doncellas de plata— y desde

la cima de la Torre se escucha ya el himno de los Serafines, y es como si en dos se abriera el Sol.

XIII

Y mi alma —golondrina ideal— desde su torre sigue mirando: y mira la Aurora venir en paz, y sobre la Aurora levantarse la Torre de Oro. Y que la tierra está pacífica como una viña sobre los últimos días de un abuelo viejo; y que cada madre es como un jardín de almendros; y que el Sol viene, ardiente y bello, como un héroe joven que estrena sus armas; y que las piedras, y los árboles, y las bestias del mundo, levantan al cielo sus almas confusas, en el himno de todas las lenguas, de todos los números, en el himno que surge de la Torre de oro, coronada Lira Arbol musical, Cráter de armonías, Casa de las doradas virtudes— Torre de Gloria.

De *Los crepúsculos del jardín*

Delectación morosa

La tarde con ligera pincelada
que iluminó la paz de nuestro asilo,
apuntó en su matiz crisoberilo
una sutil decoración morada.

Surgió enorme la luna en la enramada;
las hojas agravaban su sigilo,
y una araña en la punta de su hilo
tejía sobre el astro hipnotizada.

Poblóse de murciélagos el combo
cielo, a manera de chinesco biombo;
tus rodillas exangües sobre el plinto

manifestaban la delicia inerte,
y a nuestros pies un río de jacinto
corría sin rumor hacia la muerte.

Oceánida

El mar, lleno de urgencias masculinas,
bramaba alrededor de tu cintura,
y como brazo colosal, la oscura
ribera te amparaba. En tus retinas,

y en tus cabellos, y en tu astral blancura,
rieló con decadencias opalinas,
esa luz de las tardes mortecinas
que en el agua pacífica perdura.

Palpitando a los ritmos de tu seno,
hinchóse en una ola el mar sereno;
para hundirte en sus vértigos felinos

su voz te dijo una caricia vaga,
y al penetrar entre los muslos finos,
la onda se aguzó como una daga.

Holocausto

Llenábanse de noche las montañas,
y a la vera del bosque aparecía
la estridente carreta que volvía
de un viaje espectral por las campañas.

Compungíase el viento entre las cañas,
y asumiendo la astral melancolía,
las horas prolongaban su agonía
paso a paso a través de tus pestañas.

La sombra pecadora a cuyo intenso
influjo, arde tu amor como el incienso
en apacible combustión de aromas,

miró desde los sauces lastimeros,
en mi alma un extravío de corderos
y en tu seno un degüello de palomas.

El solterón

I

Largas brumas violetas
flotan sobre el cielo gris
y allá en las dársenas quietas
sueñan oscuras goletas
con un lejano país.

El arrabal solitario
tiene la noche a sus pies,
y tiembla su campanario
en el vapor visionario
de ese paisaje holandés.

El crepúsculo perplejo
entra a una alcoba glacial
en cuyo empañado espejo
con soslayado reflejo
turba el agua del cristal.

El lecho blanco se hiela
junto al siniestro baúl,
y en su herrumbrada tachuela
envejece una acuarela
cuadrada de felpa azul.

En la percha del testero,
el crucificado frac
exhala un fenol severo
y sobre el vasto tintero
piensa un busto de Balzac.

La brisa de las campañas
con su aliento de clavel
agita las telarañas
que son inmensas pestañas
del desusado cancel.

Allá por las nubes rosas
las golondrinas, en pos
de invisibles mariposas
trazan letras misteriosas
como escribiendo un adiós.

En la alcoba solitaria
sobre un raído sofá
de cretona centenaria,
junto a su estufa precaria
meditando un hombre está.

Tendido en postura inerte
masca su pipa de boj,
y en aquella calma advierte
qué cercana está la muerte
del silencio del reloj!

En su garganta reseca
gruñe una biliosa hez,
y bajo su frente hueca
la verdinegra jaqueca
maniobra un largo ajedrez.

Ni un gorjeo de alegrías!
ni un clamor de tempestad!
Como en las cuevas sombrías,
en el fondo de sus días
bosteza la soledad!

Y con vértigos extraños,
en su confusa visión
de insípidos desengaños,
ve llegar los grandes años
con sus cargas de algodón.

II

A inverosímil distancia
se acongoja un violín,
resucitando en la estancia
como una ancestral fragancia
del humo de aquel esplín.

Y el hombre piensa. Su vista
recuerda las rosas té
de un sombrero de modista...
El pañuelo de batista...
las peinetas... el corsé...

Y el duelo en la playa sola:
—Uno... dos... tres... Y el licuir
de la montada pistola...
y el son grave de la ola
convidando a bien morir.

Y al dar a la niña inquieta
la reconquistada flor
en la persiana discreta,
sintióse héroe y poeta
por la gracia del amor.

Epitalamios de flores
y dicha escribió a sus pies,
y las tardes de colores
supieron de esos amores
celestiales... Y después...

Ahora una vaga espina
le punza en el corazón,
si su coqueta vecina
saca la breve botina
por los hierros del balcón;

Y si con voz pura y tersa
la niña del arrabal
en su malicia perversa
temas picantes conversa
con el canario jovial;

surge aquel triste percance
de tragedia baladí:
La novia... la flor... el lance...
veinte años cuenta el romance:
Turguenev tiene uno así.

Cuán triste era su mirada,
cuán luminosa su fe
y cuán leve su pisada!
¿Por qué la dejó olvidada?
¡Si ya no sabe por qué!

III

En el desolado río
se agrisa el tono punzó
del crepúsculo sombrío,
como un imperial hastío
sobre un otoño de gró.

Y el hombre medita. Es ella
la visión triste que en un
remoto nimbo descuella;
es una ajada doncella
que le está aguardando aún.

Vago pavor le amilana,
y a escribirle por fin
desde su informe nirvana...
La carta saldrá mañana
y en la carta irá un jazmín.

La pluma en sus dedos juega;
ya el pliego tiene el doblez;
y su alma en lo azul navega,
a los veinte años de brega
va a decir «tuyo» otra vez.

Ni será trunca ni ambigua
su confidencia de amor
sobre la vitela exigua.
Si esa carta es muy antigua!...
Ya está turbio el borrador.

Tendrá su deleite loco
blancas sedas de amistad
para esconder su ígneo foco,
la gente reirá un poco
de esos novios de otra edad.

Ella, la anciana, en su leve
candor de virgen senil,

será un alabastro breve,
su aristocracia de nieve
nevará un tardío abril.

Sus canas, en paz suprema,
a la alcoba sororal
darán olor de alhucema,
y estará en la suave yema
del fino dedo el dedal.

Cuchicheará al ras del suelo
su enagua un vago frú-frú.
Y con qué amable consuelo
acogerá el terciopelo
su elegancia de bambú!...

Así está el hombre soñando
en el aposento aquél,
y su sueño es dulce y blando;
mas la noche va llegando
y aún está blanco el papel.

Sobre su visión de aurora,
un tenebroso crespón
los contornos descolora,
pues la noche vencedora
se le ha entrado al corazón.

Y como enturbiada espuma
una idea triste va
emergiendo de su bruma:
¡Qué mohosa está la pluma!
¡La pluma no escribe ya!

Emoción aldeana

Nunca gocé ternura más extraña
que una tarde entre las manos prolijas
del barbero de campaña
furtivo carbonario que tenía dos hijas.
Yo venía de la montaña
en mi claudicante jardinera
con timidez urbana y ebrio de primavera.

Aristas de mis parvas,
tupían la fortaleza silvestre
de mi semestre
de barbas.
Recliné la cabeza
sobre la fatigada almohadilla,
con una plenitud sencilla
de docilidad y de limpieza;
y en ademán cristiano presenté la mejilla...

El desconchado espejo
protegido por marchitos tules,
absorbiendo el paisaje en su reflejo,
era un óleo enorme de sol bermejo,
praderas pálidas y cielos azules.
Y ante el mórbido gozo
de la tarde vibrada en pastorelas,
flameaba como un soberbio trozo
que glorificara un orgullo de escuelas.

La brocha, en tanto,
nevaba su sedosa espuma
con el encanto
de una caricia de pluma.
De algún redil cabrío que en tibiezas amigas,
aprontaba al rebaño su familiar sosiego,
exhalaban un perfume labriego
de polen almizclado las boñigas.

Con sonora mordedura
raía mi fértil mejilla la navaja,
mientras sonriendo anécdotas en voz baja,
el liberal barbero me hablaba mal del cura.
A la plática ajeno,
preguntábale yo, superior y sereno
(bien que con cierta inquietud de celibato)
por sus dos hijas, Filiberta y Antonia;
cuando de pronto deleitó ıni olfato
una ráfaga de agua de colonia.

Era la primogénita, doncella preclara,
chisporroteada en pecas bajo rulos de cobre,
mas en ese momento con presteza avara
rociábame el maestro su vinagre a la cara,
en insípido aroma de pradera pobre.

Harto esponjada en sus percales,
la joven apareció un tanto incierta,
a pesar de las lisonjas locales,
por la puerta,
asomaron racimos de glicinas,
y llegó de la huerta
un maternal escándalo de gallinas.

Cuando, con fútil prisa,
hacia la bella volví mi faz más grata,
su púdico saludo respondió a mi sonrisa.
Y ante el sufragio de mi amor pirata,
y la flamante lozanía de mis carrillos,
vi abrirse enormemente sus ojos de gata,
fritos en rubor como dos huevecillos.

Sobre el espejo, la tarde lila
improvisaba un lánguido miraje,
en un ligero vértigo de agua tranquila.
Y aquella joven con su blanco traje
al borde de esa visionaria cuenca,

daba al fugaz paisaje
un aire de antigua ingenuidad flamenca.

De *Lunario sentimental*

Prólogo

Va pasando, por fortuna, el tiempo en que era necesario pedir perdón a la gente práctica para escribir versos.

Tantos hemos escrito, que, al fin, la mencionada gente ha decidido tolerar nuestro capricho.

Pero esta graciosa concesión nos anima a intentar algo más necesario, si bien más difícil; demostrar a la misma práctica gente la utilidad del verso en el cultivo de los idiomas; pues por mínima importancia que se conceda a estos organismos, nadie desconocerá la ventaja de hablar clara y brevemente, desde que todos necesitamos hablar.

El verso es conciso de suyo, en la forzosa limitación impuesta por la medida, y tiene que ser claro para ser agradable. Condición asaz importante esta última, puesto que su fin supremo es agradar.

Siendo conciso y claro, tiende a ser definitivo, agregando a la lengua una nueva expresión proverbial o frase hecha que ahorra tiempo y esfuerzo: cualidad preciosa para la gente práctica. Basta ver la estructura octosílaba de casi todos los adagios.

Andando el tiempo, esto degenera en lugar común, sin que la gente práctica lo advierta; pero la enmienda de tal vicio consiste en que como el verso vive de la metáfora, es decir, de la analogía pintoresca de las cosas entre sí, necesita frases nuevas para exponer dichas analogías, si es original como debe.

Por otra parte, el lenguaje es un conjunto de imágenes, comportando, si bien se mira, una metáfora cada vocablo; de manera que hallar imágenes nuevas y hermosas, expresándolas con claridad y concisión, es enriquecer el idioma, renovándolo a la vez. Los encargados de esta obra, tan honorable, por lo menos, como la de refinar los ganados o administrar la renta pública, puesto que se trata de una función social, son los poetas. El idioma es un bien social, y hasta el elemento más sólido de las nacionalidades.

El lugar común es malo, a causa de que acaba perdiendo toda significación expresiva por exceso de uso; y la originalidad remedia este inconveniente, pensando conceptos nuevos que requieren expresiones nuevas. Así, el verso acuña la expresión útil por ser la más concisa y clara, renovándola en las mismas condiciones cuando depura un lugar común.

Además, el verso es una de las bellas artes, y ya se sabe que el cultivo de éstas civiliza a los pueblos. La gente práctica cuenta esta verdad entre sus nociones fundamentales.

Cuando una persona que se tiene por culta dice no percibir el encanto del verso, revela una relativa incultura, sin perjudicar al verso, desde luego. Homero, Dante, Hugo, serán siempre más grandes que esa persona, sólo por haber hecho versos; y es seguro que ella desearía hallarse en su lugar.

Desdeñar el verso es como despreciar la pintura o la música. Un fenómeno característico de incultura.

También constituye un error creer que el verso es poco práctico.

Lo es, por el contrario, tanto como cualquier obra de lujo; y quien se costea una elegante sala, o un abono en la ópera, o un hermoso sepulcro, o una bella mansión, paga el mismo tributo a las bellas artes que cuando adquiere un libro de buenos versos. Se llama lujo a la posesión comprada de las obras producidas por las bellas artes.

No hay más diferencia que la baratura del libro, respecto al salón o al palco; pero la gente práctica no ignora ya que hacer cuestión de precio en las bellas artes es una grosería; así como las rinde el culto de su lujo en arquitectura, pintura, escultura y música.

¿Por qué no había de ser la Poesía la Cenicienta entre ellas, cuando en su poder se halla, precisamente, el escarpín de cristal?...

Advierto, por lo demás, que me considero un hombre práctico. Tengo treinta y cuatro años... y he vivido.

Debo también una palabra a los literatos, con motivo del verso libre que uso aquí en abundancia.

El verso libre quiere decir, como su nombre lo indica, una cosa sencilla y grande: la conquista de una libertad.

La prosa la ha alcanzado y plenamente, aunque sus párrafos siguen un ritmo determinado, como las estrofas.

Hubo un tiempo, sin embargo, y este fue el gran tiempo de Cicerón, en que la oratoria latina usaba de las famosas cláusulas métricas para halagar el oído del oyente, componiendo los finales de proposiciones y frases en sucesiones rítmicas de pies. Estos tenían precisamente por objeto evitar en los finales el ritmo de los versos comunes, como los hexámetros, los pentámetros, los dáctilos; si bien llegó a adoptarse otros en sustitución, como los *créticos* o *anfímacos* mencionados por el orador sublime.

El auditorio exigía la observancia de dichas cláusulas métricas, reglamentadas desde el período ciceroniano; y Plinio asegura que hasta se las verificaba midiéndolas por el ritmo del pulso: tal se hallaba de hecho el oído a percibirlas. Verdad es que, en latín, la índole de la lengua produce las cláusulas métricas de por sí en la mitad de las frases.

De esta misma índole dependen, como es natural, los versos y las estrofas cuyo éxito o triunfo selectivo no puede significar, de ningún modo, exclusivismo.

Pero las formas triunfantes suelen ser excluyentes; y así, para libertar la prosa latina de las antedichas cláusulas ciceronianas, fue necesario que se sublevase el mismo César, libertador de tantas cosas, como lo hicieron también Varrón y Cornelio Nepote.

Nuestros versos clásicos, antes de serlo, debieron luchar en su medio, como todos los organismos que han de subsistir. Lo que sucedió con el endecasílabo, recordado por Jaimes Freyre en su excelente estudio sobre el verso castellano, es una prueba. Muchos literatos españoles no lo aceptaron cuando fue introducido de Italia, declarando no percibir su armonía. El mismo octosílabo, tan natural al parecer, vacila y tropieza en los primeros romances...

El verso al cual denominamos libre, y que desde luego no es el *blanco* o sin rima, llamado tal por los retóricos españoles, atiende principalmente al conjunto armónico de la estrofa, subordinándole el ritmo de cada miembro, y pretendiendo que así resulta aquélla más variada.

Añade que, de tal modo, sale también más unida, contribuyendo a ello la rima y el ritmo, cuando, en la estrofa clásica, la estructura depende solamente de la rima, al conservar cada uno de los miembros el ritmo individualmente.

Esto contribuye, asimismo, a la mayor riqueza de la rima, elemento esencial en el verso moderno, que con él reemplazó el ritmo estricto del verso antiguo: así como aumenta la variedad rítmica al diferenciar cada estrofa el tono general de la composición...

Por una adaptación análoga a la que convirtió la melopea de los coros trágicos en el canto de nuestros coros de ópera, pues el progreso de la melodía hacia la armonía caracteriza la evolución de toda la música occidental (y el verso es música), la estrofa clásica se convierte en la estrofa moderna de miembros desiguales, combinados a voluntad del poeta, y sujetos a la suprema sanción del gusto, como todo en las bellas artes.

Las combinaciones clásicas son muy respetables, al constituir organismos triunfantes en el proceso selectivo ya enunciado; pero repito que no pueden pretender la exclusividad, sin dar contra el fundamento mismo de la evolución que las creara.

Por esto, la justificación de todo ensayo de verso libre está en el buen manejo de excelentes versos clásicos cuyo dominio comporte el derecho a efectuar innovaciones. Este es un caso de honradez elemental.

Además de por el mérito intrínseco, las formas clásicas resisten en virtud de la ley del menor esfuerzo. El oído a ellas habituado, exige, desde luego, su imperio. Pero este fenómeno puede ser, si se le extrema, el triunfo del lugar común, o sea el envilecimiento del idioma.

Hay que realzar, entonces, con méritos positivos, el verso libre, para darle, entre los otros, ciudadanía natural; y nada tan eficaz a este fin como la rima variada y hermosa.

Queda dicho en la nota de la página 194 que la rima es el elemento esencial del verso moderno. Nuestro idioma posee, a este respecto, una gran riqueza. En italiano se cita como caso singular a Petrarca, que usó quinientas once rimas distintas. Nosotros tenemos más de seiscientas utilizables.

Y ahora, dos palabras de índole personal.

Tres años ha, dije, anunciando el proyecto de este libro: «...Un libro entero dedicado a la luna. Especie de venganza con que sueño casi desde la niñez, siempre que me veo acometido por la vida».

¿Habría podido hacerlo mejor, que manando de mí mismo la fuerza oscura de la lucha así exteriorizada en producto excelente, como la pena sombría y noble sale por los ojos aclarada en cristal de llanto?

¿Existía en el mundo empresa más pura y ardua que la de cantar a la luna por venganza de la vida?

Digna sea ella, entonces, de mi maestro Don Quijote, que tiene al astro entre sus preseas, por haber vencido en combate singular al Caballero de la Blanca Luna...

Divagación lunar

Si tengo la fortuna
de que con tu alma mi dolor se integre,
te diré entre melancólico y alegre
las singulares cosas de la luna.

Mientras el menguante exiguo
a cuyo noble encanto ayer amaste,
aumenta su desgaste
de cequín antiguo,
quiero mezclar a tu champaña
como un buen astrónomo teórico,
su luz, en sensación extraña
de jarabe hidroclórico.
Y cuando te envenene
la pálida mixtura,
como a cualquier romántica Eloísa o Irene,
tu espíritu de amable criatura
buscará una secreta higiene
en la pureza de mi desventura.

Amarilla y flacucha,
la luna cruza el azul pleno,
como una trucha
por un estanque sereno,
y su luz ligera,
indefiniendo asaz tristes arcanos,
pone una mortuoria translucidez de cera
en la gemela nieve de tus manos.

Cuando aún no estaba la luna, y afuera
como un corazón poético y sombrío

palpitaba el cielo de primavera,
la noche, sin ti, no era
más que un oscuro frío.
Perdida toda forma, entre tanta
oscuridad, eras sólo un aroma;
y el arrullo amoroso ponía en tu garganta
una ronca dulzura de paloma.
En tu puerilidad de tactos quedos,
la mirada perdida en una estrella,
me extravié en el roce de tus dedos.
Tu virtud fulminaba como una centella...
Mas el conjuro de los ruegos vanos
te llevó al lance dulcemente inicuo,
y el coraje se te fue por las manos
como un poco de agua por un mármol oblicuo.

La luna fraternal, con su secreta
intimidad de encanto femenino,
al definirte hermosa te ha vuelto coqueta.
Sutiliza tus maneras un complicado tino;
en la lunar presencia,
no hay ya ósculo que el labio al labio suelde;
y sólo tu seno de audaz incipiencia,
con generosidad rebelde,
continúa el ritmo de la dulce violencia.

Entre un recuerdo de Suiza
y la anécdota de un oportuno primo
tu crueldad virginal se sutiliza;
y con sumisión postiza
te acurrucas en pérfido mimo,
como un gato que se hace una bola
en la cabal redondez de su cola.

Es tu ilusión suprema
de joven soñadora,
ser la joven mora

de un antiguo poema.
La joven cautiva que llora
llena de amor, de amor y de sistema.

La luna enemiga
que te sugiere tanta mala cosa,
y de mi brazo cordial te desliga,
pone un detalle trágico en tu intriga
de pequeño mamífero rosa.
Mas, al amoroso reclamo
de la tentación, en tu jardín alerta,
tu grácil juventud despierta
golosa de caricia y de *Yoteamo*.
En el albaricoque
un tanto marchito de tu mejilla,
pone el amor un leve toque
de carmín, como una lucecilla.
Lucecilla que, a medias con la luna,
tu rostro excava en escultura inerte,
y con sugestión oportuna
de pronto nos advierte
no sé qué próximo estrago,
como el rizo anacrónico de un lago
anuncia a veces el soplo de la muerte...

Luna campestre

Infinitamente gimen los ejes broncos
de lejanas caretas en la tarde morosa.
A flor de tierra, entre los negros troncos,
la luna semeja un hongo rosa.
Bajo el bochorno, la hierba seca
permanece asolada y sumisa;
pero ya una ligera brisa
templa la amarga rabia de la jaqueca.
Da el poético molino
su compás hidráulico a la paz macilenta;

y llena de luna su alma simple como la menta,
a ilusorios pesebres rebuzna un pollino.

El sauce llorón con la noche se integra,
como un ermitaño intonso
que rezara un responso
sobre el agua negra.
En cada menudo pliegue
de la onda, el plenilunio se estaña
al paso que va amortajando la campaña
su paralizante jalbegue
pónense misteriosas las praderas;
suenan últimamente las esquilas pueriles;
los bosques parecen riberas
y mansos ríos los carriles.
Con la blanda brisa, lléganos
de las hijuelas regadías
el cálido perfume de los oréganos.
Y entre humedades sombrías
de veraniegas albahacas,
una exhalación vegetal de vacas
olorosas como sandías.

El azul del sencillo cielo agrario,
promete a la buena voluntad sus alturas.
Pasa todavía un jinete solitario...
y hay mozas calladas en las puertas oscuras.

A medida que asciende por el cielo tardío,
la luna parece que inciensa
un sopor mezclado de dulce hastío;
y el sueño va anulando el albedrío
en una horizontal de agua inmensa.
Ligero sueño de los crepúsculos, suave
como la negra madurez del higo;
sueño lunar que se goza consigo
mismo, como en su propia ala duerme el ave.

Cuando uno despierta,
con el rostro vuelto al cielo ya bien claro,
el plenilunio lo abisma en un desamparo
de alta mar, sin un eco en la noche desierta.

Sobre el disco, la ingenua leyenda se concilia
al paisaje astronómico en él inscripto,
haciendo viajar la Sacra Familia
para un quimérico Egipto.
Y está todo: la Virgen con el Niño; al flanco
San José (algunos tienen la fortuna
de ver su vara); y el buen burrito blanco
trota que trota los campos de la luna.

Adquiere el alma un timbre de pieza argentina
entre reminiscencias triviales o burlonas:
aquella tos anómala... La última becasina...
(Un buen tiro). El correo... Dos o tres personas...
Y una tertulia paulatina
de suaves Juanas y frescas Petronas.

La luna desde el cenit los campos domina;
y el alma se dilata en su portento
con ritmo uniforme y vago,
como el agua concéntrica de un lago
en torno de un cisne lento.
Y pasa uno así la noche entera,
vuelto sobre el vientre desde ha ya largo rato,
hasta que con lúgubre aparato
el disco se hunde tras la horizontal barrera.
Firme en la quimera
de amor tan insensato,
mientras haya una vislumbre en la pradera.
Fiel como el gato
a la última brasa casera...

De **Odas seculares**

A los gauchos

Raza valerosa y dura
que con pujanza silvestre
dio a la patria en garbo ecuestre
su primitiva escultura.
Una terrible ventura
va a su sacrificio unida,
como despliega la herida
que al toro desfonda el cuello,
en el raudal del degüello
la bandera de la vida.

Es que la fiel voluntad
que al torvo destino alegra,
funde en vino la uva negra
de la dura adversidad.
Y en punto de libertad
no hay satisfacción más neta,
que medírsela completa
entre riesgo y corazón,
con tres cuartas de facón
y cuatro pies de cuarteta.

En la hora del gran dolor
que a la historia nos paría,
así como el bien del día
trova el pájaro cantor,
la copla del payador
anunció al amanecer,
y el fresco rosicler
que pintaba el primer rayo,
el lindo gaucho de Mayo
partió para no volver.

Así salió a rodar tierra
contra el viejo vilipendio,
enarbolando el incendio
como estandarte de guerra.
Mar y cielo, pampa y sierra
su galope al sueño arranca,
y bien sentada en el anca
que por las cuestas se empina,
le sonríe su Argentina
linda y fresca, azul y blanca.

Desde Suipacha a Ayacucho
se agotó en el gran trabajo,
como el agua cuesta abajo
por haber corrido mucho;
mas siempre garboso y ducho
aligeró todo mal,
con la gracia natural
que en la más negra injusticia
salpicaba su malicia
clara y fácil como un real.

Luego al amor del caudillo
siguió, muriendo admirable,
con el patriótico sable
ya rebajado a cuchillo;
pensando alegre y sencillo,
que en cualquiera ocasión
desde que cae al montón
hasta el día en que se acaba,
pinta el culo de la taba
la existencia del varón.

Su poesía es la temprana
gloria del verdor campero
donde un relincho ligero
regocija la mañana.
Y la morocha lozana
de sediciosa cadera,
en cuya humilde pollera,
primicias de juventud
nos insinuó la inquietud
de la loca primavera.

Su recuerdo, vago lloro
de guitarra sorda y vieja,
a la patria no apareja
preocupación ni desdoro.
De lo bien que guarda el oro,
el guijarro es argumento;
y desde que el pavimento
con su nivel sobrepasa,
va sepultando la casa
las piedras de su cimiento.

De *El Libro fiel*

La blanca soledad

Bajo la calma del sueño,
calma lunar de luminosa seda,
la noche
como si fuera
el blando cuerpo del silencio,
dulcemente en la inmensidad se acuesta...
Y desata
su cabellera,
en prodigioso follaje
de alamedas.

Nada vive sino el ojo
del reloj en la torre tétrica,
profundizando inútilmente el infinito
como un agujero abierto en la arena.
El infinito,
rodado por las ruedas
de los relojes
como un carro que nunca llega.

La luna cava un blanco abismo
de quietud, en cuya cuenca

las cosas son cadáveres
y las sombras viven como ideas.
Y uno se pasma de lo próxima
que está la muerte en la blancura aquella.
De lo bello que es el mundo
poseído por la antigüedad de la luna llena.
Y el ansia tristísima de ser amado,
en el corazón doloroso tiembla.

Hay una ciudad en el aire,
una ciudad casi invisible suspensa,
cuyos vagos perfiles
sobre la clara noche transparentan,
como las rayas de agua en un pliego,
su cristalización poliédrica.
Una ciudad tan lejana
que angustia con su absurda presencia.

¿Es una ciudad o un buque
en el que fuésemos abandonando la tierra,
callados y felices,
y con tal pureza,
que sólo nuestras almas
en la blancura plenilunar vivieran...?

Y de pronto cruza un vago
estremecimiento por la luz serena.
Las líneas se desvanecen,
la inmensidad cámbiase en blanca piedra,
y sólo permanece en la noche aciaga
la certidumbre de tu ausencia.

El canto de la angustia

Yo andaba solo y callado
porque tú te hallabas lejos;
y aquella noche

te estaba escribiendo,
cuando por la casa desolada
arrastró el horror su trapo siniestro.

Brotó la idea ciertamente,
de los sombríos objetos:
el piano,
el tintero,
la borra de café en la taza.
Y mi traje negro.

Sutil como las alas del perfume
vino tu recuerdo.
Tus ojos de joven cordial y triste,
tus cabellos,
como un largo y suave pájaro
de silencio.
(Los cabellos que resisten a la muerte
con la vida de la seda, en tanto misterio).
Tu boca
donde suspira
la sombra interior habitada por los sueños.
La garganta,
donde veo
palpitar como un sollozo de sangre
la lenta vida en que te meces durmiendo.

Un vientecillo desolado,
más que soplar, tiritaba en soplo ligero.
Y entre tanto,
el silencio,
como una blanda y suspirante lluvia
caía lento.

Caía de la inmensidad,
inmemorial y eterno.
Adivínase afuera
un cielo,

peor que oscuro;
un angustioso cielo ceniciento.

Y de pronto, desde la puerta cerrada
me dio en la nuca un soplo trémulo.
Y conocí que era la cosa mala
de las casas solas y miré el blanco techo,
diciéndome: «Es una absurda
superstición, un ridículo miedo».
Y miré la pared impávida,
y noté que afuera había parado el viento.

¡Oh aquel desamparo exterior y enorme
del silencio!
Aquel egoísmo de puertas cerradas
que sentía en todo el pueblo.
Solamente no me atrevía
a mirar hacia atrás, aunque estaba cierto
de que no había nadie; pero nunca
¡oh, nunca, habría mirado de miedo!
Del miedo horroroso
de quedarme muerto.
Poco a poco, en vegetante
pululación de escalofrío eléctrico,
erizáronse en mi cabeza
los cabellos,
uno a uno los sentía,
y aquella vida extraña era otro tormento.

Y contemplaba mis manos
sobre la mesa, qué extraordinarios miembros;
mis manos tan pálidas,
manos de muerto.
Y noté que no sentía
mi corazón desde hacía mucho tiempo.
Y sentí que te perdía para siempre,
con la horrible certidumbre de estar despierto.
Y grité tu nombre

con un grito interno,
con una voz extraña
que no era la mía y que estaba muy lejos.
Y entonces en aquel grito
sentí que mi corazón muy adentro,
como un racimo de lágrimas,
se deshacía en un llanto benéfico.
Y que era un dolor de tu ausencia
lo que había soñado despierto.

Historia de mi muerte

Soñé la muerte y era muy sencillo:
una hebra de seda me envolvía,
y a cada beso tuyo,
con una vuelta menos me ceñía.
Y cada beso tuyo
era un día;
y el tiempo que mediaba entre dos besos
una noche. La muerte es muy sencilla.
Y poco a poco fue desenvolviéndose
la hebra fatal. Ya no la retenía
sino por sólo un cabo entre los dedos...
Cuando de pronto te pusiste fría,
y ya no me besaste...
Y solté el cabo, y se me fue la vida.

De **El libro de los paisajes**

Salmo pluvial

·Tormenta

Erase una caverna de agua sombría el cielo;
el trueno, a la distancia, rodaba su peñón;
y una remota brisa de conturbado vuelo
se acidulaba en tenue frescura de limón.

Como caliente polen exhaló el campo seco
un relente de trébol lo que empezó a llover.
Bajo la lenta sombra colgada en denso fleco
se vio al cardal con vívidos azules florecer.

Una fulmínea verga rompió el aire al soslayo;
sobre la tierra atónita cruzó un pavor mortal,
y el firmamento entero se derrumbó en un rayo,
como un intenso techo de hierro y de cristal.

Lluvia

Y un mimbreral vibrante fue el chubasco resuelto
que plantaba sus líquidas varillas al trasluz,
o en pajonales de agua se espesaba revuelto,
descerrajando al paso su pródigo arcabuz.

Saltó la alegre lluvia por taludes y cauces;
descolgó del tejado sonoro caracol;
y luego, allá a lo lejos, se desnudó en los sauces,
transparente y dorada bajo un rayo de sol.

Calma

Delicia de los árboles que abrevó el aguacero,
delicia de los gárrulos raudales en desliz.
Cristalina delicia del trino del jilguero.
Delicia serenísima de la tarde feliz.

Plenitud

El cerro azul estaba fragante de romero,
y en los profundos campos silbaba la perdiz.

El jilguero

En la llama del verano,
que ondula con los trigales,
sus regocijos triunfales
canta el jilguerillo ufano.

Canta, y al son peregrino
de su garganta amarilla,
trigo nuevo de la trilla
tritura el vidrio del trino.

Y con repentino vuelo
que lo arrebata, canoro,
como una pavesa de oro
cruza la gloria del cielo.

Un nido ausente

Sólo ha quedado en la rama
un poco de paja mustia,
y en la arboleda la angustia
de un pájaro fiel que llama.

Ya remonta con su vuelo,
ya pía por el camino
donde deja en el espino
su blanda lana la oveja.

Cielo arriba y senda abajo,
no halla tregua a su dolor,
y se para en cada gajo
preguntando por su amor.

Pobre pájaro afligido
que sólo sabe cantar,
y cantando llora el nido
que ya nunca ha de encontrar.

De **Romancero**

La palmera

Al llegar la hora esperada
en que de amarla me muera,
que dejen una palmera
sobre mi tumba plantada.

En la copa, que su alteza
doble con melancolía,
se abatirá la sombría
dulzura de su cabeza.

Así, cuando todo calle,
en el olvido disuelto,
recordará el tronco esbelto
la elegancia de su talle.

Entregará con ternura
la flor, al viento sonoro,
y el mismo reguero de oro
que dejaba su hermosura.

Y sobre el páramo yerto,
parecerá que su aroma
la planta florida toma
para aliviar al desierto.

Y que con deleite blando,
hasta el nómade versátil
va en la dulzura del dátil
sus dedos de ámbar besando.

Como un suspiro al pasar,
palpitando entre las hojas,
murmurará mis congojas
la brisa crepuscular.

Y mi recuerdo ha de ser,
en su angustia sin reposo,
el pájaro misterioso
que vuelve al anochecer.

De **Poemas solariegos**

Los ínfimos

(Selección)

I

Canto la atareada hormiga
que se afana con su miga,
y se empeña con su brizna,
y de industrioso alquitrán se tizna.
o de ácido corrosivo se avinagra
en el ardor que a su labor consagra.

V

Y el escarabajo magnífico, inmundo
y redondo como el mundo.

VII

Y el grillo
con su sencillo
violín
de negrillo
saltarín.

VIII

Y la mariposa sentimental
que de flor en flor lleva su tarjeta postal.

XII

Y la solitaria violeta
que basta para hacer un poeta.

XX

Y el perro que privado de querencia
prefiere el puntapié a la indiferencia.

XXII

Y el minucioso ratón
que en sus correría sobresaltadas
economiza a pulgadas
la sombra del rincón.

XXIX

Y la sed de agua que corre expedita y grata
como una limpia moneda de plata.

XXXVI

Y el pobre diablo que echa al hombro desparejo
su retazo de sol como un saco viejo.

XLVI

Y la escoria, que en bello azul turquí,
se tornasola como un colibrí.

XLIX

Y el sapo solterón,
que, instalado en el mismo rincón,
cazando moscas paga su pensión.

LI

Y el pueblo en que nací y donde quisiera
dormir en paz cuando muera.

JOSE MARIA EGUREN

(Perú, 1874-1942). De más alto interés que muchos coetáneos suyos que en su tiempo gozaron de una extrema popularidad, la vida de este sin embargo menos conocido poeta no conoció de mayores accidentes notables y puede vérsela como el
cumplimiento fiel, en apartamiento y soledad, de una rigurosa
vocación poética y artística general. Por razones de su precaria
salud —fue débil y enfermizo desde pequeño—, de niño y adolescente pasó largas temporadas en el campo, en algunas ha-
ciendas de la familia; y esta experiencia inmediata de la naturaleza, que el inquieto muchacho apuraba con curiosidad y frui-
ción, fue decisiva en el refinamiento de los sentidos que luego
su poesía revelará. Más tarde se traslada a Barranco, una tranquila villa-balneario junto al mar y próxima a la capital del Perú, donde residirá en paz y sosiego absolutos durante más de
treinta años. Por los mismos motivos de salud no había podido
completar regularmente sus estudios y ahora, en Barranco, com-
pensará esa deficiencia con la lectura voraz de decandentes y
simbolistas europeos (principalmente franceses: Baudelaire, Ver-
laire, Mallarmé, Rimbaud, Octave Mirbeau, pero también D'Annunzio); de la literatura infantil de los nórdicos (Grimm, An-
dersen); y de los grandes maestros del prerrafaelismo y el esteticismo inglés (Ruskin, Rosetti, Wilde), todos los cuales dejaron una huella, pero muy asimilada y personal, en su obra de
creación y en su pensamiento poético. Se dedicó también, intensa y continuadamente, a la pintura; y fue un artista plástico

de gran interés que concluyó llevando a sus acuarelas y dibujos las figuras y los motivos enigmáticos de su misma poesía.

Por dificultades económicas que afectaron a la familia, se traslada en los últimos años de su vida a Lima, y allí ejerce el modesto puesto de bibliotecario del Ministerio de Educación. Parece que fue un hombre sencillo, afable, entrañable, de personalidad simpática y hasta candorosa, que se granjeó la admiración y el respeto de peruanos ilustres de su época (desde Manuel González Prada hasta José Carlos Mariátegui) y de sus amigos íntimos, que han dejado de él cálidas evocaciones de la devoción y el afecto que su persona despertaba. Se entretenía, casi infantilmente, con cosas pequeñas pero siempre relacionadas con el arte: se mostraba, por ejemplo, muy orgulloso de haber inventado una minúscula máquina fotográfica («del tamaño aproximado de un corcho de botella», cuenta su biógrafo, crítico y amigo Estuardo Núñez) con la que tomaba fotos en miniatura del paisaje y de animales y plantas. Ya en su alta madurez logró en su país el justo reconocimiento público que, por la naturaleza original e insólita de su poesía, y aún más por la inercia habitual de la crítica, le había sido inicialmente negado. Pero vivió en un silencio y recogimiento cordial, nada hosco, en una suerte de correlato o metáfora existencial de su propia poesía, desligada sin acritud de la realidad material e histórica. Una declaración suya, emitida sólo dos años antes de su muerte, casi resume el sentido íntimo de todo su quehacer vital y creativo: «Vivo cercando el misterio de las palabras y de las cosas que nos rodean».

Hacia 1929, y cuando su vena estrictamente poética (al menos, la de su lirismo en verso) parecía debilitada o extenuada, se dio al ejercicio de la prosa, que antes apenas había cultivado. (Curiosamente: por esas mismas fechas, en un contemporáneo español de Eguren, Antonio Machado, se habría de producir un muy similar encauzamiento hacia la prosa de su tarea de escritor y aun rigurosamente de poeta). El peruano comenzó a publicar entonces —primero en *Amauta,* la importante revista que fundara y dirigiera Mariátegui, y después y más frecuentemente en *La Revista Semanal* de Lima y en otras publicaciones— unos fascinantes artículos en prosa, de temática diversa y de índole entre ensayística y poemática (algunos eran verdaderos poemas en prosa), que son de gran interés para adentrarnos en su personal visión de la naturaleza y el arte. Entre 1930 y 1931 dio a las prensas los más de ellos donde, según sus palabras, «no me produzco como filósofo sino siempre como poeta», pues al conocimiento —añade— se puede llegar «por el camino más vasto, desordenado y misterioso de los ensueños poéticos». Se sabe que intentaba recoger esos artículos en libro; pero esto no llegó a producirse sino póstumamente: en la edición que, bajo el título de *Motivos estéticos,* realizara Estuardo Núñez en 1959. Hoy pueden leerse también, con el rótulo simplificado de *Motivos* (que parece era el que el autor destinaba para el conjunto) en la más fidedigna edición suya con que al cabo contamos: la ejecutada, con gran rigor y abundante acopio de notas aclaratorias y material bibliográfico, por Ricardo Silva-Santisteban: las *Obras completas* (1974) de Eguren que se anota en la Bibliografía. De sentido y valor más que meramente ancilar, esos *Motivos* son un complemento indispensable para la apreciación del norte a que apuntaba su trabajo de creación lírica.

Y aquí viene la «rareza», de común señalada en este poeta. Anti-declamatorio, anti-retórico, anti-elocuente; nada explicativo, nada descriptivo, nada narrativo (en una palabra: felizmente *antichocano,* su contrapartida más notable en las letras de su país), Eguren se entra con pulso firme, desde su primer libro, en una poesía que descansa fuertemente sobre la incursión tenaz por los mundos del misterio y el sueño. Una poesía que, en su empeño de rehuir la réplica realista y aun la recreación parnasista, se apoya sólo en la sugerencia y la impresión, las correspondencias y las sinestesias, el símbolo con su poder de vinculación entre el fenómeno sensible y su significación transvisible, los colores tamizados y los matices imprecisos, la música fiel pero asordinada, y una querencia especial por los ambientes de niebla y nocturnidad. Todo ello alude, para resumirlo en una sola noción, al ámbito espiritual y estético del simbolismo. Por ello se ha podido llegar a decir que «Eguren es el único poeta simbolista de la lengua castellana que merezca llamarse tal» (Ricardo Silva-Santisteban); y aun el libro *Eguren, el obscuro,* de Xavier Abril, pudo subtitularse adecuadamente *El simbolismo en América.*

Esta correcta adscripción del poeta a la estética simbolista, hoy unánimemente admitida con toda legitimidad, ha causado sin embargo algunas dificultades en cuanto a la recta ubicación de Eguren en la historia literaria. En efecto, suele afirmarse que éste trasciende o supera el modernismo porque fue a beber, precisamente, en las esencias más vivas del simbolismo. Y hay en esta valoración algo erróneo y precipitado: el hecho de enfrentar ambas modulaciones artísticas como totalmente opuestas e irreductibles. Ya reconocemos, al fin, que el simbolismo fue, entre las estéticas que confluyeron en el sincretismo modernista, la más alta y válida, en términos de pura poesía y de permanencia (si bien entonces no la más ostensiva, al estar nublada por orientaciones más deslumbrantes y luminosas, como las del parnasismo y otras). Pero no se traiciona el modernismo si, como lo hizo Eguren, se intenta depurar la veta simbolista, liberándola de cualquier ingrediente adicional que a los efectos de tal depuración pudiera resultar espurio. No se considera razón válida, para expulsar a un poeta de la nómina modernista, el hecho de haber escrito una composición, o todo un libro, parnasista. ¿Por qué proceder de contrario modo si lo que otro poeta tiene en su haber es una obra enteramente simbolista? La cuestión está planteada mal desde su enfoque porque sigue operando sobre la identificación excluyente de modernismo y preciosismo superficial, que la crítica más seria y comprensiva de los últimos tiempos ha abolido definitivamente.

De todos modos, algo hay de verdad al asumir que el poeta peruano trasciende al modernismo. Lo trasciende, sí, en el sentido de acendrarlo, afinarlo, sutilizarlo; pero conservándose leal, en lo más hondo, a lo que fue esencial en la gestión modernista: el respeto de la palabra hermosa y la fe en la belleza (que en él resultaría en el gusto por un léxico selecto y aristocrático, libre aún de los prosaísmos y asperezas que el coloquio posterior consentirá); el acuerdo con la música y la armonía del mundo (y en uno de sus *Motivos,* el titulado «Sintonismo», anota: «La naturaleza es un surtidor de sones finos y temerosos, exhalados por miríadas de entes frágiles»); la búsqueda, a través de las correspondencias simbólicas, de la integración en una unidad suprema de todo lo que al espíritu se le presenta, en su inmediatez, como escindido, dual, dialéctico y contradictorio. Apenas si la ironía roza esta poesía: esbelta y delgada, pero fuerte torre interior que resiste (incólume) los embates destructivistas y antiformales que las vanguardias lanzarán contra el ideario estético de los modernistas en el lenguaje y en la forma, y su pasión por la música y la belleza (todo lo cual, en Eguren, es bastión intocado).

¿Un *otro* modernismo el de este poeta, diferente por reacción (aunque no fuera único su caso) al brillante y tantas veces exterior de muchos escritores del período? De acuerdo, entonces. Un otro modernismo, más esencial y depurado que por eso parece ya también poesía *nueva,* con respecto a aquél y, por tanto y para nosotros, poesía más próxima. Sin atribuir un excesivo determinismo a la cronología en cuestiones estéticas, no es ocioso recordar que la fecha de nacimiento de Eguren (1874) cae exactamente entre las de Guillermo Valencia (1873), Leopoldo Lugones (1874) y Julio Herrera y Reissig (1875) —es decir, entre los nombres mayores de la segunda generación modernista. Pero es, sobre todo, debido a las razones intrínsecas anteriormente aludidas, por lo que José María Eguren no puede estar ausente en una antología de la poesía modernista. Y no es tampoco ocasional que, entre los recién citados (si bien por muy diferentes caminos), también a Lugones y a Herrera y Reissig les corresponda esa misma y privilegiada situación dual:

375

de un modo u otro, cuestionan ya al modernismo desde dentro y, al hacerlo, anuncian el advenimiento de nuevos derroteros (y en Eguren, particularmente, el de la *poesía pura* de entreguerras). La historia —el futuro, la dinámica del arte— ya estaban con ellos en marcha.

Pues en esos poetas el irracionalismo y la desrealización, mecanismos básicos de la estética *que vendrá,* van a hacerse capitales en la creación poética. En Eguren, cualquiera que sea el estímulo exterior del poema (un detalle del paisaje, un dato de cultura, un motivo medieval, un asunto infantil) acaba por transmutarse en visiones interiores y desmaterializadas, donde ráfagas oníricas y alucinatorias van conformando un cuerpo verbal de alusiones, señas y símbolos cuyo único referente auténtico es la interpretación subjetiva del mundo (no la realidad de ese mundo) que se ha operado en el orbe de los sueños y ensueños del poeta. Por ello se le ha tildado de oscuro y difícil. Mayor razón lleva Américo Ferrari cuando asienta que «sería más adecuado decir que se trata de una poesía secreta, porque se empeña en revelar un mundo oculto, un mundo que cuanto más se manifiesta y se revela en el verbo, más se oculta y cierra su secreto». Y este modo interiorizante, esencial y ambiguo de su palabra poética, tan preñada de sugestiones y visiones sorpresivas (que más que entregársele al lector, le hieren, deslumbran e inquietan) es quien le ratifica su absoluta modernidad a este extraño y visionario poeta del Perú.

BIBLIOGRAFIA

OBRA POETICA

Simbólicas (1911). *La canción de las figuras* (1916). *Poesías: Simbólicas, La canción de las figuras, Sombra, Rondinelas* (1929). *Poesías completas,* estudio de Manuel Beltroy (Barranco-Lima, Colegio Nacional «José M.ª Eguren», 1952). *Antología poética,* ed. Julio Ortega (Lima, Editorial Universitaria, 1966). *Poesías completas y prosas selectas* (ed. Estuardo Núñez, 1970). *Antología poética,* ed. Américo Ferrari (Valencia, Venezuela, Universidad de Carabobo, 1972). *Obra poética completa,* pról. Luis Alberto Sánchez (Lima, Editorial Milla Batres, 1974). *Obras completas,* ed., pról. y notas de Ricardo Silva-Santisteban (Lima, Mosca Azul Editores, 1974).

ESTUDIOS CRITICOS

Abril, Xavier: *Eguren, el obscuro (El simbolismo en América),* Córdoba (Argentina), Universidad Nacional de Córdoba, 1970.
Abril, Xavier: «J.M.E. o la poesía simbolista», *Entregas de la Alicorne* (Montevideo), 4 (1954-55).
Abril, Xavier: «J.M.E., poeta simbolista», *Le Lingue Straniere* (Roma), 15, 1 (1966).
Armaza, Emilio: *Eguren,* Lima, Editorial Juan Mejía Baca, 1959.
Deustua, Raúl: «La poesía de J.M.E.», *Tres* (Lima), 9 (1941).
Deustua, Raúl: «Cualidades plásticas y líricas en la poesía de J.M.E.», *Bronce* (Lima), 2, 3 (1942).
Ferrari, Américo: «La función del símbolo en la obra de J.M.E.», *El simbolismo,* ed. J.O. Jiménez (véase Bibliografía General).
Florit, Eugenio: «J.M.E.», *Revista Hipánica Moderna,* 12, 1-2 (1946).
Mariátegui, José Carlos: «Eguren», *Siete ensayos de interpretación de la realidad peruana,* Lima, Editorial Amauta, 1959.
Mariátegui, José Carlos: «Contribución a la crítica de Eguren», *Amauta* (Lima), 21 (1929).
Martín Adan: «Eguren», *Mercurio Peruano,* 17, 182 (1942).
Núñez, Estuardo: *La poesía de Eguren,* Lima, Cía de Impresiones y Publicidad, 1932.
Núñez, Estuardo: *José María Eguren: Vida y Obra, Antología y Bibliografía,* New York, Hispanic Institute, 1961.
Núñez Estuardo: *José María Eguren: Vida y Obra,* Lima, Talleres Gráficos P.L. Villanueva, 1964.
Núñez Estuardo: «Silencio y sonido en la obra poética de J.M.E.», *Cuadernos Americanos,* 17, 3 (1958).
Ortega, Julio: «J.M.E.», *Figuración de la persona, Madrid, EDHASA, 1971.*

Sánchez, Luis Alberto: «*J.M.E.*», *Escritores representativos de América*, 1.ª serie, vol. 3 (véase Bibliografía General).

Silva-Santisteban, Ricardo, ed.: *J.M.E., Aproximaciones y perspectivas*, Lima, Universidad del Pacífico, 1977.

Rouillón Arrospide, José Luis: *Las formas fugaces de José María Eguren. Lima*, Ediciones Imágenes y Letras, 1974.

Westphalen, Emilio Adolfo: «Eguren y Vallejo: dos casos ejemplares», *Diálogos* (México), 84 (1978).

SELECCION

De **Simbólicas**

Las bodas vienesas

En la casa de las bagatelas,
vi un mágico verde de rostro cenceño,
y las cicindelas
vistosas le cubren la barba de sueño.
Dos infantes oblongos deliran
y al cielo levantan sus rápidas manos,
y dos rubias gigantes suspiran,
y el coro preludian cretinos ancianos.
Que es la hora de la maravilla;
la música rompe de canes y leones
y bajo chinesca pantalla amarilla
se tuercen guineos con sus acordeones.
Y al compás de los címbalos suaves,
del hijo del Rino comienzan las bodas;
y con sus basquiñas enormes y graves
preséntanse mustias las primeras beodas,
y margraves de añeja Germania,
y el rútilo extraño de blonda melena,
y llega con flores azules de insania
la bárbara y dulce princesa de Viena.

Y al dulzor de virgíneas camelias
va en pos del cortejo la banda macrobia,
y rígidas, fuertes, las tías Amelias;
y luego cojeando, cojeando la novia,
la luz de Varsovia.
Y en la racha que sube a los techos
se pierden, al punto, las mudas señales,
y al compás alegre de enanos deshechos
se elevan divinos los cantos nupciales.
Y en la bruma de la pesadilla
se ahogan luceros azules y raros,
y, al punto, se extiende como nubecilla
el mago misterio de los ojos claros.

Marcha fúnebre de una Marionnette

Suena trompa del infante con aguda melodía...
La farándula ha llegado de la reina Fantasía;
y en las luces otoñales se levanta plañidera
la carroza delantera.
Pasan luego, a la sordina, peregrinos y lacayos
y con sus caparazones los acéfalos caballos;
va en azul melancolía
la muñeca. ¡No hagáis ruido!;
se diría, se diría
que la pobre se ha dormido.
Vienen túmidos y erguidos palaciegos borgoñones
y los siguen arlequines con estrechos pantalones.
Ya monótona en litera
va la reina de madera;
y Paquita siente anhelo de reír y de bailar,
flotó breve la cadencia de la murria y la añoranza;
suena el pífano campestre con los aires de la danza.
¡Pobre, pobre marionnette que la van a sepultar!
Con silente poesía
va un grotesco Rey de Hungría
y lo siguen los alanos;

así toda la jauría
con los viejos cortesanos.
Y en tristor a la distancia
vuelan goces de la infancia,
los amores incipientes, los que nunca han de durar.
¡Pobrecita la muñeca que la van a sepultar!
Melancólico un zorcico se prolonga en la mañana,
la penumbra se difunde por el monte y la llanura,
marionnette deliciosa va a llegar a la temprana
sepultura.
En la trocha aúlla el lobo
cuando gime el melodioso paro bobo.
Tembló el cuerno de la infancia con aguda melodía,
y la dicha tempranera a la tumba llega ahora
con funesta poesía
y Paquita danza y llora.

Los reyes rojos

Desde la aurora
combaten dos reyes rojos,
con lanza de oro.

Por verde bosque
y en los purpurinos cerros
vibra su ceño.

Falcones reyes
batallan en lejanías
de oro azulinas.

Por la luz cadmio,
airadas se ven pequeñas
sus formas negras.

Viene la noche
y firmes combaten foscos
los reyes rojos.

380

El dominó

Alumbraron en la mesa los candiles,
moviéronse solos los aguamaniles,
y un dominó vacío, pero animado,
mientras ríe por la calle la verbena,
se sienta, iluminado,
y principia la cena.

Su claro antifaz de un amarillo frío
da los espantos en derredor sombrío
esta noche de insondables maravillas,
y tiende vagas, lucífugas señales
a los vasos, las sillas
de ausentes comensales.

Y luego en horror que nacarado flota,
por la alta noche de voluptad ignota,
en la luz olvida manjares dorados,
ronronea una oración culpable, llena
de acentos desolados,
y abandona la cena.

La dama i

La dama i, vagorosa
en la niebla del lago,
canta las finas trovas.

Va en su góndola encantada
de papel, a la misa
verde de la mañana.

Y en su ruta va cogiendo
las dormidas umbelas
y los papiros muertos.

Los sueños rubios de aroma
despierta blandamente
su sardana en las hojas.

Y parte dulce, adormida,
a la borrosa iglesia
de la luz amarilla.

Lied III

En la costa brava
suena la campana,
llamando a los antiguos
bajeles sumergidos.

Y con tamiz celeste
y al luminar de hielo,
pasan tristemente
los bajeles muertos.

Carcomidos, flavos,
se acercan vagando...
y por las luces dejan
oscurosas estelas.

Con su lenguaje incierto,
parece que sollozan,
a la voz de invierno,
preterida historia.

En la costa brava
suena la campana,
y se vuelven las naves
al panteón de los mares.

De **La canción de las figuras**

La niña de la lámpara azul

En el pasadizo nebuloso
cual mágico sueño de Estambul,
su perfil presenta destelloso
la niña de la lámpara azul.

Agil y risueña se insinúa,
y su llama seductora brilla,
tiembla en su cabello la garúa
de la playa de la maravilla.

Con voz infantil y melodiosa
en fresco aroma de abedul,
habla de una vida milagrosa
la niña de la lámpara azul.

Con cálidos ojos de dulzura
y besos de amor matutino,
me ofrece la bella criatura
un mágico y celeste camino.

De encantación en un derroche,
hiende leda, vaporoso tul;
y me guía a través de la noche
la niña de la lámpara azul.

Nocturno

De Occidente la luz matizada
se borra, se borra;
y en el fondo del valle se inclina
la pálida sombra.

Los insectos que pasan la bruma
se mecen y flotan,
y en su largo mareo golpean
las húmedas hojas.

Por el tronco ya sube, ya sube
la nítida tropa
de las larvas que, en ramas desnudas,
se acuestan medrosas.

En las ramas de fusca alameda
que ciñen las rocas,
bengalíes se mecen dormidos,
soñando sus trovas.

Ya descansan los rubios silvanos
que en punas y costas,
con sus besos las blancas mejillas
abrasan y doran.

En el lecho mullido la inquieta
fanciulla reposa,
y muy grave su dulce, risueño
semblante se torna.

Que así viene la noche trayendo
sus causas ignotas;
así envuelve con mística niebla
las ánimas todas.

Y las cosas, los hombres domina
la parda señora,
de brumosos cabellos flotantes
y negra corona.

Lied V

La canción del adormido cielo
dejó dulces pesares;
yo quisiera dar vida a esa canción
que tiene tanto de ti.
Ha caído la tarde sobre el musgo
del cerco inglés,
con aire de otro tiempo musical.
El murmurio de la última fiesta
ha dejado colores tristes y suaves
cual de primaveras oscuras
y listones perlinos.
Y las dolidas notas
han traído melancolía
de las sombras galantes
al dar sus adioses sobre la playa.
La celestía de tus ojos dulces
tiene un pesar de canto,
que el alma nunca olvidará.
El ángel de los sueños te ha besado
para dejarte amor sentido y musical
y cuyos sones de tristeza
llegan al alma mía,
como celestes miradas
en esta niebla de profunda soledad.
¡Es la canción simbólica
como un jazmín de sueño,
que tuviera tus ojos y tu corazón!
¡Yo quisiera dar vida a esta canción!

Peregrín cazador de figuras

En el mirador de la fantasía,
al brillar del perfume
tembloroso de armonía;
en la noche que llamas consume;

cuando duerme el ánade implume,
los órficos insectos se abruman
y luciérnagas fuman;
cuando lucen los silfos galones, entorcho
y vuelan mariposas de corcho
o los rubios vampiros cecean,
o las firmes jorobas campean;
por la noche de los matices,
de ojos muertos y largas narices;
en el mirador distante,
por las llanuras;
Peregrín cazador de figuras
con ojos de diamante
mira desde las ciegas alturas.

De *Sombra,* en *Poesías* (1929)

La Pensativa

En los jardines otoñales,
bajo palmeras virginales,
miré pasar, muda y esquiva
la Pensativa.

La vi en azul de la mañana,
con su mirada tan lejana;
que en el misterio se perdía
de la borrosa celestía.

La vi en rosados barandales
donde lucía sus briales;
y su faz bella vespertina
era un pesar en la neblina...

Luego marchaba silenciosa
a la penumbra candorosa;

y un triste orgullo la encendía,
¿qué pensaría?

¡Oh, su semblante nacarado
con la inocencia y el pecado!
¡oh, sus miradas peregrinas
de las llanuras mortecinas!

Era beldad hechizadora;
era el dolor que nunca llora;
¿sin la virtud y la ironía
qué sentiría?

En la serena madrugada,
la vi volver apesarada,
rumbo al poniente, muda, esquiva
¡la Pensativa!

El bote viejo

Bajo brillante niebla,
de saladas actinias cubierto,
amaneció en la playa,
un bote viejo.

Con arena, se mira
la banda de sus bateleros,
y en la quilla verdosos
calafateos.

Bote triste, yacente,
por los moluscos horadado;
ha venido de ignotos
muelles amargos.

Apareció en la bruma
y en la armonía de la aurora;

trajo de los rompientes
doradas conchas.

A sus bancos remeros,
a sus amarillentas sogas,
vienen los cormoranes
y las gaviotas.

Los pintorescos niños,
cuando dormita la marea
lo llenan de cordajes
y de banderas.

Los novios, en la tarde,
en su alta quilla se recuestan;
y a los vientos marinos,
de amor se besan.

Mas el bote ruinoso
de las arenas del estuario,
ansía los distantes
muelles dorados.

Y en la profunda noche,
en fino tumbo abrillantado,
partió el bote muriente
a los puertos lejanos.

El andarín de la noche

El oscuro andarín de la noche
detiene el paso junto a la torre,
y al centinela
le anuncia roja, cercana guerra.

Le dice al viejo de la cabaña
que hay batidores en la sabana;

sordas linternas
en los juncales y oscuras sendas.

A las ciudades capitolinas
va el pregonero de la desdicha;
y en la tiniebla
del extramuro, tardo se aleja.

En la batalla cayó la torre;
siguieron ruinas, desolaciones;
canes sombríos
buscan los muertos en los caminos.

Suenan los bombos y las trompetas
y las picotas y las cadenas;
y nadie ha visto, por el confín;
nadie recuerda
al andarín.

De **Rondinelas,** en **Poesías** (1929)

Favila

En la arena
se ha bañado la sombra.
Una, dos
libélulas fantasmas...

Aves de humo
van a la penumbra
del bosque.

Medio siglo
y en el límite blanco
esperamos la noche.

El pórtico
con perfume de algas,
el último mar.

En la sombra
ríen los triángulos.

Canción cubista

Alameda de rectángulos azules.
La torre alegre
del dandy.
Vuelan
mariposas fotos.

En el rascacielo
un gallo negro de papel
saluda la noche.

Mas allá de Hollywood,
en tiniebla distante
la ciudad luminosa,
de los obeliscos
de nácar.

En la niebla
la garzona
estrangula un fantasma.

La canción del regreso

Mañana violeta.
Voy por la pista alegre
con el suave perfume
del retamal distante.
En el cielo hay una
guirnalda triste.
Lejana duerme
la ciudad encantada
con amarillo sol.
Todavía cantan los grillos
trovadores del campo
tristes y dulces
señales de la noche pasada;
mariposas oscuras
muertas junto a los faroles;
en la reja amable
una cinta celeste;
tal vez caída

en el flirteo de la noche.
Las tórtolas despiertan,
tienden sus alas;
las que entonaron en la tarde
la canción del regreso.
Pasó la velada alegre
con sus danzas
y el campo se despierta
con el candor; un nuevo día.
Los aviones errantes,
las libélulas locas
la esperanza destellan.
Por la quinta amanece
dulce rondó de anhelos.
Voy por la senda blanca
y como el ave entono,
por mi tarde que viene
la canción del regreso.

JULIO HERRERA Y REISSIG

(Uruguay, 1875-1910). Marcado desde su nacimiento para una vida corta por una lesión cardíaca congénita, la de este poeta uruguayo, salvo breves estadías en Buenos Aires y en algunos lugares del interior de su país, transcurrió totalmente en Montevideo, y sin peripecias de mayor relieve. Desempeñó modestos cargos públicos, y cultivó de modo ocasional el periodismo y la política. En un pequeño y al parecer destartalado altillo de su casa, erigió la que dieron en llamar la «Torre de los Panoramas» (desde ella se divisaba el Río de la Plata), que vino a ser un correlato vivencialmente irónico, como su propia poesía, de la *torre de marfil* que tanto anhelaban algunos modernistas. Allí, con sus amigos, se practicaba de todo: desde lecturas y discusiones poéticas, hasta ejercicios de esgrima y sesiones de guitarra y de espiritismo. La leyenda ha mitificado la figura humana de Herrera y Reissig, presentándole como la imagen típica del hombre y el artista *fin de siglo*: de vagas ideas anarquistas en política, algo dandy en su atuendo y su conducta, aficionado a las drogas, y desdeñoso de su provinciano ambiente. Sus biógrafos, naturalmente, se contradicen entre sí y matizan muchas de estas atribuciones.

A su obra poética, nada confesional (y aun muy aligerada de anécdota), poco pasó de la vida de este hombre que se describía a sí mismo como poseedor de «un corazón absurdo, metafórico, que no es humano», en términos que podrían devolverse a su propia poesía. Un acercamiento sobre ella advertiría una evidente riqueza de vetas: los temas pastorales — «eglogánimas» llamaba a esos sonetos— de *Los éxtasis de la montaña*; el erotismo de *Los parques abandonados*, sus «eufocordias»; el hermetismo barroco y más interiorizado de *La Torre de las Esfinges*, subtitulada —¿pedante o divertidamente?— «Psicologación morbo-panteísta»; los «cromos exóticos» de *Las clepsidras*. Pero para una perspectiva justa de su obra, más que atender a estas modulaciones temáticas (en Herrera, anota Américo Ferrari, «el tema es lo de menos») importa una mirada de conjunto que permitirá descubrir al poeta ensayando siempre un gesto de potencialmente mayor interés artístico: transmutar cualquier motivación de la realidad, exterior interior, en una pura experiencia de poesía, en una realidad nueva y otra que se acredite sólo en tanto que tal experiencia artística.

Para este objetivo —y la crítica más reciente (Ferrari, Emir Rodríguez Monegal, Guillermo Sucre, Saúl Yurkievich) ha aportado claves decisivas para ese entendimiento— Herrera y Reissig se alza desde una posición desacralizadora de lo que, en aquellos años, se aceptaba como virtualmente «poético». Frente a la poesía *poética*, el uruguayo opone una actitud esencialmente irrespetuosa y lúdica —donde entran la distancia crítica, la ironía, e incluso la parodia y la caricatura. Demoler los cánones consagrados de la belleza: ésta fue para él (como para el Lugones de *Lunario sentimental*, pero más sostenidamente y con más altos resultados estéticos) su ambición máxima. Y para ello estaba equipado como nadie, y prodigó sus recursos léxicos e imaginativos con una libertad acaso peligrosa: adjetivos insólitos que son verdaderas creaciones metafóricas, elaboración neológica casi paroxística y, sobre todo, un derroche incontenible de metáforas audaces (que son con gran frecuencia prodigios de ineditez y concentración expresivas). Pero llevado todo a un punto de tal hipérbole, y aun de extravagancia, que la lectura *en totalidad* de este poeta, y sin menoscabo en el reconocimiento de su aguda originalidad, acaba por fatigar. Y es que el asombro del lector ante su virtuosismo verbal, ante su afán de deslumbrar, no puede mantenerse con paralela intensidad a su capacidad de invención: de tanto esperar la sorpresa, ya nos familiarizamos con ella (y ambas tensiones, la sorpresa y la familiaridad, no son rigurosamente compatibles).

No obsta esto, sin embargo, para que Herrera y Reissig ocupe un lugar de extraordinaria significación en la historia literaria, pues algo de mucha trascendencia estaba ejecutando, y es lo que lo coloca muy tempranamente (entre 1900 y 1910, que es cuando escribe el grueso de su obra de verdadera importancia) a las puertas mismas de la vanguardia y la poesía moderna; aunque no da en ellas el paso último, ya que en los patrones formales —metros, rimas, esquemas estróficos— se mantuvo tenazmente fiel a lo por él recibido. Y lo que ejecutaba por entonces era un barrenar despiadado del principio estético fundamental —la ley de la analogía— que el modernismo, con Rubén Darío como caso cimero, había alzado a su plenitud en la poesía hispánica. Es cierto que le interesó —y lo practicó— el juego sutil de correspondencias y sinestesias en que coincide con los simbolistas, pero en Herrera aquella ley, la de la analogía, se quiebra al cabo por la aparición de la ironía, que es producto, no del ensueño, sino de la conciencia y la reflexión. Y esta conciencia le inclinaba a la distorsión del orden real y a la ruptura del lenguaje armonioso que lo expresa; y dio norte a su desbocada imaginación, conduciéndola hacia la exploración de lo que es el reverso de la belleza natural o aparente y de la prestigiosa lección de la armonía universal. Le condujo, sobre todo en sus últimas creaciones, hacia lo irreal, onírico, surreal, mágico y oculto. Y siempre, y aquí retenido aún por los manes del decadentismo, al gusto por lo insano o anormal y por la vecindad con la muerte: el *esplín*, esas *jaquecas, neurosis* y *neurastenias*, y ese amor por lo *espectral*, que tanto asoman en sus versos y son, a la larga, semas muy característicos del espíritu decadentista de la época (si bien ahora en versiones de una novedad y un atrevimiento extremados, liberados del *pastiche* a que se habían prestado en manos de poetas que se los apropiaban muy literalmente).

¿Tomaba *en serio* Herrera esos tópicos sémicos, y los otros, y la suya fue así la obra de un loco genial, de un delirante, o de un esnobista (todo lo cual de él se ha dicho)? ¿O los configuraba, los devolvía, de ese crispado modo suyo, en virtud de una actitud lúcidamente crítica y paródica, y resultaba entonces el producto de un artista no menos genial, y muy consistente, *y muy moderno, audaz...*? La grandeza de este poeta residiría en que fuera válida, como hoy empezamos a atisbar, esta segunda posibilidad.

El vertiginoso ritmo que, gracias a su lenguaje y su capacidad visionaria, impuso a la poesía en lengua castellana, le ha sido justamente reconocido por las grandes figuras de esa poesía, en algunas de las cuales está aún presente su influencia. Hispanoamericanos: César Vallejo, Vicente Huidobro (que respecto a él sentenció: «al fin se ha descubierto mi maestro»), Pablo Neruda. Españoles: Federico García Lorca, Vicente Aleixandre. Este último escribió un hermoso poema, «Las barandas», con esta dedicatoria alertadora: *Homenaje a Julio Herrera y Reissig, poeta «modernista»* (con esa valoración, la de *modernista*, expresamente entrecomillada). ¿Se podrá aventurar que el autor, Aleixandre, se valió de la sugestión irónica que, en uno de sus usos, pueden favorecer las comillas para dar a entender que no siente a Herrera tan modernista o, al menos, que lo siente más cercano o afín que los otros modernistas? Hay que recordar que el texto está fechado en 1936; esto es, al calor del entusiasmo fervoroso por el hispanoamericano, y por la novedad que representaba, que Neruda pudo comunicar a los amigos madrileños de su revista *Caballo verde para la poesía.*

De todos modos, y sin desmedro de su importancia histórica, hoy que sabemos que el modernismo no fue sólo el canto melodioso de realidades intrínsecamente hermosas, sino una estética sincrética y dinámica, resulta innecesario extravasar a Herrera y Reissig de su época e identificarlo, casi, como un poeta de *vanguardia*. Fue, sí, una pieza mayor —indispensable— de esa misma dinámica por la que el modernismo, desde dentro, inicia la crítica de sí mismo y, por tanto, su trascendencia.

Y es más un poeta *modernista* por lo que el espíritu de su obra arroja cuando, al examinarla, se repara en sus ingredientes y no se pone el énfasis sólo en lo que anuncia o adelanta. De entrada, el rigor de sus moldes estróficos preferidos (el soneto y la décima) denuncia todavía una voluntad de forma que no es distinta a la de los parnasistas. De otra parte, nada ajeno le fue el decadentismo, como más arriba se ha sugerido. Con mayor necesariedad se le ve volcado al simbolismo («esa poesía que apenumbra, bosqueja, entona las sensaciones, destiñe el tono y le *misteria*», como escribiese), pues en tal ámbito ha de situarse últimamente esa volición suya de hacer de lo real sólo el símbolo (el *facsímil*, dirá en «Tertulia lunática») de sus extrañas visiones interiores, de sus *alucinaciones*. Y aquí sí viene lo que, en principio, se nos ofrece como más nuevo en esta poesía; porque ese facsímil herreriano no era copia literal sino inversión, distorsión, desrealización. Y de ahí, entonces, la necesidad de la imagen expresionista que él, tan decididamente, se atrevió a plantar en su verso. Pero este tipo de imagen, si bien con intención grave o dramática y aún no paródica, estaba en la literatura modernista ya desde sus comienzos: recuérdense las «visiones» impresionantes de Martí y los esbozos expresionistas de Gutiérrez Nájera en su prosa. En resumen: Herrera y Reissig o el *sincretismo;* equivalente a igualmente decir: Herrera o el *modernismo*.

Pero hay algo más: el autor de *La Torre de las Esfinges* no se abre a un *espíritu* en rigor nuevo. Su cosmovisión sigue siendo modernista en su base, sólo que desde una perspectiva irónicamente opuesta al armonismo martiano o dariano. Octavio Paz confiesa —y lleva razón— que aun aquellos poemas de Herrera en que algunos ven «una prefiguración de la vanguardia», a él le parecen «una amplificación caricaturesca de las delicuescencias del modernismo». Sí, con todo lo que la sugestión de la *caricatura* implica: crítica, ironía, deformación. Aquí está, porque sin esa crítica hubiera sido impracticable después la vanguardia, el valor histórico máximo de este poeta.

(En vida, Julio Herrera y Reissig ordenó un solo libro, *Los peregrinos de piedra,* que apareció póstumamente, el mismo año de su muerte. Ese libro era una compilación antológica de su obra, de la cual dejó fuera una gran parte igualmente valiosa de la misma. En la identificación de sus textos damos, como procedencia, el título de las colecciones originales a que pertenecían, en varias de las cuales se dice que trabajaba el poeta a un mismo tiempo. Y aun en esta atribución hay que asumir un cierto margen de relatividad pues en las distintas ediciones de sus *poesías completas* el contenido específico de aquellas colecciones suele variar de un modo desorientador).

BIBLIOGRAFIA

OBRA POETICA

Los peregrinos de piedra (1910). *Poesías completas,* 5 vols., (Montevideo, O.M. Bertani, 1913). *Poesías completas,* Pról. Guillermo de Torre (Buenos Aires, Losada, 1942; reimpresiones, 1945 y 1958). *Poesías completas y páginas en prosa,* ed. y pról., Roberto Bula Píriz, 2.ª ed. (Madrid, Aguilar, 1961). *Obras poéticas,* pról. Alberto Zum Felde (Montevideo, Biblioteca Artigas, 1967). *Poesía completa y prosa selecta,* pról. Idea Vilariño, ed. Alicia Migdal (Caracas, Ayacucho, 1978).

ESTUDIOS CRITICOS

Bula Píriz, Roberto: «H. y R.: Vida y obra. Antología. Bibliografía», *Revista Hispánica Moderna,* XVII, 1-4 (1951).
Camurati, Mireya: «Notas a la obra de J. H. y R.», *Cuadernos Hispanoamericanos,* 269 (1972).

Díaz, José Pedro: «Contactos entre J. H. y R. y la poesía francesa,» *Anales de la Universidad,* Montevideo, 162 (1948).

Feijoo, Gladys: «Análisis del poema «Desolación absurda», de J. H. y R.» *Explicación de textos literarios,* VII, 1 (1978).

Ferrari, Américo: «La poesía de J. H. y R.», *Inti,* 5-6 (1977).

Gicovate, Bernardo: «La poesía de J. H. y R.» y el simbolismo», *El simbolismo,* ed. J.O. Jiménez (véase Bibliografía General).

Díaz, José Pedro: *Julio Herrera y Reissig and the symbolists,* Berkeley and Los Angeles, University of California Press, 1957.

Mirza, Rogelio: *Julio Herrera y Reissig,* Montevideo, Arca, 1975.

Oribe, Emilio: *Poética y plástica,* Montevideo, Impresora Uruguaya, 1930.

Phillips, Allen W.: «La metáfora en la obra de J. H. y R.», *Revista Iberoamericana,* XVI, 1950.

Pino Saavedra, Yolando: *La poesía de Julio Herrera y Reissig. Sus temas y su estilo,* Santiago de Chile, Prensas de la Universidad, 1932.

Rama, Angel: «La estética de J. H. y R.: el trasvestido de la muerte», *Río Piedras,* Universidad de Puerto Rico, 2 (1973).

Rodríguez Monegal, Emir: «El caso H. y R.», *Eco,* 224-226 (1980).

Sabat Ercasty, Carlos: *Julio Herrera y Reissig,* Montevideo, A. Vila, 1931.

Sucre, Guillermo: «La imagen como centro», *La máscara, la transparencia* (véase Bibliografía General).

Vilariño, Idea: «J. H. y R., seis años de poesía», *Número,* Año 2, 6-7-8 (enero-junio, 1950).

Vilariño, Idea: «*La torre de las esfinges* como tarea», *Número,* Año 2, 10-11 (septiembre-diciembre, 1950).

Yurkievich, Saúl: «J. H. y R., el áurico ensimismamiento», *Celebración del modernismo* (véase Bibliografía General).

SELECCION

De **Las Pascuas del tiempo**

Su majestad el tiempo

El viejo Patriarca,
que todo lo abarca,
se riza la barba de príncipe asirio;
su nívea cabeza parece un gran lirio,
parece un gran lirio la nívea cabeza del viejo Patriarca.

Su pálida frente es un mapa confuso:
la abultan montañas de hueso,
que forman lo raro, lo inmenso, lo espeso
de todos los siglos del tiempo difuso.

Su frente de viejo ermitaño
parece el desierto de todo lo antaño:
en ella han carpido la hora y el año,
lo siempre empezado, lo siempre concluso,
lo vago, lo ignoto, lo iluso, lo extraño,
lo extraño y lo iluso...

Su pálida frente es un mapa confuso:
la cruzan arrugas, eternas arrugas,
que son cual los ríos del vago país de lo abstruso
cuyas olas, los años, se escapan en rápidas fugas.

¡Oh, las viejas, eternas arrugas!
¡Oh, los surcos oscuros!
¡Pensamientos en formas de orugas
de donde saldrán los magníficos siglos futuros!

Fiesta popular de ultratumba

Un gran salón. Un trono. Cortinas. Graderías.
(Adonis ríe con Eros de algo que ha visto en Aspasia)
Las lunas de los espejos muestran sus pálidos días,
y hay en el techo y la alfombra mil panoramas de Asia.

Las lámparas se consumen en amarillas lujurias,
y las estufas se encienden en pubertades de fuego;
(entran Sátiros, Gorgonas, Ménades, Ninfas y Furias
mientras recita unos versos el viejo patriarca Griego).

Unos pajes a la puerta visten dorado uniforme;
cruzan la sala doncellas ornadas con velos blancos.
(Anuncian: están Goliat y una señora biforme
que tiene la mitad pez, Barba Azul y sus dos zancos).

Un buen Término se ríe de un efebo que se baña.
Todos tiemblan de repente. (Entra el Hércules nervudo).
Grita Petronio: ¡Salerno! Grita Luis Once: ¡Champaña!
(Grita un pierrot: ¡Menelao con su cuerno y un escudo!).

Todos ríen; sólo guardan seriedad Juno y Mahoma,
el gran César y Pompeyo, Belisario y otros nobles
(que no fueron muy felices en el amor). Se oyen dobles
funerarios: es la Parca que se asoma...

Todos tiemblan; los más viejos rezan, se esconden, murmuran,
Safo la besa la mano. Se oye de pronto un gran ruido,
es Venus que llega: todos se desvisten, tiemblan, juran,
se arrojan al suelo y sólo se oye un inmenso rugido

de fiera hambrienta: los hombres se abalanzan a la diosa,
(ya no hay nadie que esté en calma, todos perdieron el juicio);
todos la besan, la muerden con una furia espantosa,
y Adonis, llora de rabia... En medio de ese desquicio,

el Papa Borgia está orando (mientras pellizca a una niña).
Tan sólo un bardo protesta: Lamartine, con voz airada;
para restaurar el orden se llamó a Marat. La riña
duró un minuto y la escena vino a terminar en nada.

Con el ala en un talón entra Mercurio; profundo
silencio halló el mensajero. El gran Voltaire guiñó un ojo
como queriendo decir: cuánto pedante en el mundo
que piensa con los talones! (Juan lo miró de reojo,
y un periodista que había se puso serio y muy rojo).

Entra Aladino y su lámpara. Entran Cleopatra y Filipo.
Entra la Reina de Saba. Entran Salomón y Creso.
(Con las pupilas saltadas se abalanzó un burgués rico,
un banquero perdió el habla y otro se puso muy tieso).

«Mademoiselle Pompadour», anuncia un paje. Mil notas
vibran de pronto; los hombres aparecen con peluca;
(un calvo aplaude, y de gozo brinca una vieja caduca).
Comienza el baile: pavanas, rondas, minués y gavotas.

Bailan Nemrod y Sansón, Anteo, Quirón y Eurito;
bailan Julieta, Eloísa, Santa Teresa y Eulalia.
Y los centauros: Caumantes, Grineo, Medón y Clito;
(Hércules no; le ha prohibido bailar la celosa Onfalia).

Entra Baco, de repente; todos gritan: ¡Vino! ¡Vino!
(Borgoña, Italia y Oporto, Jerez, Chipre, Cognac, Caña,
Ginebra y hasta Aguardiente), viva el pámpano divino,
¡vivan Noé y Edgard Poe, Byron, Verlaine y el Champaña!

Esto dicho, se abalanzan a un tonel. Un fraile obeso
cayó, debido, sin duda (más que al vino) al propio peso.
Como sintieron calor Apuleyo y Anacreonte
se bañaron en un cubo. Entra de pronto Caronte.

(Todos corren a ocultarse). No faltó algún moralista
español (ya se supone) que los tratara de beodos;

el escándalo tomaba una proporción no vista,
hasta que llegó Saturno, y, gritando de mil modos,
dijo que de buenas ganas iba a comerlos a todos.

Hubo varios incidentes. (Entra Atila y se hunde el piso.
Eolo apaga unas bujías. Habla Dantón: se oye un trueno).
En el vaso en que Galeno
y Esculapio se sirvieron, ninguno servirse quiso.

Un estoico de veinte años, atacado por el asma,
se hallaba lejos de todos. «Denle pronto este jarabe»,
dijo Hipócrates, muy serio. Byron murmuró, muy grave:
«aplicadle una mujer en forma de cataplasma».

Una risa estrepitosa sonó en la sala. De rojo
vestido un dandy gallardo, diole la mano al poeta
que tal ocurrencia tuvo. (El gran Byron que era cojo,
tanto como presumido, no abandonó su banqueta,
y tuvo para Mefisto la inclinación más discreta).

En esto hubo discusiones sobre cuál de los suicidas
era más digno de gloria. Dijo Julieta: «Yo he sido
una reina del Amor; hubiera dado mil vidas
por juntarme a mi Romeo». Dijo Werther: «Yo he cumplido

con un impulso sublime de personal arrogancia».
Hablaron Safo y Petronio, y hasta Judas el ahorcado;
por fin habló el cocinero del famoso Rey de Francia,
el bravo Vatel: yo, dijo, con valor me he suicidado
por cosas más importantes, por no encontrar un pescado!

Todos soltaron la risa. (Grita un paje: está Morfeo).
Todos callan, de repente... todos se quedan dormidos.
Se oyen profundos ronquidos.
(Entra en cuclillas un loco que se llama Devaneo).

De **Los maitines de la noche**

Solo verde-amarillo para flauta. Llave de U

Virgilio es amarillo
y Fray Luis verde
(Manera de Mallarmé)

(Andante)   Ursula punta la boyuna junta;
la lujuria perfuma con su fruta,
la púbera frescura de la ruta
por donde ondula la venusa junta.

(Piano)   Recién la hirsuta barba rubia apunta
al dios Agricultura. La impoluta
(Pianíssimo) uña fecunda del amor, debuta
(Crescendo) cual una duda de nupcial pregunta.

Anuncian lluvias, las adustas lunas.
Almizcladuras, uvas, aceitunas,
(Forte)   gulas de mar, fortunas de las musas;

hay bilis en las rudas armaduras;
(Fortíssimo) han madurado todas las verduras,
y una burra hace hablar las cornamusas.

Neurastenia

Le spectre de la réalité traverse ma pensée.
Víctor Hugo

Huraño el bosque muge su rezongo,
y los ecos llevando algún reproche
hacen rodar su carrasqueño coche
y hablan la lengua de un extraño Congo.

Con la expresión estúpida de un hongo,
clavado en la ignorancia de la noche,
muere la Luna. El humo hace un fantoche
de pies de sátiro y sombrero oblongo.

¡Híncate! Voy a celebrar la misa.
Bajo la azul genuflexión de Urano
adoraré cual hostia tu camisa:

«¡Oh, tus botas, los guantes, el corpiño...!»
Tu seño expresará sobre mi mano
la metempsícosis de un astro niño.

Julio

¡Frío, frío, frío!
Pieles, nostalgias y dolores mudos

Flota sobre el esplín de la campaña
una jaqueca sudorosa y fría,
y las ranas celebran en la umbría
una función de ventriloquia extraña.

La Neurastenia gris de la montaña
piensa, por singular telepatía,
con la adusta y claustral monomanía
del convento senil de la Bretaña.

Resolviendo una suma de ilusiones,
como un Jordán de cándidos vellones
la majada eucarística se integra;

y a lo lejos el cuervo pensativo
sueña acaso en un Cosmos abstractivo,
como una luna pavorosa y negra.

Octubre

*Primavera celebra las
pubertades...*

Un crimen de cantáridas palpita
cabe el polen. Floridos celibatos
perecen de pasión bajo los gratos
azahares perversos de Afrodita.

Como un corpiño que a besar excita,
el céfiro delinque en los olfatos;
mientras llueven magníficos ornatos
a los pies de la Virgen de la ermita.

Tocando su nerviosa pandereta
una zagala brinca en el sendero;
y al repique pluvial de la pileta,

con un ritmo de arterias desmayadas,
se extinguen en el turbio lavadero
las rosas de las nuevas iniciadas.

Desolación absurda

*Je serai ton cercueil
aimable pestilence!...*

Noche de tenues suspiros
platónicamente ilesos:
vuelan bandadas de besos
y parejas de suspiros;
ebrios de amor los cefiros
hinchan su leve plumón,
y los sauces en montón
obseden los camalotes
como torvos hugonotes
de una muda emigración.

Es la divina hora azul
en que cruza el meteoro,
como metáfora de oro
por un gran cerebro azul.
Una encantada Stambul
surge de tu guardapelo,
y llevan su desconsuelo
hacia vagos ostracismos,
floridos sonambulismos
y adioses de terciopelo.

En este instante de esplín,
mi cerebro es como un piano
donde un aire wagneriano
toca el loco del esplín.
En el lírico festín
de la ontológica altura,
muestra la luna su dura
calavera torva y seca,
y hace una rígida mueca
con su mandíbula oscura.

El mar, como gran anciano,
lleno de arrugas y canas,
junto a las playas lejanas
tiene rezongos de anciano.
Hay en acecho una mano
dentro del tembladeral;
y la supersustancial
vía láctea se me finge
la osamenta de una Esfinge
dispersada en un erial.

Cantando la tartamuda
frase de oro de una flauta,
recorre el eco su pauta
de música tartamuda.
El entrecejo de Buda,
hinca el barranco sombrío,
abre un bostezo de hastío
la perezosa campaña,
y el molino es una araña
que se agita en el vacío.

Deja que incline mi frente
en tu frente subjetiva,
en la enferma sensitiva
media luna de tu frente;
que en la copa decadente

de tu pupila profunda
beba el alma vagabunda
que me da ciencias astrales,
en las horas espectrales
de mi vida moribunda.

Deja que rime unos sueños
en tu rostro de gardenia,
hada de la neurastenia,
trágica luz de mis sueños.
Mercadera de beleños,
llévame al mundo que encanta:
soy el genio de Atalanta
que en sus delirios evoca
el ecuador de tu boca
y el polo de tu garganta.

Con el alma hecha pedazos,
tengo un Calvario en el mundo;
amo y soy un moribundo,
tengo el alma hecha pedazos:
cruz me deparan tus brazos,
hiel tus lágrimas salinas,
tus diestras uñas espinas,
y dos clavos luminosos
los aleonados y briosos
ojos con que me fascinas.

Oh mariposa nocturna
de mi lámpara suicida,
alma caduca y torcida,
evanescencia nocturna;
linfática taciturna
de mi Nirvana opioso,
en tu mirar sigiloso
me espeluzna tu erotismo
que es la pasión del abismo
por el Angel Tenebroso.

(Es media noche). Las ranas
torturan su acordeón
un «piano» de Mendelssohn
que es un gemido de ranas;
habla de cosas lejanas
un clamoreo sutil;
y con aire acrobatil,
bajo la inquieta laguna,
hace piruetas la luna
sobre una red de marfil.

Juega el viento perfumado,
con los pétalos que arranca,
una partida muy blanca
de un ajedrez perfumado;
pliega el arroyo en el prado
su abanico de cristal,
y genialmente anormal
finge el monte a la distancia
una gran protuberancia
del cerebro universal.

Vengo a ti, serpiente de ojos
que hunden crímenes amenos,
la de los siete venenos
en el iris de sus ojos;
beberán tus llantos rojos

mis estertores acerbos,
mientras los fúnebres cuervos,
reyes de las sepulturas,
velan como almas oscuras
de atormentados protervos.

Tú eres póstuma y marchita
misteriosa flor erótica,
miliunanochesca, hipnótica,
flor de Estigia acre y marchita;
tú eres absurda y maldita,
desterrada del Placer,
la paradoja del ser
en el borrón de la Nada,
una hurí desesperada
del harem de Baudelaire.

Ven... Declina tu cabeza
de honda noche delincuente
sobre mi tétrica frente,
sobre mi aciaga cabeza;
deje su indócil rareza
tu numen desolador,
que en el drama inmolador
de nuestros mudos abrazos
yo te abriré con mis brazos
un paréntesis de amor.

De *Los éxtasis de la montaña*

El despertar

Alisia y Cloris abren de par en par la puerta
y torpes, con el dorso de la mano haragana,
restréganse los húmedos ojos de lumbre incierta,
por donde huyen los últimos sueños de la mañana...

La inocencia del día se lava en la fontana,
el arado en el surco vagoroso despierta
y en torno de la casa rectoral, la sotana
del cura se pasea gravemente en la huerta...

Todo suspira y ríe. La placidez remota
de la montaña sueña celestiales rutinas.
El esquilón repite siempre su misma nota

de grillo de las cándidas églogas matutinas.
Y hacia la aurora sesgan agudas golondrinas
como flechas perdidas de la noche en derrota.

El alba

Humean en la vieja cocina hospitalaria
los rústicos candiles... Madrugadora leña
infunden una sabrosa fragancia lugareña;
y el desayuno mima la vocación agraria...

Rebota en los collados la grita rutinaria
del boyero que a ratos deja la yunta y sueña...
Filis prepara el huso. Tetis, mientras ordeña,
ofrece a Dios la leche blanca de su plegaria.

Acongojando el valle con sus beatos nocturnos,
salen de los establos, lentos y taciturnos,
los ganados. La joven brisa se despereza...

Y como una pastora en piadoso desvelo,
con sus ojos de bruma, de una dulce pereza,
el Alba mira en éxtasis las estrellas del cielo.

La vuelta de los campos

La tarde paga en oro divino las faenas...
Se ven limpias mujeres vestidas de percales,

trenzando sus cabellos con tilos y azucenas
o haciendo sus labores de aguja en los umbrales.

Zapatos claveteados y báculos y chales...
Dos mozas con sus cántaros se deslizan apenas.
Huye el vuelo sonámbulo de las horas serenas.
Un suspiro de Arcadia peina los matorrales...

Cae un silencio austero... Del charco que se nimba
estalla una gangosa balada de marimba.
Los lagos se amortiguan con espectrales lampos,

las cumbres, ya quiméricas, corónanse de rosas...
Y humean a lo lejos las rutas polvorosas
por donde los labriegos regresan de los campos.

La iglesia

En un beato silencio el recinto vegeta.
Las vírgenes de cera duermen en su decoro
de terciopelo lívido y de esmalte incoloro;
y San Gabriel se hastía de soplar la trompeta...

Sedienta, abre su boca de mármol la pileta.
Una vieja estornuda desde el altar al coro...
Y una legión de átomos sube un camino de oro
aéreo, que una escala de Jacob interpreta.

Inicia sus labores el ama reverente.
Para saber si anda de buenas San Vicente
con tímidos arrobos repica la alcancía...

Acá y allá maniobra después con un plumero,
mientras, por una puerta que da a la sacristía,
irrumpe la gloriosa turba del gallinero.

El cura

Es el cura... Lo han visto las crestas silenciarias,
luchando de rodillas con todos los reveses,
salvar en pleno invierno los riesgos montañeses
o trasponer de noche las rutas solitarias.

De su mano propicia, que hace crecer las mieses,
saltan como sortijas gracias involuntarias;
y en su asno taumaturgo de indulgencias plenarias,
hasta el umbral del cielo lleva a sus feligreses...

El pasa del hisopo al zueco y la guadaña;
él ordeña la pródiga ubre de su montaña
para encender con oros el pobre altar de pino;

de sus sermones fluyen suspiros de albahaca;
el único pecado que tiene es un sobrino...
Y su piedad humilde lame como una vaca.

De **Los parques abandonados**

La sombra dolorosa

Gemían los rebaños. Los caminos
llenábanse de lúgubres cortejos;
una congoja de holocaustos viejos
ahogaba los silencios campesinos.

Bajo el misterio de los velos finos,
evocabas los símbolos perplejos,
hierática, perdiéndote a lo lejos
con tus húmedos ojos mortecinos.

Mientras unidos por un mal hermano,
me hablaban con suprema confidencia
los mudos apretones de tu mano,

manchó la soñadora transparencia
de la tarde infinita el tren lejano,
aullando de dolor hacia la ausencia.

Nirvana crepuscular

Con su veste en color de serpentina,
reía la voluble Primavera...
Un billón de luciérnagas de fina
esmeralda, rayaba la pradera.

Bajo un aire fugaz de muselina,
todo se idealizaba, cual si fuera
el vago panorama, la divina
materialización de una quimera...

En consustanciación con aquel bello
nirvana gris de la Naturaleza,
te inanimaste... Una ideal pereza

mimó tu rostro de incitante vello,
y al son de mis suspiros, tu cabeza
durmióse como un pájaro en mi cuello!...

El abrazo pitagórico

Bajo la madreselva que en la reja
filtró su encaje de verdor maduro,
me perturbaba con el claroscuro
de la ilusión, en la glorieta añeja...

Cristalizaba un pájaro su queja...
Y entre un húmedo incienso de sulfuro
la luna de ámbar destacó al bromuro
el caserío de rosada teja...

¡Oh, Sumo Genio de las cosas! Todo
tenía un canto, una sonrisa, un modo...
Un rapto azul, de amor, o Dios, quién sabe,

nos sumó a modo de una doble ola,
y en forma de «uno», en una sombra sola,
los dos crecimos en la noche grave...

Idilio espectral

Pasó en un mundo saturnal: yacía
bajo cien noches pavorosas, y era
mi féretro el Olvido... Ya la cera
de tus ojos sin lágrimas no ardía.

Se adelantó el enterrador con fría
desolación. Bramaba en la ribera
de la morosa eternidad, la austera
Muerte hacia la infeliz Melancolía.

Sentí en los labios el dolor de un beso.
No pude hablar. En mi ataúd de yeso,
se deslizó tu forma transparente...

Y en la sorda ebriedad de nuestros mimos,
anocheció la tapa y nos dormimos
espiritualizadísimamente.

De **Sonetos vascos**

El granjero

Isaac, Mago en la siembra, gracias al recio puño,
intuye de la geórgica progenie, línea a línea:
ama a la remolacha, buena porque es sanguínea,
al apio vil y al torpe alcornoque gascuño...

Respetan por inocuo todos, su refunfuño:
el melón insinuante y la poma virgínea,
el perejil humilde y la uva apolínea
y el ajo, maldiciente canalla del terruño.

En el gesto ermitaño de la barba, su risa
desciende como un óleo de consejo y de misa...
El puede, aunque reumático, sustentar una mole;

San Isidro y las hadas miman su blanco lecho...
Y el sudor que aderera el buen pan de la prole
condecora diamantes de honradez en su pecho.

De *Las clepsidras*

Idealidad exótica

Tal la exangüe cabeza, trunca y viva,
de un mandarín decapitado, en una
macábrica ficción, rodó la luna
sobre el absurdo de la perspectiva...

Bajo del velo, tu mirada bruna
te dio el prestigio de una hurí cautiva;
y el cocodrilo, a flor de la moruna
fuente, cantó su soledad esquiva.

Susceptible quién sabe a qué difuntas
dichas, plegada y con las manos juntas,
te idealizaste en gesto sibilino...

Y a modo de espectrales obsesiones,
la torva cornamenta de un molino
amenazaba las constelaciones...

Epitalamio ancestral

Con pompa de brahmánicas unciones,
abrióse el lecho de sus primaveras,
ante un lúbrico rito de panteras,
y una erección de símbolos varones...

Al trágico fulgor de los hachones,
ondeó la danza de las bayaderas,
por entre una apoteosis de banderas
y de un siniestro trueno de leones.

Ardió al epitalamio de tu paso,
un himno de trompetas fulgurantes...
Sobre mi corazón, los hierofantes

ungieron tu sandalia, urna de raso,
a tiempo que cien blancos elefantes
enroscaron su trompa hacia el ocaso.

De **La torre de las Esfinges**

Tertulia lunática
II
Ad completorium

En un bostezo de horror,
tuerce el estero holgazán
su boca de Leviatán
tornasolada de horror...
Dicta el Sumo Redactor
a la gran Sombra Profeta,
y obsediendo la glorieta,
como una insana clavija,
rechina su idea fija
la turbadora veleta.

Ríe el viento confidente
con el vaivén de su cola
tersa de gato de Angola,
perfumada y confidente...
El mar inauditamente
se encoge de sumisión
y el faro vidente, en son
de taumaturgas hombrías,
traduce al torvo Isaías
hipnotizando un león.

Estira aplausos de ascua
la hoguera por los establos:
rabiosa erección de diablos
con tenedores en ascua...
Un brujo espanto de Pascua
de Marisápalo asedia,
y una espectral Edad Media
danza epilepsias abstrusas,
como un horror de Medusas
de la divina Comedia.

En una burla espantosa,
el túnel del terraplén
bosteza como Gwynplaine
su carcajada espantosa...
Hincha su giba la unciosa
cúpula, y con sus protervos
maleficios de hicocervos,
conjetura el santuario
el mito de un dromedario
carcomido por los cuervos.

Las cosas se hacen facsímiles
de mis alucinaciones
y son como asociaciones
simbólicas de facsímiles...
Entre humos inverosímiles
alinea el cañaveral,
con su apostura marcial
y sus penachos de gloria,
las armas de la victoria
en un vivac imperial.

Un arlequín tarambana
con un toc-toc insensato
el tonel de Fortunato
bate en mi sien tarambana...
Siento sorda la campana

que en mi pensamiento intuye;
en el eco que refluye
mi voz otra voz me nombra;
¡y hosco persigo en mi sombra
mi propia entidad que huye!

La realidad espectral
pasa a través de la trágica
y turbia linterna mágica
de mi razón espectral...
Saturno infunde el fatal
humor bizco de su influjo
y la luna en el reflujo
se rompe, fuga y se integra
como por la magia negra
de un escamoteo brujo.

En la cantera fantasma,
estampa Doré su mueca
fosca, saturniana y hueca,
de pesadilla fantasma...
En el Cementerio pasma
la Muerte un zurdo can-can;
ladra en un perro Satán,
y un profesor rascahuesos
trabuca en hipos aviesos
el Carnaval de Schumánn.

V

¡Oh negra flor de Idealismo!
¡Oh hiena de diplomacia
con bilis de aristocracia
y lepra azul de idealismo!...
Es un cáncer tu erotismo
de absurdidad taciturna,
y florece en mi saturna

fiebre de virus madrastros,
como un cultivo de astros
en la gangrena nocturna.

Te llevo en el corazón,
nimbada de mi sofisma,
como un siniestro aneurisma
que rompe mi corazón...
¡Oh Monstrua! Mi ulceración
en tu lirismo retoña,
y tu idílica zampoña
no es más que parasitaria
bordona patibularia
de mi celeste carroña!

¡Oh musical y suicida
tarántula abracadabra
de mi fanfarria macabra
y de mi parche suicida!...
¡Infame! En tu desabrida
rapacidad de perjura,
tu sugestión me sulfura
con el horrendo apetito
que aboca por el Delito
la tenebrosa locura!

VII

Numen

Mefistófela divina,
miasma de fulguración,
aromática infección
de una fístula divina...
¡Fedra, Molocha, Caína,
cómo tu filtro me supo!
¡A ti —¡Santo Dios!— te cupo

ser astro de mi desdoro;
yo te abomino y te adoro
y de rodillas te escupo!

Acude a mi desventura
con tu electrosis de té,
en la luna de Astarté
que auspicia tu desventura...
Vértigo de ensambladura
y amapola de sadismo:
¡yo sumaré a tu guarismo
unitario de Gusana
la equis de mi Nirvana
y el cero de mi ostracismo!

Carie sórdida y uremia,
felina de blando arrimo,
intoxícame en tu mimo
entre dulzuras de uremia...
Blande tu invicta blasfemia
que es una garra pulida,
y sórbeme por la herida
sediciosa del pecado,
como un pulpo delicado,
«¡muerte a muerte y vida a vida!»

Clávame en tus fulgurantes
y fieros ojos de elipsis
y bruña el Apocalipsis
sus músicas fulgurantes...
¡Nunca! ¡Jamás! ¡Siempre! ¡Y Antes!
¡Ven, antropófaga y diestra,
Escorpiona y Clitemnestra!
¡Pasa sobre mis arrobos
como un huracán de lobos
en una noche siniestra!

¡Yo te excomulgo, Ananké!
Tu sombra de Melisendra
irrita la escolopendra
sinuosa de mi ananké...
eres hidra en Salomé,
en Brenda panteón de bruma,
tempestad blanca en Satzuma,
en Semíramis carcoma,
danza de vientre en Sodoma
y páramo en Olaluma!

Por tu amable y circunspecta
perfidia y tu desparpajo,
hielo mi cuello en el tajo
de tu traición circunspecta...
¡Y juro, por la selecta
ciencia de tus artimañas,
que irá con risas hurañas
hacia tu esplín cuando muera,
mi galante calavera
a morderte las entrañas!

JOSE SANTOS CHOCANO

(Perú, 1875-1934). Errante y turbulento, *las mil y una aventuras* —bajo este título se publicaron póstumamente sus memorias— que llenan la vida de Chocano darían cumplida materia para una novela o una película de intrigas y acción. Desempeñó, muy de joven, algunas misiones diplomáticas de su país que le condujeron inicialmente a Centro América y España. De la ciudad de Madrid, donde vivió de 1905 a 1908 (y en la cual recibió la más cálida acogida literaria), tuvo que salir precipitadamente por estar envuelto en ciertos negocios turbios; y a partir de ese momento sus andanzas y malandanzas le volvieron a llevar a numerosos países de América. Hizo en los Estados Unidos propaganda ideológica a favor de la Revolución Mexicana; y casi simultáneamente prestaba servicios especiales a un sombrío amigo, el dictador guatemalteco Estrada Cabrera. En Madrid se había dado ya a la práctica de los recitales públicos de su poesía —hecha casi especialmente para ese fin: la declamación—, que luego continuó, y se dice que con grandes beneficios económicos, en las Antillas y otras naciones de la América Central y del Sur. Apenas residió en el Perú; pero allí, pomposamente y según las modas de la época, se le coronó como poeta en 1922. Sus últimos años estuvieron ya definitivamente marcados por el destino trágico al que apuntaba su vivir impetuoso. En Lima, hacia 1925, disparó de muerte a un joven intelectual que venía sosteniendo contra él (pero principalmente contra Leopoldo Lugones) una polémica ideológico-política en la que ninguno de los dos poetas quedaba muy bien parado. A consecuencia sufrió un año de cárcel (antes, y en varias ocasiones, había ido a dar a la sombra); y a la salida de la prisión se trasladó a Santiago de Chile, de donde no regresaría más. Su cálida imaginación le hacía fraguar, y esto desde sus años juveniles, negocios fabulosos con los que esperaba amasar una gran fortuna (junto a la poesía, fue ésta la otra gran vocación de Chocano). Y ahora, en Santiago, se dedicó a la acaso más peregrina de todas esas empresas: la búsqueda de tesoros escondidos. Y un obrero chileno, que al parecer se creía víctima de sus engaños, le dio inesperada muerte a puñaladas. Iba en un tranvía.

A esta vida aventurera se acompaña una obra poética igualmente sostenida sobre la efusión y la desmesura. Es Chocano, sin duda, el modernista hispanoamericano que más lejos ha quedado de nuestra sensibilidad pues fue la suya una poesía que encarnó, como la de ningún otro coetáneo, esa línea exterior y grandílocua del modernismo que más pronto quedó arrumbada con el tiempo. En rigor, claves suyas fueron algunas actitudes que en principio ocuparon un lugar central en la estética modernista (antes de que ésta comenzara a cuestionarse a sí misma, y a abrirse hacia la más estricta modernidad): el amor a la palabra hermosa, la confianza plena en el lenguaje, el gusto por los ritmos potentes. Mas Chocano estaba dotado de unos robustos pulmones de romántico; pero tal como el romanticismo había sido entendido en la tradición hispánica del XIX, nunca del todo despojada del lastre oratorio de la retórica neoclásica, con lo que todo ello implicaba de una ausencia de lucidez crítica frente al lenguaje y la poesía. Y así este bardo de estro fácil y ubérrimo (*bardo* es la palabra decimonónica que mejor le cuadra pues los poemas de largo metraje eran en él, parece, cosa de todos los días) llevó aquellas calidades modernistas a un grado notorio de hipérbole y exceso. Y con los instrumentales que de ellos resultaba —la declaración, el énfasis, el tono declamatorio— acarició y practicó la ambición de convertirse en *el poeta de América*. Y en esta ambición se configura la imagen central de Chocano, y la que de él más se ha sostenido.

Fue aquél un ideal querido y buscado, a veces con una impaciencia casi neurótica, en el continente americano: era necesario a toda costa que surgiese —¡al fin!— el poeta del Nuevo Mundo. No parecía poder serlo Darío, según el dictamen acaso demasiado temprano de José Enrique Rodó, y Chocano se lo propuso abiertamente y entró a saco en el arsenal tópico de América: su geografía y paisaje, la flora y la fauna, la historia y la leyenda, los tipos raciales y criollos. Impostó su voz (no le era difícil), puso al servicio de la causa su férrea egolatría romántica, y zarpó temáticamente a las Indias —dice en «Troquel»— *como un Colón del verso*. De hecho, así se proclamó: *Soy el cantor de América, autóctono y salvaje* («Blasón»). Hombre de escasa cultura (se jactaba de no conocer francés ni querer aprenderlo para conservarse «libre de influencias extrañas»), identificaba sorprendentemente *América* y *salvajismo*, estimulando apócrifas relaciones que nuestra época no consiente.

Hoy sabemos que lo americano, o cualquier categoría de espíritu que abarque una amplia comunidad y un destino histórico, debe buscarse por caminos más secretos y complejos: más sutiles, intuitivos e imponderables —y no por la apropiación mecánica de asuntos y motivos exteriores, en los cuales además no se profundiza. Y podemos ver así el gesto de Chocano, cuando más, como ingenuo y equivocado. De todos modos, es de creer que fue sincero; y el encuentro de su egolatría y su asumida temática americanista ha sido descrito justicieramente por Julio Ortega en estos términos: «Muy pronto define [Chocano] su actitud ante la literatura: quiere ser el poeta de un continente, América, y quiere serlo porque en él la persona poética, el insistente *yo* que desea escribir con mayúscula, se convierte en eje de su poesía, de su idea de la poesía, y porque América le permite desplegar esa primera persona en una dirección en que, pronto, la historia, la raza, el paisaje, confluyen como temas, hacia aquel *yo* convertido en tema central».

Se han notado las naturales influencias que sobre él ejercieron poetas de talante generoso y retórico: la del mexicano Salvador Díaz Mirón, la no siempre benéfica de Victor Hugo y la emulación (más que influencia) con Whitman. Pues aun quiso parangonarse a este último: *Walt Whitman tiene el Norte; pero yo tengo el Sur*, dijo arrogantemente en un verso que muchos entendieron como su lema. Pero no le fue dable apreciar la diferencia esencial; que sin embargo la crítica posterior sí pudo precisar suficientemente. El suyo fue un americanismo de pasatista: vuelto hacia el paisaje y el pasado indígena e hispánico, hacia lo monumental e inmovilizado. El de Whitman, de una grandeza y universalidad de que Chocano carecía, miraba desde el presente hacia el futuro, y era un americanismo vivo y en marcha. No era pequeña la divergencia.

Este es el Chocano que alcanzó gran popularidad en su tiempo: el de *Alma América* y *Fiat lux*, libros que lanzados desde Madrid le valieron incluso el reconocimiento de hombres preclaros de esos años (Unamuno, Rodó), empeñados en salvar el espíritu de la hispanidad, que se encontraba seriamente agredido tras el desastre del 98. Muchos poemas de Chocano, como el que titulase «La epopeya del Pacífico», responden igualmente a ese empeño; pero quedan sacrificados en nuestra selección (el lector tiene a mano los que sobre esa misma voluntad construyó Darío, de mayor hondura de intuiciones y superior maestría artística) en favor del aspecto de su obra que sigue siendo más válido y perdurable: la del poeta descriptivo. Chocano nos dejó, en esos mismos libros, numerosas piezas donde visualizó, de espléndido modo, accidentes y elementos de la geografía y la naturaleza americanas. Con pupila precisa y economía verbales propias de un parnasiano, a la vez que con una palabra menos resonante e imágenes en verdad personales y sugerentes, el peruano alcanzó allí lo más resistente de su obra. Y junto a esas piezas (principalmente sonetos), merecen leerse aquellas otras de inspiración más lírica —«La canción del camino» (en algunas ediciones titulada («Nocturno 18»), «Nostalgia»— donde, si no logra una auténtica hondura, al menos depone su habitual diapasón sonoro y se acerca a un decir más ajustado y entrañable. Se entró también, poéticamente, en la problemática socio-económica del indio («Notas del alma indígena»), en una línea que continúa la tradición iniciada en su país por Manuel González Prada. Y en su poesía última intentó ciertamente un mayor lirismo y una dicción menos rotunda; pero, por curioso modo, no asoma allí el rostro más personal del poeta.

BIBLIOGRAFIA

OBRA POETICA

En la aldea (1895). *Iras santas* (1895). *Azahares* (1896). *Selva virgen* (1898). *La epopeya del Morro* (1899). *El fin de Satán y otros poemas* (1901). *Los cantos del Pacífico* (1904). *Alma América*, pról. de Miguel de Unamuno (1906). *Fiat Lux* (1908). *Puerto Rico lírico y otros poemas* (1914). *Primicias de Oro de Indias* (1934). *Poemas de amor doliente* (1937). *Oro de Indias* (1941). *Selección de poesías*, estudios de J. Parra del Riego, Manuel González Prada, José Carlos Mariátegui y otros (Montevideo, Claudio García & Cía, 1941). *Obras completas*, pról. de Luis Alberto Sánchez (Madrid, Aguilar, 1954). *Las mejores poesías de Chocano*, pról. de Francisco Bendezú (Lima, Editorial Paracas, 1956). *Antología*, pról. y notas de Julio Ortega (Lima, Editorial Universitaria, 1966).

ESTUDIOS CRITICOS

Chavarri, Jorge M.: «La vida y arte de J.S.Ch., el poeta de América», *Kentucky Foreign Languages Quarterly*, 3 (1956).
Fogelquist, Donald F.: «J.S.Ch.», *Españoles de América y americanos de España* (Véase Bibliografía General).

Mariátegui, José Carlos: «Chocano», *Siete ensayos de interpretación de la realidad peruana*, 3.ª ed., Lima, Amauta, 1959.

Maya, Rafael: «J.S.Ch.», *Anuario de la Academia Colombiana de la Lengua*, 9 (1941-1942).

Meza Fuentes, Roberto: *La poesía de José Santos Chocano*, Santiago de Chile, Universidad de Chile, 1935.

Núñez, Estuardo: «Peruanidad y americanidad en Chocano», *Revista de las Indias*, 46 (1942).

Ortega, Julio: «J.S.Ch.», *Figuración de la persona*, Madrid, EDHASA, 1971.

Peñuelas, Marcelino: «Whitman y Chocano: Unas notas», *Cuadernos Americanos*, 15,5 (1956).

Rodríguez Peralta, Phyllis: *José Santos Chocano*, New York, Twayne, 1970.

Rosenbaum, Sidonia: «Bibliografía de J.S.Ch.», *Revista Hispánica Moderna*, 1 (1935).

Sánchez, Luis Alberto: *Aladino o vida y obra de José Santos Chocano*, México, Libro Mex, 1960.

Sánchez, Luis Alberto: «J.S.Ch.», *Escritores representativos de América*, 1.ª serie, vol. III (véase Bibliografía General).

Torres Rioseco, Arturo: «J.S.Ch. (1875-1934)», *Ensayos sobre literatura latinoamericana*, México, Fondo de Cultura Económica, 1953.

Vargas Llosa, Mario: «Chocano y la aventura», *Estudios Americanos* (Sevilla), 17 (1959).

SELECCIÓN

De **Alma América**

Blasón

Soy el cantor de América autóctono y salvaje;
mi lira tiene un alma, mi canto un ideal.
Mi verso no se mece colgado de un ramaje
con un vaivén pausado de hamaca tropical...

Cuando me siento Inca, le rindo vasallaje
al Sol, que me da el cetro de su poder real;
cuando me siento hispano y evoco el Coloniaje,
parecen mis estrofas trompetas de cristal...

Mi fantasía viene de un abolengo moro:
los Andes son de plata, pero el León de oro:
y las dos astas fundo con épico fragor.

La sangre es española e incaico es el latido;
¡y de no ser poeta, quizás yo hubiese sido
un blanco aventurero o un indio emperador!

Troquel

No beberé en las linfas de la castalia fuente,
ni cruzaré los bosques floridos del Parnaso
ni tras las nueve hermanas dirigiré mi paso:
pero, al cantar mis himnos, levantaré la frente.

Mi culto no es el culto de la pasada gente,
ni me es bastante el vuelo solemne del Pegaso:
los trópicos avivan la flama en que me abraso;
y en mis oídos suena la voz de un Continente.

Yo beberé en las aguas de caudalosos ríos;
yo cruzaré otros bosques lozanos y bravíos;
yo buscaré a otra Musa que asombre al Universo.

Yo de una rima frágil haré mi carabela;
me sentaré en la popa; desataré la vela;
y zarparé a las Indias, como un Colón del verso.

Los volcanes

Cada volcán levanta su figura,
cual si de pronto, ante la faz del cielo,
suspendiesen el ángulo de un vuelo
dos dedos invisibles de la altura.

La cresta es blanca y como blanca pura:
la entraña hierve en inflamado anhelo;
y sobre el horno aquel contrasta el hielo,
cual sobre una pasión un alma dura.

Los volcanes son túmulos de piedra,
pero a sus pies los valles que florecen
fingen alfombras de irisada yedra;

y por eso, entre campos de colores,
al destacarse en el azul, parecen
cestas volcadas derramando flores.

Los caballos de los conquistadores

¡Los caballos eran fuertes!
¡Los caballos eran ágiles!
Sus pescuezos eran finos y sus ancas
relucientes y sus cascos musicales...
¡Los caballos eran fuertes!
¡Los caballos eran ágiles!

¡No! No han sido los guerreros solamente,
de corazas y penachos y tizonas y estandartes,
los que hicieron la conquista
de las selvas y los Andes:
los caballos andaluces, cuyos nervios
tienen chispas de la raza voladora de los árabes,
estamparon sus gloriosas herraduras
en los secos pedregales,

en los húmedos pantanos,
en los ríos resonantes,
en las nieves silenciosas,
en las pampas, en las sierras, en los bosques y en los valles...
¡Los caballos eran fuertes!
¡Los caballos eran ágiles!

Un caballo fue el primero
en los tórridos manglares
cuando el grupo de Balboa caminaba
despertando las dormidas soledades,
que, de pronto, dio el aviso
del Pacífico Oceano, porque ráfagas de aire
al olfato le trajeron
las salinas humedades;
y el caballo de Quesada, que en la cumbre
se detuvo, viendo, al fondo de los valles
el fuetazo de un torrente
como el gesto de una cólera salvaje,
saludó con un relincho
la sabana interminable...
y bajó, con fácil trote,
los peldaños de los Andes,
cual por unas milenarias escaleras
que crujían bajo el golpe de los cascos musicales...
¡Los caballos eran fuertes!
¡Los caballos eran ágiles!

¿Y aquel otro de ancho tórax,
que la testa pone en alto, cual queriendo ser más grande,
en que Hernán Cortés un día,
caballero sobre estribos rutilantes,
desde México hasta Honduras,
mide leguas y semanas, entre rocas y boscajes?
¡Es más digno de los lauros,
que los potros que galopan en los cánticos triunfales
con que Píndaro celebra las olímpicas disputas
entre el vuelo de los carros y la fuga de los aires!

Y es más digno todavía
de las Odas inmortales,
el caballo con que Soto diestramente
y tejiendo sus cabriolas como él sabe,
causa asombro, pone espanto, roba fuerzas
y, entre el coro de los indios, sin que nadie
haga un gesto de reproche, llega al trono de Atahualpa
y salpica con espumas las insignias imperiales...
¡Los caballos eran fuertes!
¡Los caballos eran ágiles!

El caballo del beduino
que se traga soledades;
el caballo milagroso de San Jorge,
que tritura con sus cascos los dragones infernales;
el de César en las Galias;
el de Aníbal en los Alpes;
el centauro de las clásicas leyendas,
mitad potro, mitad hombre, que galopa sin cansarse
y que sueña sin dormirse
y que flecha los luceros y que corre más que el aire;
todos tienen menos alma,
menos fuerza, menos sangre,
que los épicos caballos andaluces
en las tierras de la Atlántida salvaje,
soportando las fatigas,
las espuelas y las hambres,
bajo el peso de las férreas armaduras
y entre el fleco de los anchos estandartes,
cual desfile de heroísmos coronados
con la gloria de Babieca y el dolor de Rocinante...
En mitad de los fragores
decisivos del combate,
los caballos con sus pechos
arrollaban a los indios y seguían adelante;
y, así, a veces, a los gritos de ¡Santiago!
entre el humo y el fulgor de los metales,
se veía que pasaba, como un sueño,

el caballo del Apóstol a galope por los aires...

¡Los caballos eran fuertes!
¡Los caballos eran ágiles!

Se diría una epopeya
de caballos singulares
que a manera de hipogrifos desalados
o cual río que se cuelga de los Andes,
llegan todos sudorosos,
empolvados, jadeantes,
de unas tierras nunca vistas
a otras tierras conquistables;
y, de súbito, espantados por un cuerno
que se hinca con soplido de huracanes,
dan nerviosos un relincho tan profundo
que parece que quisiera perpetuarse...
y, en las pampas sin confines,
ven las tristes lejanías, y remontan las edades,
y se sienten atraídos por los nuevos horizontes,
se aglomeran, piafan, soplan... y se pierden al escape:
detrás de ellos una nube,
que es la nube de la gloria, se levanta por los aires...
¡Los caballos eran fuertes!
¡Los caballos eran ágiles!

La magnolia

En el bosque, de aromas y de músicas lleno,
la magnolia florece delicada y ligera,
cual vellón que en las zarpas enredado estuviera,
o cual copo de espuma sobre lago sereno.

Es un ánfora digna de un artífice heleno,
un marmóreo prodigio de la Clásica Era:
y destaca su fina redondez a manera
de una dama que luce descotado su seno.

No se sabe si es perla, ni se sabe si es llanto.
Hay entre ella y la luna cierta historia de encanto,
en la que una paloma pierde acaso la vida:

porque es pura y es blanca y es graciosa y es leve,
como un rayo de luna que se cuaja en la nieve,
o como una paloma que se queda dormida.

El sueño del caimán

Enorme tronco que arrastró la ola,
yace el caimán varado en la ribera:
espinazo de abrupta cordillera,
fauces de abismo y formidable cola.

El sol lo envuelve en fúlgida aureola;
y parece lucir cota y cimera,
cual monstruo de metal que reverbera
y que al reverberar se tornasola.

Inmóvil como un ídolo sagrado,
ceñido en mallas de compacto acero,
está ante el agua extático y sombrío,

a manera de un príncipe encantado
que vive eternamente prisionero
en el palacio de cristal de un río.

Las orquídeas

Anforas de cristal, airosas galas
de enigmáticas formas sorprendentes,
diademas propias de apolíneas frentes,
adornos dignos de fastuosas salas.

En los nudos de un tronco hacen escalas;
y ensortijan sus tallos de serpientes,
hasta quedar en la altitud pendientes,
a manera de pájaros sin alas.

Tristes como cabezas pensativas,
brotan ellas, sin torpes ligaduras
de tirana raíz, libres y altivas;

porque también, con lo mezquino en guerra,
quieren vivir, como las almas puras,
sin un solo contacto con la tierra.

Tríptico criollo

I. El charro

Viste de seda: alhajas de gran tono;
pechera en que el encaje hace una ola,
y bajo el cinto, un mango de pistola,
que él aprieta entre el puño de su encono.

Piramidal sombrero, esbelto cono,
es distintivo en su figura sola,
que en el bridón de enjaezada cola
no cambiara su silla por un trono.

Siéntase a firme; el látigo chasquea;
restriega el bruto su chispeante callo,
y vigorosamente se pasea...

Dúdase al ver la olímpica figura
si es el triunfo de un hombre en su caballo
o si es la animación de una escultura.

II. *El llanero*

En su tostada faz algo hay sombrío:
tal vez la sensación de lo lejano,
ya que ve dilatarse el oceano
de la verdura al pie de su bohío.

El encuadra al redor su sembradío
y acaricia la tierra con su mano.
Enfrena un potro en la mitad de un llano
o a nado se echa en la mitad de un río.

El, con un golpe, desjarreta un toro;
entra con su machete en el boscaje
y en el amor con su cantar sonoro,

porque el amor de la mujer ingrata
brilla sobre su espíritu salvaje
como un iris sobre una catarata...

III. *El gaucho*

Es la Pampa hecha hombre: es un pedazo
de brava tierra sobre el sol tendida.
Ya a indómito corcel pone la brida,
ya lacea una res: él es el brazo.

Y al son de la guitarra, en el regazo
de su «prenda», quejoso de la vida,
desenvuelve con voz adolorida
una canción como si fuera un lazo...

Cuadro es la Pampa en que el afán se encierra
del gaucho, erguido en actitud briosa,
sobre ese gran cansancio de la tierra;

porque el bostezo de la Pampa verde
es como una fatiga que reposa
o es como una esperanza que se pierde...

De **Fiat Lux**

La canción del camino

Era un camino negro.
La noche estaba loca de relámpagos. Yo iba
en mi potro salvaje
por la montaña andina.
Los chasquidos alegres de los cascos,
como masticaciones de monstruosas mandíbulas,
destrozaban los vidrios invisibles
de las charcas dormidas.
Tres millones de insectos
formaban una como rabiosa inarmonía.

Súbito, allí, a lo lejos,
por entre aquella mole doliente y pensativa
de la selva,
vi un puñado de luces como en tropel de avispas.
¡La posada! El nervioso
látigo persignó la carne viva
de mi caballo, que rasgó los aires
con un largo relincho de alegría.

Y como si la selva
lo comprendiese todo, se quedó muda y fría.

Y hasta mí llegó, entonces,
una voz clara y fina
de mujer que cantaba. Cantaba. Era su canto
una lenta... muy lenta... melodía:
algo como un suspiro que se alarga
y se alarga y se alarga... y no termina.

Entre el hondo silencio de la noche,
y al través del reposo de la montaña, oíanse
los acordes
de aquel canto sencillo de una música íntima,
como si fuesen voces que llegaran
desde la otra vida...

Sofrené mi caballo;
y me puse a escuchar lo que decía:

—Todos llegan de noche,
todos se van de día...

Y formándole dúo,
otra voz femenina
completó así la endecha
con ternura infinita:
—El amor es tan sólo una posada
en mitad del camino de la Vida...

Y las dos voces, luego,
a la vez repitieron con amargura rítmica:
—Todos llegan de noche,
todos se van de día...

Entonces, yo bajé de mi caballo
y me acosté en la orilla
de una charca.
Y fijo en ese canto que venía
a través del misterio de la selva,
fui cerrando los ojos al sueño y la fatiga.

Y me dormí arrullado; y, desde entonces,
cuando cruzo las selvas por rutas no sabidas,
jamás busco reposo en las posadas
y duermo al aire libre mi sueño y mi fatiga,
porque recuerdo siempre
aquel canto sencillo de una música íntima:

—Todos llegan de noche,
todos se van de día.
El amor es tan sólo una posada
en mitad del camino de la Vida...

Nostalgia

Hace ya diez años
que recorro el mundo
¡He vivido poco!
¡Me he cansado mucho!
Quien vive de prisa no vive de veras:
quien no echa raíces no puede dar frutos.
Ser río que corre, ser nube que pasa,
sin dejar recuerdo ni rastro ninguno,
es triste; y más triste para quien se siente
nube en lo elevado, río en lo profundo.

Quisiera ser árbol mejor que ser ave,
quisiera ser leño mejor que ser humo;
y al viaje que cansa,
prefiero el terruño:
la ciudad nativa con sus campanarios,
arcaicos balcones, portales vetustos
y calles estrechas, como si las casas
tampoco quisieran separarse mucho...

Estoy en la orilla
de un sendero abrupto.
Miro la serpiente de la carretera
que en cada montaña da vueltas a un nudo;
y entonces comprendo que el camino es largo,
que el terreno es brusco,
que la cuesta es ardua,
que el paisaje es mustio...

¡Señor! ya me canso de viajar, ya siento

nostalgia, ya ansío descansar muy junto
de los míos... Todos rodearán mi asiento
para que les diga mis penas y triunfos;
y yo, a la manera del que recorriera
un álbum de cromos, contaré con gusto
las mil y una noches de mis aventuras
y acabaré con esta frase de infortunio:
　　　—¡He vivido poco!
　　　¡Me he cansado mucho!

De *Oro de Indias*

Notas del alma indígena

¡Quién sabe!...

Indio que asomas a la puerta
de esta tu rústica mansión:
¿para mi sed no tienes agua?
¿para mi frío, cobertor?
¿parco maíz para mi hambre?
¿para mi sueño, mal rincón?
¿breve quietud para mi andanza?...
　　　—¡Quién sabe, señor!

Indio que labras con fatiga
tierras que de otros dueños son:
¿ignoras tú que deben tuyas
ser, por tu sangre y tu sudor?
¿ignoras tú que audaz codicia,
siglos atrás, te las quitó?
¿ignoras tú que eres el Amo?...
　　　—¡Quién sabe, señor!

Indio de frente taciturna
y de pupilas sin fulgor:
¿qué pensamiento es el que escondes

en tu enigmática expresión?
¿qué es lo que buscas en tu vida?
¿qué es lo que imploras a tu Dios?
¿qué es lo que sueña tu silencio?
                —¡Quién sabe, señor!

¡Oh raza antigua y misteriosa
de impenetrable corazón,
que sin gozar ves la alegría
y sin sufrir ves el dolor:
eres augusta como el Ande,
el grande Océano y el Sol.
Ese tu gesto que parece
como de vil resignación,
es de una sabia indiferencia
y de un orgullo sin rencor...

Corre en mis venas sangre tuya,
y, por tal sangre, si mi Dios
me interrogase qué prefiero
—cruz o laurel, espina o flor,
beso que apague mis suspiros
o hiel que colme mi canción—
respondaríale dudando:
                —¡Quién sabe, señor!

DELMIRA AGUSTINI

(Uruguay, 1886-1914). La vida y la personalidad, llenas de enigmas y contradicciones, de esta poetisa han hecho correr más tinta impresa, tal vez, que su propia obra literaria. De familia acomodada, y sobreprotegida por unos padres que respetaban y casi mimaban su vocación poética (sin entenderla demasiado), realizó estudios de francés, música y pintura con maestros privados y por su cuenta, y envió tempranas colaboraciones en prosa a la revista *La Alborada* que se publicaba por entonces en la capital de su país. Pero lo que asombra en Delmira Agustini es la dicotomía mayor que rigió su vida, nunca satisfactoriamente explicada, y la cual descansaba en la doble personalidad que revelan, de un lado, la conducta «irreprochable» y convencional de su casi nula vida pública, y por el otro, la inquietante cerebración erotizada de su poesía. En lo exterior: una señorita consentida de la burguesía provinciana del Montevideo de principios de siglo, y la que, en tanto que tal, se conducía como Dios manda (y como le mandaba una madre absorbente, dominante y autoritaria, de cuyas faldas parecía prendida). En lo interior y esencial: un ardiente temperamento femenino que, casi en estado sonambúlico o de «trance» (así lo declaran quienes la conocieron) iba escribiendo, en la soledad hiperestésica de sus noches y guiada sólo por su extraordinaria penetración intuitiva, los poemas de más apasionada sensualidad y sexualidad que jamás mujer alguna hubiera intentado en el mundo hispánico (y aun fuera de éste). Y que producían, la cosa no era

436

para menos, el natural pasmo de sus coetáneos y de sus coterráneos. Así Carlos Vaz Ferreira, el gran pensador uruguayo de su tiempo y amigo de la familia, le escribía con no disimulada perplejidad: «Usted no debería ser capaz, no precisamente de escribir, sino de entender su libro [y se refería el escritor aquí al primero de la autora, donde ella no había alcanzado aún el clímax de su intensidad pasional y de su hondísima comprensión de la vida]. Cómo ha llegado usted, sea a saber, sea a sentir, lo que ha puesto en ciertas páginas, es algo completamente inexplicable».

Esa dicotomía quizás no hubiera trascendido de no haber mediado el desventurado final que culminó su vida (y dotó a su muerte de espectacularidad y escándalo). Después de un largo noviazgo rutinario con un hombre al parecer noble, pero mediocre y ajeno a sus intereses poéticos y de cultura, contrae el reglamentario matrimonio —y a partir de aquí la catástrofe se precipita—. Antes de cumplirse los dos meses de celebrada la boda, «la Nena» —así la llamaban en la familia, y así firmaba ella las cartas afectadamente infantiles y triviales que escribía al novio— abandona con precipitación al ahora marido, se refugia de nuevo en la madre («huyendo de tanta vulgaridad», explica) y entabla demanda de divorcio. Pero de inmediato inicia citas secretas —carnales y frecuentes— con aquél, convertido ahora en amante (mientras sostiene una correspondencia amorosa, sólo fragmentariamente conservada, con el escritor argentino Manuel Ugarte, a quien había conocido dos años antes). Y en uno de aquellos encuentros ocultos, el ya legalmente exmarido (pues se les había concedido el divorcio) da muerte a Delmira, de dos balazos en la cabeza, y de inmediato se suicida. Estos son los datos escuetos, los únicos que cabe en el trámite de esta nota. Más amplia información, con acopio abundante de interpretaciones e hipótesis, encontrará el lector interesado en los libros de Ofelia Machado, Clara Silva y Emir Rodríguez Monegal que se consignan en la biliografía.

Delmira Agustini inaugura con su obra lírica (y en un diapasón emocional no superado en cierto modo) la trayectoria de la poesía escrita por las poetisas hispanoamericanas del llamado posmodernismo: Juana de Ibarbourou, Alfonsina Storni y Gabriela Mistral, las mayores. Pero la suya, aunque evolucionada y contrastada en un rápido proceso de maduración interior, cae totalmente en el modernismo, y sus deudas con éste son incluso tópicas en el tramo inicial de la misma. Del ya manido almacén modernista proceden muchos de los elementos expresivos —perlas y mármoles, cisnes y lagos, oros y azules— que pueblan y decoran ese tramo, el de *El libro blanco.* Pero en un lapso muy breve —seis años y dos nuevos volúmenes: *Cantos de la mañana* y *Los cálices vacíos,* contentivo este último de su ya asegurada plenitud— va a crecer hacia una poesía de rara originalidad, aunque nunca de una perfección técnica total, lograda (como en otros miembros de la segunda promoción modernista: Lugones, Herrera y Reissig, Valencia, si bien cada uno por diferentes caminos), a base del ahondamiento personal de la simbología empleada, y del entrañamiento sustantivo, a veces casi deformante (o sorpresivo) y por ello nada ornamental, de sus símbolos propios. Con preferencia, en Delmira, serán ahora buitres y hongos, gusanos y arañas, vampiros y serpientes, quienes darán la materia, como en ráfagas, para visiones y configuraciones oníricas, en ocasiones de sugestión expresionista. Con ellos incorporaba expresivamente los esguinces de una ambiciosa visión interior donde lo tormentoso y sombrío se aliaba al fuerte reclamo erótico que la sostiene.

Porque esa visión era, básicamente, dual y de gran complejidad. Ya en el poema que abre *Los cálices vacíos* —el titulado «Ofrendando el libro»— describe a Eros como integrado *del placer y el dolor, plantas gigantes.* Y lo rubrica con este otro verso, definidor de ese dualismo que por dentro la enciende y la carcome a la vez: *—Con alma fúlgida y carne sombría.* Su poesía oscila siempre así entre los consabidos pares polares que pudo abrevar en la tradición del decadentismo, y por consiguiente en Baudelaire: el placer y el dolor, como se ha visto, y correspondientemente el deseo y la impotencia, el Bien y el Mal, el Amor y la Muerte, la Vida y la Muerte. Y ni faltarán las muy explícitas señales o alusiones sadomasoquistas, como ha notariado Rodríguez Monegal (quien de paso ha señalado la raíz bodeleriana que, en lo literario, tiene esa escisión interior de la poetisa). Y el tema ha sido documentado después por Doris T. Stephens en su libro de 1975, haciendo notar que, debido a su creencia en la voluptuosidad de la muerte, Delmira busca voluntariamente el dolor y la destrucción, y su imaginería se carga así de esas aludidas sugerencias sadomasoquistas.

Una experiencia del amor en su totalidad, desde las sensaciones de la carne hasta su absoluta trascendencia, es lo que devuelve en su conjunto la extraña y turbadora poesía de Delmira Agustini (y por ello se ha podido hablar, con mayor o menor acierto en la formulación, de la mística o la metafísica de su erotismo). Y en un símbolo, al que dotó de una sugestión muy personal y que por ello repite en sus poemas, el de la *estatua,* parece haber resumido el conflicto entre el ardor pasional que la consumía, y la vida —las reglas y convenciones de la sociedad— que le imponían una calma o serenidad estatuaria contra la cual conspiraba (intuitiva, instintivamente) la turbulencia y fogosidad de todo su ser. La verdadera historia de ese drama no hay que buscarla en los datos externos de su biografía, a pesar de que oscuramente la refrendara su trágico final, sino en esa absoluta (y audaz) desnudez de un alma ardida de mujer que entrega su intensa y visionaria poesía.

BIBLIOGRAFIA

OBRA POÉTICA

El libro blanco (1907). *Cantos de la mañana* (1910). *Los cálices vacíos,* pórtico de Rubén Darío (1913). *Obras completas:* Tomo I, *El rosario de Eros;* Tomo II, *Los astros del abismo* (Montevideo, Máximo García, 1924). *Poesías,* pról. Luisa Luisi (Montevideo, Claudio García & Co., 1944) *Poesías completas,* pról. y notas Manuel Alvar (Barcelona, Editorial Labor, 1971).

ESTUDIOS CRÍTICOS

Alvar, Manuel: *La poesía de Delmira Agustini,* Sevilla, Escuela de Estudios Hispanoamericanos, 1958.

Bollo, Sarah: *Delmira Agustini en la vida y la poesía,* Montevideo, Cordón, 1963.

Bollo, Sarah: *El modernismo en el Uruguay: Ensayo estilístico,* Montevideo, Impresora Uruguaya, 1951.

Cabrera, Sarandy: «Las poetisas del 900», *Número* (Montevideo), 6-8 (1950).

Machado, Ofelia: *Delmira Agustini,* Montevideo, 1944.

Oribe, Emilio: *Poética y plástica,* Montevideo, Bilioteca Artigas, 1968.

Otero, José: «D.A.: ¿Erotismo poético o misticismo erótico?», *In honor of Boyd G. Carter.* ed. Catherine Vera y George R. McMurray, The University of Wyoming, 1981.

Rodríguez Monegal, Emir: *Sexo y poesía en el 900,* Montevideo, Alfa, 1969.

Rosenbaum, Sidonia C.: *Modern Women Poets of Spanish América,* New York, Hispanic Institute, 1945.

Rosenbaum, Sidonia: «D.A. y Albert Samain», *Revista Iberoamericana,* 11 (1946).

Silva, Clara: *Genio y figura de Delmira Agustini,* Buenos Aires, Editorial Universitaria (EUDEBA), 1968.

Sephens, Doris T.: *Delmira Agustini and the Quest for Trascendence,* Montevideo, Ediciones Geminis, 1975.

Visca, Arturo Sergio, ed.: *Delmira Agustini. Correspondencia íntima,* Montevideo, Biblioteca Nacional, 1969.

Zambrano, David: «Presencia de Baudelaire en la poesía hispanoamericana. Darío, Lugones, D.A.», *Cuadernos Americanos,* 49 (1958).

Zum Felde, Alberto: *Proceso intelectual del Uruguay,* Montevideo: Ediciones del Nuevo Mundo, 1967.

SELECCION

De *El libro blanco*

La musa

Yo la quiero cambiante, misteriosa y compleja;
Con dos ojos de abismo que se vuelvan fanales;
En su boca, una fruta perfumada y bermeja
Que destile más miel que los rubios panales.

A veces nos asalte un aguijón de abeja;
Una raptos feroces a gestos imperiales
Y sorpenda en su risa el dolor de una queja;
¡En sus manos asombren caricias y puñales!

Y que vibre, y desmaye, y llore, y ruja, y cante,
Y sea águila, tigre, paloma en un instante.
Que el Universo quepa en sus ansias divinas;
Tenga una voz que hiele, que suspenda, que inflame,
Y una frente que erguida su corona reclame
De rosas, de diamantes, de estrellas o de espinas!

La estatua

Miradla, así, sobre el follaje oscuro
Recortar la silueta soberana...
¿No parece el retoño prematuro
De una gran raza que será mañana?

¡Así una raza inconmovible, sana,
Tallada a golpes sobre mármol duro,
De las vastas campañas del futuro
Desalojara a la familia humana!

¡Miradla así —¡de hinojos!— en augusta
Calma imponer la desnudez que asusta!...
¡Dios!... ¡Moved ese cuerpo, dadle una alma!
Ved la grandeza que en su forma duerme...
¡Vedlo allá arriba, miserable, inerme.
Más pobre que un gusano, siempre en calma!

Explosión

Si la vida es amor, bendita sea!
Quiero más vida para amar! Hoy siento
Que no valen mil años de la idea
Lo que un minuto azul de sentimiento.

Mi corazón moría triste y lento...
Hoy abre en luz como una flor febea;
¡La vida brota como un mar violento
Donde la mano del amor golpea!

Hoy partió hacia la noche, triste, fría,
Rotas las alas mi melancolía;
Como una vieja mancha de dolor
En la sombra lejana se deslíe...
Mi vida toda canta, besa, ríe!
Mi vida toda es una boca en flor!

De **Cantos de la mañana**

Lo inefable

Yo muero extrañamente... No me mata la Vida.
No me mata la Muerte, no me mata el Amor;
Muero de un pensamiento mudo como una herida...
¿No habéis sentido nunca el extraño dolor

De un pensamiento inmenso que se arraiga en la vida,
Devorando alma y carne, y no alcanza a dar flor?
¿Nunca llevasteis dentro una estrella dormida
Que os abrasaba enteros y no daba un fulgor?...

Cumbre de los Martirios!... Llevar eternamente,
Desgarradora y árida, la trágica simiente
Clavada en las entrañas como un diente feroz!...
Pero arrancarla un día en una flor que abriera
Milagrosa, inviolable!... Ah, más grande no fuera
Tener entre las manos la cabeza de Dios!

El vampiro

En el regazo de la tarde triste
Yo invoqué tu dolor... Sentirlo era
¡Sentirte el corazón! Palideciste
Hasta la voz, tus párpados de cera

Bajaron... y callaste... Pareciste
Oír pasar la Muerte... Yo que abriera
Tu herida mordí en ella —¿me sentiste?—
¡Como en el oro de un panal mordiera!

Y exprimí más, traidora, dulcemente
Tu corazón herido mortalmente,
Por la cruel daga rara y exquisita
De un mal sin nombre, ¡hasta sangrarlo en llanto!
Y las mil bocas de mi sed maldita
Tendí a esa fuente abierta en tu quebranto.

. . . .
¿Por qué fui tu vampiro de amargura?
¿Soy flor o estirpe de una especie oscura
Que come llagas y que bebe el llanto?

Las alas

. . . .
Yo tenía...

                  dos alas!...

Dos alas,
Que del Azur vivían como dos siderales
Raíces!...
Dos alas,
Con todos los milagros de la vida, la Muerte
Y la ilusión. Dos alas.
Fulmíneas
Como el velamen de una estrella en fuga;
Dos alas.
Como dos firmamentos
Como tormentas, con calmas y con astros...

¿Te acuerdas de la gloria de mis alas?...
El áureo campaneo
Del ritmo; el inefable
Matiz atesorando
El Iris todo, más un Iris nuevo
Ofuscante y divino,
que adorarán las plenas pupilas del Futuro
(¡Las pupilas maduras a toda luz!)... el vuelo...

El vuelo ardiente, devorante y único,
Que largo tiempo atormentó los cielos,
Despertó soles, bólidos, tormentas,
Abrillantó los rayos y los astros;
Y la amplitud: tenían
Calor y sombra para todo el Mundo,
Y hasta incubar un *más allá* pudieron.

Un día, raramente
Desmayada a la tierra,
Yo me adormí en las felpas profundas de este bosque...
Soñé divinas cosas!...

444

Una sonrisa tuya me despertó, paréceme...
Y no siento mis alas!
¿Mis alas?...

—Yo las *vi* deshacerse entre mis brazos...
¡Era como un deshielo!

De *Los cálices vacíos*

Ofrendando el libro

A Eros

Porque haces tu can de la leona
Más fuerte de la Vida, y la aprisiona
La cadena de rosas de tu brazo.

Porque tu cuerpo es la raíz, el lazo
Esencial de los troncos discordantes
Del placer y el dolor, plantas gigantes.

Porque emerge en tu mano bella y fuerte,
Como en broche de místicos diamantes
El más embriagador lis de la Muerte.

Porque sobre el Espacio te diviso,
Puente de luz, perfume y melodía,
Comunicando infierno y paraíso.

—Con alma fúlgida y carne sombría...

Tu boca

Yo hacía una divina labor, sobre la roca
Creciente del Orgullo. De la vida lejana,

Algún pétalo vívido me voló en la mañana,
Algún beso en la noche. Tenaz como una loca,
Seguía mi divina labor sobre la roca,

Cuando tu voz que funde como sacra campana
En la nota celeste la vibración humana,
Tendió su lazo de oro al borde de tu boca;

—Maravilloso nido del vértigo, tu boca!
Dos pétalos de rosa abrochando un abismo...—

Labor, labor gloriosa, dolorosa y liviana;
¡Tela donde mi espíritu se fue tramando él mismo!
Tú quedas en la testa soberbia de la roca,

Y yo caigo sin fin en el sangriento abismo!

Visión

¿Acaso fue en un marco de ilusión,
En el profundo espejo del deseo,
O fue divina y simplemente en vida
Que yo te vi velar mi sueño la otra noche?

En mi alcoba agrandada de soledad y miedo,
Taciturno a mi lado apareciste
Como un hongo gigante, muerto y vivo,
Brotado en los rincones de la noche
Húmedos de silencio,
Y engrasados de sombra y soledad.

Te inclinabas a mí supremamente,
Como a la copa de cristal de un lago
Sobre el mantel de fuego del desierto;
Te inclinabas a mí, como un enfermo
De la vida a los opios infalibles
Y a las vendas de piedra de la Muerte;

Te inclinabas a mí como el creyente
A la oblea de cielo de la hostia...
—Gota de nieve con sabor de estrellas
Que alimenta los lirios de la Carne,
Chispa de Dios que estrella los espíritus—.
Te inclinabas a mí como el gran sauce
De la melancolía
A las hondas lagunas del silencio;
Te inclinabas a mí como la torre
De mármol del Orgullo,
Minada por un monstruo de tristeza,
A la hermana solemne de su sombra...
Te inclinabas a mí como si fuera
mi cuerpo la inicial de tu destino
En la página oscura de mi lecho;
Te inclinabas a mí como al milagro
De una ventana abierta al más allá.

¡Y te inclinabas más que todo eso!

Y era mi mirada una culebra
Apuntada entre zarzas de pestañas,
Al cisne reverente de tu cuerpo.
Y era mi deseo una culebra
Glisando entre los riscos de la sombra
¡A la estatua de lirios de tu cuerpo!

Tú te inclinabas más y más... y tanto,
Y tanto te inclinaste,
Que mis flores eróticas son dobles,
Y mi estrella es más grande desde entonces,
Toda tu vida se imprimió en mi vida...

Yo esperaba suspensa el aletazo
Del abrazo magnífico; un abrazo
De cuatro brazos que la gloria viste
De fiebre y de milagro, será un vuelo!

Y pueden ser los hechizados brazos
Cuatro raíces de una raza nueva;

Y esperaba suspensa el aletazo
Del abrazo magnífico...
¡Y cuando,
Te abrí los ojos como un alma, y vi
Que te hacías atrás y te envolvías
En yo no sé que pliegue inmenso de la sombra!

Fiera de amor

Fiera de amor, yo sufro hambre de corazones.
De palomos, de buitres, de corzos o leones,
No hay manjar que más tiente, no hay más grato sabor,
Había ya estragado mis garras y mi instinto,
Cuando erguida en la casi ultratierra de un plinto,
Me deslumbró una estatua de antiguo emperador.

Y crecí de entusiasmo; por el tronco de piedra
Ascendió mi deseo como fulmínea hiedra
Hasta el pecho, nutrido en nieve al parecer;
Y clamé al imposible corazón... la escultura
Su gloria custodiaba serenísima y pura,
Con la frente en Mañana y la planta en Ayer.

Perenne mi deseo, en el tronco de piedra
Ha quedado prendido como sangrienta hiedra;
Y desde entonces muerdo soñando un corazón
De estatua, presa suma para mi garra bella;
No es ni carne ni mármol: una pasta de estrella
Sin sangre, sin calor y sin palpitación...

Con la esencia de una sobrehumana pasión!

Plegaria

—Eros: acaso no sentiste nunca
Piedad de las estatuas?
Se dirían crisálidas de piedra
De yo no sé qué formidable raza
En una eterna espera inenarrable.
Los cráteres dormidos de sus bocas
Dan la ceniza negra del Silencio,
Mana de las columnas de sus bocas
La mortaja copiosa de la Calma,
Y fluye de sus órbitas la noche;
Víctimas del Futuro o del Misterio,
En capullos terribles y magníficos
Esperan a la Vida o a la Muerte.
Eros: acaso no sentiste nunca
Piedad de las estatuas?—

Piedad para las vidas
Que no doran a fuego tus bonanzas
Ni riegan o desgajan tus tormentas;
Piedad para los cuerpos revestidos
Del arminio solemne de la Calma,
Y las frentes en luz que sobrellevan
Grandes lirios marmóreos de pureza,
Pesados y glaciales como témpanos;
Piedad para las manos enguantadas
De hielo, que no arrancan
Los frutos deleitosos de la Carne
Ni las flores fantásticas del alma;
Piedad para los ojos que aletean
Espirituales párpados:
Escamas de misterio,
Negros telones de visiones rosas...
¡Nunca ven nada por mirar tan lejos!
Piedad para las pulcras cabelleras
—Místicas aureolas—
Peinadas como lagos

Que nunca airea el abañico negro,
Negro y enorme de la tempestad;
Piedad para los ínclitos espíritus
Tallados en diamante,
Altos, claros, extáticos
Pararrayos de cúpulas morales;
Piedad para los labios como engarces
Celestes donde fulge
Invisible la perla de la Hostia;
—Labios que nunca fueron,
Que no apresaron nunca
Un vampiro de fuego
Con más sed y más hambre que un abismo.
Piedad para los sexos sacrosantos
Que acoraza de una
Hoja de viña astral la Castidad;
Piedad para las plantas imantadas
De eternidad que arrastran
Por el eterno azur
Las sandalias quemantes de sus llagas;
Piedad, piedad, piedad
Para todas las vidas que defiende
De tus maravillosas intemperies
El mirador enhiesto del Orgullo:

Apúntales tus soles o tus rayos!

Eros: acaso no sentiste nunca
Piedad de las estatuas?...

El cisne

Pupila azul de mi parque
Es el sensitivo espejo
De un lago claro, muy claro!...
Tan claro que a veces creo
Que en su cristalina página
Se imprime mi pensamiento.

Flor del aire, flor del agua,
Alma del lago es un cisne
Con dos pupilas humanas,
Grave y gentil como un príncipe;
Alas lirio, remos rosa...
Pico en fuego, cuello triste

Y orgulloso, y la blancura
Y la suavidad de un cisne...

El ave cándida y grave
Tiene un maléfico encanto;
—Clavel vestido de lirio,
Trasciende a llama y milagro!...
Sus alas blancas me turban
Como dos cálidos brazos;
Ningunos labios ardieron
Como su pico en mis manos;
Ninguna testa ha caído
Tan lánguida en mi regazo;
Ninguna carne tan viva
He padecido o gozado:
Viborean en sus venas
Filtros dos veces humanos!

Del rubí de la lujuria
Su testa está coronada:
Y va arrastrando el deseo
En una cauda rosada...

Agua le doy en mis manos
Y él parece beber fuego;
Y yo parezco ofrecerle
Todo el vaso de mi cuerpo...

Y vive tanto en mis sueños,
Y ahonda tanto en mi carne,
Que a veces pienso si el cisne
Con sus dos alas fugaces,
Sus raros ojos humanos
Y el rojo pico quemante,
Es sólo un cisne en mi lago
O es en mi vida un amante...

Al margen del lago claro
Yo le interrogo en silencio...
Y el silencio es una rosa
Sobre su pico de fuego...
Pero en su carne me habla
Y yo en mi carne le entiendo.
—A veces ¡toda! soy alma;
Y a veces ¡toda! soy cuerpo.—
Hunde el pico en mi regazo
Y se queda como muerto...
Y en la cristalina página,
En el sensitivo espejo
Del lago que algunas veces
Refleja mi pensamiento,
El cisne asusta de rojo,
Y yo de blanca doy miedo!

De *El rosario de Eros*

Mis amores

Hoy han vuelto.
Por todos los senderos de la noche han venido
a llorar en mi lecho.
¡Fueron tantos, son tantos!

Yo no sé cuáles viven, yo no sé cuál ha muerto.
Me lloraré a mí misma para llorarlos todos:
la noche bebe el llanto como un pañuelo negro.

Hay cabezas doradas al sol, como maduras...
Hay cabezas tocadas de sombra y de misterio,
cabezas coronadas de una espina invisible,
cabezas que sonrosa la rosa del ensueño,
cabezas que se doblan a cojines de abismo,
cabezas que quisieran descansar en el cielo,
algunas que no alcanzan a oler a primavera,
y muchas que trascienden a flores del invierno.

Todas esas cabezas me duelen como llagas...
Me duelen como muertos...
¡Ah!... y los ojos... los ojos me duelen más: ¡son dobles!...
Indefinidos, verdes, grises, azules, negros,
abrasan si fulguran;
son caricia, dolor, constelación, infierno.
Sobre toda su luz, sobre todas sus llamas,
se iluminó mi alma y se templó mi cuerpo.
Ellos me dieron sed de todas esas bocas...
De todas esas bocas que florecen mi lecho:
vasos rojos o pálidos de miel o de amargura,
con lises de armonía o rosas de silencio
de todos estos vasos donde bebí la vida,
de todos estos vasos donde la muerte bebo...
El jardín de sus bocas venenoso, embriagante,
en donde respiraba sus almas y sus cuerpos,
humedecido en lágrimas
ha cercado mi lecho...

Y las manos, las manos colmadas de destinos
secretos y alhajadas de anillos de misterio...
Hay manos que nacieron con guantes de caricia,
manos que están colmadas de la flor del deseo,
manos en que se siente un puñal nunca visto,
manos en que se ve un intangible cetro;

pálidas o morenas, voluptuosas o fuertes,
en todas, todas ellas puede engarzar un sueño.

    Con tristeza de almas,
    se doblegan los cuerpos,
    sin velos, santamente
    vestidos de deseo.
Imanes de mis brazos, panales de mi entraña,
como a invisible abismo se inclinan a mi lecho...

¡Ah, entre todas las manos yo he buscado tus manos!
Tu boca entre las bocas, tu cuerpo entre los cuerpos,
de todas las cabezas yo quiero tu cabeza,
de todos esos ojos, tus ojos solos quiero.
Tú eres el más triste, por ser el más querido,
tú has llegado el primero por venir de más lejos...

¡Ah, la cabeza oscura que no he tocado nunca
y las pupilas claras que miré tanto tiempo!
Las ojeras que ahondamos la tarde y yo inconscientes,
la palidez extraña que doblé sin saberlo,
    ven a mí: mente a mente;
    ven a mí: cuerpo a cuerpo.

Tú me dirás qué has hecho de mi primer suspiro,
tú me dirás qué has hecho del sueño de aquel beso...
Me dirás si lloraste cuando te dejé solo...
    ¡Y me dirás si has muerto!...

Si has muerto,
mi pena enlutará la alcoba plenamente,
y estrecharé tu sombra hasta apagar mi cuerpo.
Y en el silencio ahondado de tiniebla,
y en la tiniebla ahondada de silencio,
nos velará llorando, llorando hasta morirse,
nuestro hijo: el recuerdo.

INDICE